农业经济综论

周诚◎著

中国农业出版社

尊敬的周诚教授：

在您85华诞之际，我谨代表学校并以我个人的名义，祝您生日快乐，健康长寿！

您是我校农经学科的主要开拓者之一，是我校首批荣誉教授，是以研究农业经济、土地经济为主的全国著名经济学家，在教书育人和科学研究等方面为学校发展做出了重要贡献，我代表学校，向您表示敬意！

再次祝您生日快乐，健康长寿，学术之树长青！

中国人民大学党委副书记兼副校长　王利明

2012年9月29日

作 者 简 介

（中国人民大学校史室　蒋利华撰稿）

周诚（1927.10—　），原名刘起儒。辽宁义县人。中共党员。教授。以农业经济为主的经济学家。

早年先后在北平辅仁大学、北京大学攻读农学，1950年起在中国人民大学计划经济系农业经济研究生班学习，后因工作需要而中途调出任教。1969年10月被下放到江西余江县中国人民大学“五七”干校劳动锻炼。1972年底至1977年初被借调到中央农林部工作。

1978年中国人民大学复校后，曾任农业经济系副主任兼农业经济教研室主任、校学术委员会委员、校学位委员会委员、不动产研究中心主任，兼任北京农业经济学会会长、中国农业经济学会理论与学科建设专业委员会主任、中国土地学会副理事长兼土地经济分会会长、中国社会科学院农村经济研究所学术委员会副主任等职。1986年被批准为博士生导师。1992年开始享受政府特殊津贴。2005年获中国人民大学首批荣誉教授称号。

主要研究领域为农业经济和土地经济。在农业经济领域，是“文化大革命”前人大农经系集体编写的农业经济学教材的主要执笔人之一；是“文化大革命”后农经系集体编写的另一本农业经济学教材的主编，并且是最主要的执笔人；对于农业经济规律、农业劳动经济与管理、农产品成本和农业生产经济效益、农业价值形态扩大再生产等问题的研究较深入，发表了大量文章和几部专著。在土地经济学领域，是新中国成立后的主要学术带头人，主编了新中国成立后第一部土地经济学教材并陆续提供了后续著作；2003 年出版了独著《土地经济学原理》（商务印书馆出版），并于 2007 年出版了第二版；首创并逐步完善了土地经济学的“土地资源经济、土地财产经济、土地资产经济”的“三大板块”体系。

此外，还涉猎理论经济，其公开发表的学术论文《双重经济秉性人论》具有代表性，属于独创；在个人写作和指导学生的写作中特别注意语法、逻辑、修辞，著有《以文载道咬文嚼义通论》一书，具有广泛适用性。

作者说明

本书是笔者“以农为主、兼顾其他”的文集。其中既包括一些新的文章，并含有前所未有的新论点（如“农业先天性困境社会解救律”等），也包含修订后重发的旧作。本书分为《正卷》与《副卷》两大部分，前者为“农经”，后者为“多种经营”；以前者为主，后者为辅。

在《正卷》中的《重要信息与重要文章》部分，介绍了笔者有幸与“中国经济理论创新奖”挂钩的来龙去脉；《农业经济八论——农业经济综合论述》部分，包含的是对一些重大问题的专门论述；《涉农九大规律》部分，既涉及众所公认的农业经济规律，更包括作者自行概括而成的农经规律，具有明显的独创性和探索性；《农地经济精论》部分，全面、简要地反映了作者在这一领域内的基本论点。

在《副卷》中的《相关经济问题》部分，选优介绍了作者涉及理论经济问题的代表性著作——它以实际成果反映了作者的一个重要观点：理论经济是应用经济的指南；要提高后者的学术水平，不能不对前者有所涉猎。在《工具性学识——咬文嚼义》部分，列出了一小部分成果，其目的在于借本书扩大其宣传和影响。

本书既是给希望比较系统地探索农业经基本济理论问题者，提供的具有一定广度和深度的、具有启发性的读物，又是与农业经济同行进行交流、请求指正的献拙之作。但愿各方面的读者都能够从中受益，并衷心希望读者不吝直言，提出宝贵意见！

欢迎通过电子信箱进行联系：zzuuccgg@sina.com

目 录

正 卷

一、重要信息与重要文章 …… 3

“首届中国经济理论创新奖”评出 …… 3
论“包干到户” …… 5

二、农业经济八论——农业经济综合论述 …… 16

中国农业经济问题综览 …… 16
论农业经济问题 …… 34
论农业经济管理要领 …… 54
论中国“三农”经济的八大关键问题 …… 60
全新重农主义论 …… 77
附件 1：新重农主义论 …… 82
附件 2：就新重农主义论与周诚教授商榷（汤安中） …… 87
论农业发展战略 …… 93
论农业扩大再生产 …… 109
论中国农业经济学的教材建设 …… 125

三、涉农九大规律 …… 138

正确认识和遵循“国民经济以农为基律” …… 138

论城乡统筹发展律 …… 151
遵循“农业解困律”，促进农业扩大再生产 …… 156
附件：相关单位和学者对“农业解困律”的评价 …… 163
遵循“农业以粮为基律”，确保粮食安全 …… 165
附件：我国粮食“八连增”夯实经济发展基础 …… 170
遵循“农业以地为基律”，切实保地保农 …… 174
遵循“农业现代化律”，推进农业现代化 …… 179
现代农业必遵——“农工商一体化律” …… 184
论“蔬菜产供消协调律” …… 191
论农地转非自然增值分配的“私公兼顾律” …… 196
附件1：正确的提法应当是“土地征收”而不是“土地征用” …… 200
附件2：目前中国关于农地转非自然增值分配的三类基本论点 …… 201
附件3：关于征地补偿问题的探讨 …… 202
附件4：关于农地征收中的“涨价归农”与“私公兼顾”之争——简答郑振源先生 …… 203
附件：对于农业经济领域中两个提法的推敲（摘要） …… 206

四、农地经济精论 …… 211

农地资源经济 …… 211
农地集约经济 …… 224
农地规模经济 …… 227
现阶段中国农村土地财产制度 …… 237
附件1：反对土地自由主义 …… 245
附件2：中国土地公有制“五大要义” …… 247
现阶段中国农村土地使用制度 …… 249
现阶段中国农村土地征收制度 …… 253
附件：必须摒弃“以地生财”的政策导向 …… 258

五、主要涉农著作目录 ………………………… 262

副　卷

一、相关经济问题 ………………………… 267
论构建“普通经济学” ………………………… 267
“双重经济秉性人”论 ………………………… 275
二、工具性学识——咬文嚼义 ………………………… 294
《以文载道咬文嚼义通论》前言 ………………………… 294
附件：常见病语 26 例及其纠正 ………………………… 300
《人民日报》病语举例剖析 ………………………… 305
三、从教 60 年的相关信息 ………………………… 308
中国人民大学农业与农村发展学院院领导题词 ………………………… 308
从教 60 年生涯 ………………………… 309

正 卷

一、重要信息与重要文章

重要信息——周诚被评为荣获首届中国经济理论创新奖的“家庭联产承包责任制理论的主要贡献人”之一。

“首届中国经济理论创新奖”评出

（摘　　录）

（2008年12月8日《光明日报》）

为全面检阅改革开放30年来中国经济理论的创新成果，积极促进中国经济理论研究的发展和繁荣，“中国经济理论创新奖”组委会于2008年下半年开展了“首届中国经济理论创新奖”的评选工作。此次活动由董辅礽经济科学发展基金会、中国社会科学院研究生院、北京大学经济研究所、中国人民大学经济研究所、武汉大学经济研究所共同举办。

根据中国经济理论创新奖章程和评选规则，组委会邀请了近200位专家学者作为首届中国经济理论创新奖的评审专家，对符合《中国经济理论创新奖章程》、《中国经济理论创新奖2008年度评奖实施细则》参选对象范围、推荐材料完备的理论进行评审投票表决。2008年10月，首届中国经济理论创新奖评奖评审专家第一轮投票表决以记名通信表决的方式进行，共发出表决票175张，收回表决票144张。参评理论按得票多少，排在前十名

的依次是：①家庭联产承包责任制；②国有企业股份制改革；③价格双轨制；④中国社会主义市场经济；⑤整体改革协调理论；⑥过渡经济学；⑦国际经济大循环经济发展战略的构想；⑧社会主义市场经济理论；⑨产权理论的边际创新；⑩以金融资源学说为基础的金融可持续发展理论。

10月底，组委会在第一轮计票的基础上，再次向评审专家发出第二轮选票，经统计，排在前三位的依次是：①家庭联产承包责任制；②国有企业股份制改革；③价格双轨制。

经三轮投票，杜润生等人的农村家庭联产承包责任制理论最终荣获首届中国经济理论创新奖。家庭联产承包责任制理论的主要贡献人（提交评委第三轮投票的人选，按姓氏笔画排序）是：王郁昭、杜润生暨中国农村发展问题研究组、陆学艺、陆子修、吴庭美、吴象、余国耀、张广友、周诚、郭崇毅等。

该理论认为，家庭联产承包责任制是以集体经济组织为发包方，以家庭为承包方，以承包合同为纽带而组成的有机整体。在这种制度下，土地所有权仍属集体，农户只有使用权，实行土地使用权与所有权适度分离、农户家庭承包经营。

重要文章——周诚论述家庭联产承包责任制的文章：《农村人民公社生产队实行产量责任制问题的探讨》(《经济研究》1980年第10期)、《“包产到户”初探》(《经济学动态》1980年第12期)、《论包产到户》(《经济理论与经济管理》1981年第2期)、《论“包干到户”》(1981年8月向“中国经济学团体联合会首届学术年会”提供的论文)。

下面是其中最具代表性的一篇论文：

论“包干到户”*

目前在农村中所采用的多种形式的生产责任制中，有一种很值得注意的形式叫做“包干到户”(即大包干到户)。它是农户责任制的一种形式，但目前已逐步形成为典型的、代表性的、占统治地位的形式。

农业合作化运动以来，包产到户曾先后出现过多次，但都夭折了。只是在党的十一届三中全会以后，由于逐步清除“左”倾错误的影响，不断解放思想，放宽农村经济政策，才使包产到户站住了脚并且逐步发展为包干到户。

现在，包干到户正强烈地触动着我国农村经济生活的各个方面，引起了人们的热切关注。人们正在从微观和宏观、生产力和生产关系、基础和上层建筑、理论和政策、原则和方法等方面，对它进行分析、探索，以期从中总结出若干带规律性的东西来，用以指导实践。无疑，这是完全必要的。本文也试图就某些问题进行粗浅的探讨。

---

* 1981年8月向“中国经济学团体联合会首届学术年会”提供的论文。作为历史文献，除了纠正个别笔误之外，本文完全保持了原貌。

一

认识包干到户所具有的基本特征，是进一步分析包干到户的基础。

那么，包干到户都有哪些基本特征呢？我们不妨从生产关系的几个方面来进行分析。

首先，从生产资料所有制方面来看。实行包干到户之后与实行包干到户之前进行比较，农村社区内部的生产资料的占有和使用状况已经和正在发生着变化，出现了公有与私有、公用与私用并存的局面。土地这一基本生产资料仍然归集体所有，但已由集体使用为主，变为农户使用为主；其他生产资料，出现了公有公用（如水库、机井、水渠等水利设施，大型机器设备等）、公有私用（如耕畜、中小型动力机械及其配套农具）和私有私用（指小手工农具之外的耕畜、小型动力机械等）并存的局面，而且私有私用的生产资料的品种、数量、比重正在增加。由于土地以及若干大型的、固定的设施仍然归集体所有，因此可以说在实行包干到户之后，农村社区内部的生产资料集体所有制仍占主导地位，但生产资料私有制的成分毕竟是增大了。

其次，在生产经营管理上（即在生产过程中人们之间的相互关系上），出现了集体经济统一经营管理与各个农户分散经营管理并存而且以后者为主的局面。如农田基本建设，主要作物种植面积，需要统一进行的农业技术措施，对土地和其他生产资料的合理分配和调整，组织完成对国家的征购任务，组织农户之间的必要的互助等，仍由集体经济掌握，即集体经济在这个范围内仍然拥有统一的经营管理权。但是，在保证完成对国家和对集体应负的责任、应尽的义务的条件下，农户已经在相当大的程度上拥有经营管理上的自主权。换言之，尽管集体经济在若干重大项目上仍然拥有经营管理权，但日常的、大量的经营管理活动的权利，毕竟已基本上转移到农户手中了。因此，可以说实行包干到户，整个社区的日常管理，已由集体经济统一进行为主，变为以农户分散进行为主了。如果说，由于集体经济所掌握的经营管理是重大的、关键性的，因而集体经济的统一经营管理仍然居于主导地位的话，那么，农户的分散经营管理，无疑会由于其具体而量大，从而居于基础的地位。

最后，从分配上来看，则兼具统一分配与自负盈亏两方面的特征。一方面，存在着由集体经济与各个农户通过签订合同（规定完成国家的征购任务、完成集体的提留任务）而体现的统一分配；另一方面，在保证完成上述任务的条件下，在正常情况下超、减产全部归农户负担，又具有“自食其力、自负盈亏”的性质。大家知道，统一分配是社会主义公有经济在分配上的特征；而自食其力、自负盈亏则是一切个体经营在分配上的特征。

由上述三个方面所具有的两种特征可以看出，包干到户基本上是一种在集体经济统一领导和管理下的个体经营（农户分散经营）形式。在这种情况下，农户在一定的程度上具备了基本核算单位的性质。

因此，实行包干到户是农村社区内部生产关系的重大调整，它使社区内部的经济结构发生了明显的变化。在不实行包干到户时，整个社区经济是由集体经济和农户经济（指自留地、家庭副业）两部分组成的，集体经济不仅居于主导地位，而且在比重上也占优势。然而，在实行包干到户以后，尽管集体经济仍居主导地位，但就目前的一般情况而言，则在比重上已占劣势了。换言之，实行包干到户以后，整个农村社区经济就由以集体经济为主，变为以农户经济为主了。

全面、系统、深刻地认识上述基本特征，对于了解包干到户的性质、产生的条件、利弊得失、发展前途等，都是很有必要的。

二

包产到户的性质问题，是人们十分关心的。

所谓性质问题，即事物的质的规定性的问题，它涉及事物的不同层次。包干到户的性质问题，则涉及社会主义与资本主义、单干与非单干、责任制与非责任制等层次。

首先，实行包干到户是否意味着背离社会主义方向，搞资本主义？本来，这个问题是不成其为一个问题的。因为，严格说来，只有在生产资料私人占有的基础上，通过雇佣劳动来剥削他人，获取资本的利润，才存在搞资本主义的问题。而实行包干到户时，尽管农户拥有一定的生产资料，但只要不凭借这些生产资料来剥削他人的劳动，就不存在搞资本主义的问题。但是，在实行包干到户以后，出现了帮工、换工以及个别的、少量的雇工的问题，所以还是值得探讨的。

在实行包干到户的条件下，由于农业生产的季节性、各个农户劳力与土地比例不平衡、各个农户在生产技能上的不一致以及各户经济发展水平的差异等，在各个农户之间出现劳力使用上的互通有无，是不可避免的，是必要的，否则不利于生产的发展。显然，等量或者基本上等量的换工、帮工，是劳动人民之间的互助，不存在剥削，也谈不上搞资本主义，换工、帮工方面出现差额以及单方面的帮工或雇工，只要报酬合理，也可以做到不存在剥削。退一步说，即使某些农户在雇请人员时，确实存在少量的剥削，也不能说是在搞资本主义。因为这方面还有一个数量界限问题。

其次，实行包干到户是否等于拆散集体经济，恢复单干？这个问题的争论由来已久，至今并未完全解决。有的人认为，既然在实行包干到户以后，已变集体经营为个体经营，集体经济已是名存实亡了，因而与个体农民经济基本相同；有的人则认为，实行包干到户以后，集体经济仍然在不同的程度上存在，农户同集体经济之间仍然发生不同程度的联系，所以不宜把实行包干到户的农户，混同于合作化前的个体农民经济。

看来，只有对农业中各种形式的个体经营所体现的生产关系加以对比、分析，切实抓住其各自所具有的特征，才有可能科学地确定其性质。在这里，有必要划清合作化以前的个体农民经济与集体经济内部的个体经营之间的界限。就生产资料所有制而言，前者对土地及其他生产资料拥有完整的所有权，而后者则仅对土地以外的某些生产资料拥有所有权，对土地则只拥有不同程度的使用权；就经营管理而言，前者一家一户就是一个独立的经营管理单位，彼此之间基本上谈不到协作，而后者在集体经济与农户之间、户户之间，在不同的程度上存在着协作关系，存在着不同程度的统一的经营管理；就分配而言，前者一家一户就是一个独立核算单位，完全自负盈亏，而后者一般的并不是完全的独立核算单位，整个社区经济仍然在不同程度上存在着统一分配。由此可见，合作化前的个体农民经济同集体经济内部的个体经营之间尽管有相似之处，但却具有本质的区别。概括起来说，前者是完全独立的完整的个体经济，是一个完整的经济实体，后者则是社区经济内部的个体经营单位。如果仅从两者都是个体经营这一共性出发，认定两者都是“单干”，显然是片面的。

最后应当明确，包干到户究竟是否是责任制的一种形式。

众所周知，典型的经济责任制的要点有二：一是要有责任制的双方——承担者和授予者；二是承担者要有明确的经济权利、经济责任和经济利益，并尽可能使三者紧密结合起来。就此二要点观之，包干到户是够资格称为责任制的。集体经济通过合理分配包干土地，合理确定包征购、包上交等指标等，并且实行“完成国家的、交足集体的、剩下都是自己的”包干分配原则。这样，就可以做到权利明确、责任具体、利益直接，而且方法简单、干部省心、群众放心。由此看来，包干到户不仅不同于单干，而且也不同于基本上不与集体发生“权、责、利”关系的自留地和家庭副业经济。

这是问题的一方面。另一方面，由于以农户为单位实行“大包干”制，即基本上以农户为单位实行独立经营，从而又同个体经济有某些相似之处，因而与实行统一经营条件下的作业责任制、产量责任制有所不同。所以，我们不妨认为，包干到户既具有责任制的基本特征，又在某些方面具有个体农户的特征。这种双重特征，使得包干到户成为集体经济内部的生产责任制的一种特殊形式。

很明显，如果夸大包干到户所具有的与个体经济相似的某些特征，就会对它的性质作出错误的判断，认定它与单干基本上没有区别；或者，只看到它具有责任制的特征，也会把它与实行统一经营条件下的责任制混为一谈，不利于针对它的特点加以引导，使之更健康地向前发展。

三

包干到户制的出现和扩展，是偶然的吗？是具有随意性的吗？当然不是。它是由客观存在着的需要和可能条件所决定的。

实行包干到户是生产关系的重要调整。生产关系一定要适合生产力的发展状况，这是不以人们的意志为转移的客观经济规律。因此，寻找包干到户出现的客观根据，首先要考察生产力的发展状况。出现包干到户的深刻的根源在于农村生产力的落后性。

农村生产力的落后性，可从多方面反映出来，至少有以下几个方面：第一，生产工具的落后性。目前在我国农村中，仍然是以人畜力工具为主，其特点是结构简单、体积小、效率低、对分工协作的要求不高。而在我国某些生产力水平特别低下的地区和单位中，往往连落后的人畜力工具都还不敷需要。第二，经营管理工作落后。存在着经营项目单一、成本高、增产不增收等严重问题。第三，集体经济虚弱。在一些地区和单位中，由于长期以来的种种主客观原因，至今集体经济的发展水平很低，集体经济虚弱，有的甚至资不抵债、名存实亡，有的只能依靠国家的贷款才能够勉强维持简单再生产，社员生活水平低下，甚至不得温饱。

在上述情况下，社员群众由于看不到集体经济的优越性，认为由集体经济实行统一经营不利于调动生产积极性，因而要求以农户为单位实行“大包干”责任制，以利于生产的发展。换句话说，群众的要求实质上是要调整不适合于生产力状况的生产关系，改变“小脚穿大鞋”的被动局面。

至于实行包干到户在经济上的可能性，则是由农业生产所固有的分散性强这一特点所决定的。农业生产必须在广阔的土地上分散地进行，需要人们组成若干个具有较大的相对独立性的基层作业班子。在以手工和畜力劳动为主的条件下（甚至以中小型的动力机械为主的条件下也是为此），农业生产的分散性更加明显。此时，往往只要有极少数的劳动力，就可以组成一个能够独立承担全部作业的班子，而一个农户往往就能够成为这样的班子。

总之，包干到户的出现，尽管往往在一定的程度上要受人们的好恶的影响，但从整体上来说却是不以人们的意志为转移的。

四

包干到户作为一种经营方式，其所具有的促进增产增收、治穷致富的明显作用，已为大量的、无可辩驳的事实所充分证明。需要探讨的是它的优越性的根源何在？

人们一般都认为，包干到户之所以具有治穷致富的优越性，其原因在于能够使农民摆脱瞎指挥、多吃多占、一平二调、平均主义、窝工浪费，能够更好地调动农民群众的生产积极性；能够挖掘各个农户的劳力、资金、物力方面的潜力，促进生产的发展；等等。这些是毫无疑义的。但是，看来还需要进一步从生产关系的调节和生产力的组织两个方面进行深入探讨，溯本求源。

从生产关系方面来看。实行包干到户，意味着在一定程度上以农户作为基本核算单位。这样，就使生产关系更适合生产力发展的状况和农村干部、社员的思想状况。这正是这种经营形式所以具有优越性的关键所在。它表明，在生产力比较落后的条件下，这种以农户进行个体经营为主的经营形式，能够符合农民群众的某些心理上的特点和生活上的某些要求，发挥每一个农户所具有的“内聚力”——农户从切身的利益出发而产生的努力增产增收的内在动力。包干到户使社员拥有在相当大的程度上自行当家做主的权利，责任具体，利害直接，因而产生了这种“内聚力”。

从生产力方面来看，以农户作为主要的经营单位，符合农业生产具有分散性强的特点；农户规模小，在组织生产时“看得见，摸得着”，机动灵活，得心应手，根本不会出现“干活一窝蜂”的现象。

因此，包干到户所形成的农户的“内聚力”，最终表现为农户作为一个生产单位所具有的“个体力”。这种以农户为单位的“个体力”是在实行包干到户的单位中，发展生产的重要基础和力量源泉。

而且，这种“内聚力”的正确发挥还会使农民对集体经济产生“向心力”——由农户之间的共同利益而产生的依赖集体、相互协作的动力。而这种“向心力”的表现，就是农户之间的相互协作而产生的“集体力”。

由此可见，在实行包干到户时，其优越性的根源在于“内聚力”和“向心力”的恰当发挥和结合。只要处理得当，使“内聚力”和“向心力”都能得到恰如其分的发挥，并密切结合，那就既能发挥农户的“个体力”，又能充分发挥集体经济的“集体力”，并且使这两股力量汇合，形成一股繁荣整个社区经济（包括集体经营和分散经营两个方面）的“合力”。换句话说，就是把发挥个体经营的积极性同发挥集体经营的优越性，辩证地统一起来，形成“大河”与“小河”之间的互补互济的关系。

诚然，一分为二地看，包干到户这种经营形式，也有其局限性。其中，既有显性的，又有隐性的；既有眼前的，又有将来可能出现的；既有工作不当造成的弊端，又有其本身难以避免的缺陷。从生产关系方面来看，农民的“内聚力”如果过强，超过一定的幅度，就会对集体经济产生一定的“离心力”，从而破坏集体经济。例如：拆、卖、分掉公共财产；使集体经营的林、牧、工、副、水利设施等停顿、失修或散伙；滑向单干；弃应务之农而经不正当之商；等等。从生产力组织方面看，农户在经营品种方面往往由于要解决劳力利用季节性和自给自足的问题，而趋向于“万物俱全”，不利于提高生产效益；农户为了要独立或基本上独立进行全部作业，就需要配备一整套动力和作业机（具），这就难免出现利用率低、积压浪费的现象。这就是说，“个体力”的发挥，也会在一定程度上影响“集体力”的发挥，从而形成“分力”。

包干到户的利弊根源如是，我们的任务在于，因势利导，做好生产关系的调节和生产力的组织工作，力求在最大限度内兴利除弊——使“内聚力”与“向心力”结合，使“个体力”与“集体力”结合，增大“合力”，减小“分力”。

五

包干到户这种形式，在我国农业社会主义改造史上占有重要的地位。

作为包干到户前身的“三包一奖”到户，早在合作化后期和国民经济三年困难时期就出现过，但都由于人们思想未解放，从

“左”的框框出发，被当作单干或变相单干而扼杀了。今天，不仅“三包一奖”形式的包产到户站住脚了，而且逐步演变、发展为包干到户。这说明，这种经营形式在一定的范围内具有相当强大的生命力，不可等闲视之。

我国的农业社会主义改造，过去存在着三种基本模式，即互助组、初级社、高级社。至于农村人民公社，除了公社、大队两级经济存而不论之外，作为基本核算单位的生产队，其性质、作用与高级社基本相同，所以可不看作是一种模式。而包干到户则不然，无论就形式和内容来看，它都与以上三种模式不同，别具一格，从而具备了农业社会主义改造的另一种新模式的“资格”。

互助组的特征是土地等生产资料私有、分散经营、组织必要的互助活动；初级社的特征是土地等生产资料私有并取得“报酬”，集体统一经营、统一分配；高级社的特征是土地等全部生产资料公有、统一经营、统一分配。包干到户的特征已如前述，显然与上述三种模式都有所不同。它保留了土地和其他一些生产资料的公有制，从而比互助组、初级社大大前进了；特别是互助组的土地自由买卖和初级社的“土地分红”被取消了，从而大大有利于避免两极分化和调动人们的劳动积极性。它在某种程度上存在着统一经营，又保留了分散经营。因此，从各方面来看，包干到户可以说是兼具互助组、初级社、高级社的某些特点，因而兼具三者的优点。列宁指出，应当“采用尽可能使农民感到简便易行和容易接受的方法过渡到新制度”。[①] 包干到户正是符合这一要求的过渡性模式之一。

如果以生产资料公有化的程度和经营集体化的程度作为衡量农业集体化程度高低的标志，那么实行包干到户以后，农村的集体化程度，肯定是降低了。从这个意义上说，实行包干到户就意味着在生产关系上的倒退。但是，这种倒退与“复辟资本主义”

① 《列宁选集》第4卷，第682页。

是毫无共同之处的，也绝不是什么瓦解集体经济，破坏集体经济。这种倒退是为了解决先进的生产关系和落后的生产力之间的矛盾，从而是通过另外一种迂回曲折的途径来巩固和发展农村集体经济。

包干到户的发展趋势和前途如何呢？

有人认为，包产到户由“三包一奖”的形式发展到“大包干”到户的形式，是后退了一步；如果听其自然地向前发展，就必然会滑向单干。应当承认，由包产到户滑向单干，是具有可能性的（目前在极少数的单位中实际上已经是在搞单干），是符合自愿原则的。但是，现阶段的政策又只能是从已经集体化多年的现实出发，力求避免不必要的损失。而通过包干到户之类的办法来解决难以解决的矛盾，实践证明是切实可行而利多弊少的。

包干到户后也不可避免地要出现一些新的矛盾，但可以通过调整生产关系和合理组织生产力来解决。例如，为了解决农户的“小而全”与生产专业化、社会化的矛盾，可适当地向专业包干到户发展，并使生产规模有所扩大。如，随着一部分农户逐步转向专业化的牧、副、工业等生产而脱离农业，则经营农业的农户也就可以适当提高专业化程度而扩大包干耕地面积，从而进一步促进生产力的发展。又如，通过社区进行组织，或由一些农户自愿结合，组织各种类型的跨农户协作的经济联合体（包括农业基建、农机、副业、工业、建筑业、商业等），则可突破农户规模狭小，人力、物力、财力不足的限制，解决生产社会化的客观需要问题。

包干到户很可能在今后一个并不算短的时期内继续存在和发展下去。我们决不能人为地缩小包干到户经济的规模，人为地缩短包干到户的寿命，如像过去错误地对待自留地、家庭副业经济那样，否则，将是重犯好“大”喜“公”的“左”倾错误，破坏农村生产力的发展。

二、农业经济八论——农业经济综合论述

中国农业经济问题综览*

前　　言

现在，“三农”这一由温铁军教授首创的提法已经很流行，甚至已经达到家喻户晓的地步。这一提法具有重大的积极意义，主要的是，它把“农业”“农村”“农民”三大问题予以并列，促使世人对“涉农”问题统统予以重视，从而在客观上大大地改变了过去长时期以来严重存在的、比较普遍的“轻农”思想、言行。本文所要论述的是作为我国整个“三农”问题中的一个组成部分的“农业”中的经济问题。探索这一问题，既涉及中国农业建设的现实，又涉及中国农业经济的学科建设即涉农的基础理论问题，从而显得格外重要。

“农业”问题是“三农”问题的核心和基础。这是由于，“农村”无非是以“农业”为主要产业的、相对于城市而言的地区；“农民”无非是公民中以从事“农业”为主的、相对于以从事非农业为主的“市民”的公民。显然，在这里最根本的定性要素是作为产业的“农业”。从而，“农业”应当是“农村”与“农民”

---

* 原载段应碧主编：《纪念农村改革30周年学术论文集》，中国农业出版社，2008。收入本书，略有改动。本文第二作者为朱勇博士。

的"公约数"。考察与研究"三农"问题，不能不以"农业"问题作为基础和核心，否则便会成为"无本之木"、"无源之水"。

"农业经济"是作为产业的农业的经济问题，含农业产业中的生产关系调节与生产力组织两大方面；它存在于国民经济农业部门之中，一个国家的各个地区经济之中，也存在于基层农业生产单位之中。它是与"农村经济""农民经济"平行的经济范畴；彼此虽有交叉，但基本内容并不重复。本文下面列出的九大问题，可供探索农业经济问题思考。如果从学科建设角度来看，这些也就是农业经济学的最基本课题。在本文所列的课题中不包括诸如农村基层组织（如农户、农场、农村合作组织、村民自治组织等）、农村发展、村庄建设、农村工业（以及农村商业、建筑业、旅游业等）、乡镇建设、村庄建设、农村劳动力资源、农村自然资源、农村金融、农村产业布局、农民生活、农民消费等课题。显然，狭义而言这些都属于农村经济或农民经济的范围。

一、农业在国民经济中的基础地位及其作用

"农业在国民经济中的基础地位及其作用"这一命题的浓缩表述是："农业是国民经济的基础"；这一表述的最基本内涵是，农产品所具有的其他部门产品所不具备的、保障人的生存与发展所需要的最基本食物的特殊效能，使得农业部门成为全体国民生存与发展的最基本的物质的提供者，从而使得农业部门成为整个国民经济其他各个部门存在和发展的基础。这一问题的内涵也包括随着农业劳动生产率的提高而出现并扩展的农业劳动力向非农部门的转移，为非农业部门的发展提供基本的、不可缺少的生产要素。然而，农业之所以能够发挥这种作用，归根到底还是由于农业部门提供食物的数量、质量以及效能的提高。在过去的分析中，对于农业之所以能够成为国民经济的基础，还列举一条理由是："农业部门为非农业各个部门的发展提供资金，保障和促进了它们的存在

和发展”。但是，这一提法忽略了，这种做法是以牺牲农业部门的利益为代价的，是片面的经济政策下的产物，是不足为训的，更不能被视为是具有客观必然性、规律性的，否则是绝对站不住脚的。

现阶段，我们强调充分发挥农业的基础作用，其核心内容就是要强调以粮食为主体的农产品供应能力的稳步提高，为一切非农部门的存在和发展，提供最基本的物质保障。无论如何，在人工合成食品能够取代天然农产品（这从生物化学、有机化学等学科的角度来看，是完全具有可能性的）之前，农业的这种基础作用是无可取代的。从而可以认为，“农业是国民经济的基础”是在现有的科技条件下，国民经济存在与发展中的一条具有根本性的客观规律。温家宝总理下面的这段话，从经济政策的角度确切地体现了这一经济理论的核心部分：“大力发展粮食生产，保障农产品供给。粮食安全，关系经济社会发展全局，关系人民群众切身利益，丝毫不能放松粮食生产。要切实稳定粮食种植面积，提高单产水平。加大对粮食主产区和种粮农民的扶持力度，实施粮食战略工程，加快建设粮食核心产区，全面提高粮食综合生产能力和供给保障能力。”①

二、农业产业的基本技术—经济特征及其意义

农业生产中的最基本的部门是种植业部门，它提供粮食、蔬菜、油料、果类等人类生存与发展最基本的、无可取代的必需品。它的最基本的技术—经济特征是“自然再生产与经济再生产相交织”。其具体表现是，农作物必须在大面积的土地上进行露天生产，生产周期长而且受到气象因素的严重制约，自然灾害严重而频仍，肥料、农药的流失量大，从而决定了农业是一个“高无效

① 温家宝：《政府工作报告——2008 年 3 月 5 日在第十一届全国人民代表大会第一次会议上》。

成本产业”（“无效成本”主要包括自然灾害成本、农药与化肥流失成本、农机行走式作业的额外成本、农机季节性闲置成本等），而且决定了农业是一种“高波动性产业”。这就在客观上要求社会予以弥补、照顾。从而，从根本上决定了“社会离不开农业的哺育，农业离不开社会的反哺”的基本格局，并决定了政府采取一系列支农、补农政策的客观必然性。然而，从本质上来看，这并不是非农社会对于农业予以额外的照顾，而是非农社会为了维持本身的存在和发展，不得不付出的“必要成本”。按照上述理论，我们就不难理解，工农产品剪刀差的存在，是典型的、突出的、不可思议的不等价交换；政府向农民收取农业税是抽瘦补肥、竭泽而渔；不开展充分的农业灾害保险，是社会拒绝其无可推卸的责任；等等。从经济学的角度来看，所有上述错误做法都是悖情悖理、极其荒谬的，从根本上来说，都是违背“广义等价交换”这一最基本的经济学原理的。正是基于对上述问题的深刻认识，笔者首创性地提出了“农业先天性困境社会解救律”。①

国民经济中的农业部门（即“大农业”），还可细分为“农业次级部门”，即农业内部的种植业（即“小农业”，主要含粮食、蔬菜、油料、水果、糖料、棉花等），林业，畜牧业，渔业，农村副业如编织、采集（如药材、野果等）、加工（如编筐、织席、磨豆腐等）。其中，除了农村副业以外，种植业、林业、畜牧、渔业等四个部门，都具有农业的一般特征，都需要社会予以弥补和照顾。

三、农用土地经济

土地是农业部门无可取代的、需要量巨大的、最基本的生产资料，在现代科学还没有发达到足以在很小的空间内大批量生产农产品的水平下，土地的数量、质量对于农业生产便都是生命攸关的。

---

① 对于此问题，在本书中另有专文论述。

从而，保持农地的数量、质量，便成为社会的无可旁贷的神圣职责，也是一个极其重要的农业经济课题即农用土地资源经济问题。

农用土地资源经济，主要包括土地资源的供求平衡（含全国和各个地区的供求平衡）、土地资源在农业各个部门之间的合理分配、土地质量的保持和提高、农用土地资源非农化的控制、农地的充分而合理的利用等五大方面。农用土地资源的供求平衡，即在一定时限内，现有农用土地面积，减去非农建设占用土地面积，加上新开辟的农用土地面积之后，能够保证全国农产品生产的需要时，称为“供求平衡”，否则称为“供不应求”。为了能够达到供求平衡，我们必须充分发掘本国土地的潜力，千方百计地保护耕地、节约用地和集约用地，要保持必要的耕地面积、提高耕地质量（含改造中低产田、建设旱涝保收的高标准农田等等）。正如温家宝总理所指出的：“要坚持严格的耕地保护制度，特别是加强基本农田保护。按土地利用总体规划从严审察调整各类规划的用地规模和标准，严格执行土地用途管制制度，依法严格管理农村集体和个人建设用地，坚决制止违法违规占用耕地和林地行为。”①

中国是一个拥有13亿人口的大国，对基本农产品的需求非常巨大，其绝大部分只能是依靠我国自己的耕地来解决，通过国际农产品市场来解决的，只能是“微不足道”的部分，顶多是“必要补充”部分。其根本缘由在于，一方面，国际市场能够提供的农产品总量是有限的，另一方面，正由于国际市场能够提供的农产品总量有限，其价格也会随着供不应求而猛烈增长，从而，中国指望在较大程度上依靠国际市场解决自己的农产品供应问题，是完全不现实的。② 然而，经济学家茅于轼先生的主张却

① 温家宝：《政府工作报告——2008年3月5日在第十一届全国人民代表大会第一次会议上》。

② 参见周诚：《关于保障我国粮食安全问题的几点看法》（题目是新换的），1996年6月14日《经济学消息报》；刘运梓：《比较农业经济学》第52～59页，中国农业出版社，2005。

是，彻底放开“农地转非”，大力开发城市和非农产业，增加国民收入，然后通过国际市场解决中国对农产品的需求问题。相关的数据表明，此种主张是完全脱离实际的。[①] 前不久开始出现的全球性粮食危机，就更进一步表明了我国坚持粮食基本自给的方针是完全正确的。

农业土地经济中的另一个问题是土地财产经济即作为财产的土地的产权归属问题。正确处理这一问题，涉及国家、社区、农民三者的经济权益关系的正确安排。中国现阶段实行的是农村土地集体所有制；在此前提下农民拥有长期不变的承包经营权。目前，一些人主张“还地于农”——实行土地私有制，另一些人则认为实行土地私有制难免会造成土地产权的两极分化，从而主张实行土地国有化。两者相持不下。不过，在不出现政治上大变动的情况下，中国的农村土地制度是不会发生重大变化的。从而关键在于在现有制度条件下，扬长避短，充分保障农民的土地权益。

在农业土地的资产经济问题中，当前最突出的是国家征收农地的出价问题即“农地转非‘土地增值’分配”问题。学术界的基本观点有三：涨价归公、涨价归农、涨价私公兼顾。后者是以笔者为主提出的一种折中性主张，兼顾了国家和失地农民的利益，而且在一定程度上照顾了继续进行农业生产的在耕农民的利益，从而很可能被政府在一定程度上予以采纳。这当然也是笔者的衷心愿望。[②]

四、农业劳动力经济

农业劳动力是农村中有劳动能力的、以从事农业劳动为主的

① 茅于轼：《要不要保护耕地?》，2007 年 5 月 27 日《经济观察报网》。

② 参见周诚：《农地转非自然增值公平分配论》，载《经济学动态》2006 年第 11 期。

适龄农村居民（我国对劳动力的年龄规定：男 16～60 岁，女 16～55 岁）。现阶段我国农业劳动力经济问题，主要包括农业劳动力的形成与质量的提高、农业劳动生产率的提高、农业劳动力的供求与转移等。

农业劳动力的形成与质量的提高问题。在以自然经济为主导的农村中，农业劳动力的形成完全是自发的。人到达 16 岁，如果没有继续学习或在其他部门就业，通常就自然而然地成为农业劳动力。但是，无论如何其中都存在一个农业劳动力的质量问题。除了在“干中学”之外，在现代社会中就自然而然地存在着一个农业劳动力通过一定的培训而不断提高质量的问题。目前在我国，这种培训仍然处于低水平状态，需要人们予以关注。美国经济学家舒尔茨把对于农业劳动力这种培训称之为通过投入而形成“人力资本”；此种资本的投入，必将与物质资本一样获得补偿和回报。如果这样地看问题并采取相应的举措，必将有利于我国农业劳动力质量的提高。

农业劳动力的供求与转移问题。一般而言，我国农村人口基数大，农业劳动力供应充分。这是人们的通常认识。然而，由于我国非农产业发展迅速，尤其是劳动力密集型的工业、建筑业、商业和服务业的迅速发展，使得大量的农业青壮劳动力，特别是其中有文化的部分，正在自发地、大量地向非农业部门转移。以至于，目前在一些地方明显地出现了农业劳动力数量不足、质量欠佳的问题，值得予以密切关注。这一问题如果不及时加以解决，其后果将是不言而喻的。

对农业劳动生产率的考察问题。在任何地方和任何情况下，对于劳动生产率的考察与分析都是极其重要的。通过这种考察与分析，可发现劳动力富裕或不足的具体状况，从而有针对性地采取举措。例如，在农业劳动力不足的情况下，可通过提高农业机械化的途径加以解决；在劳动力富裕的情况下，可通过增加生产门路或扩大某些部门的规模而加以消化。平均每个劳动力负担的耕地面积和年提供的农产品数量等指标，可反映农业劳动生产率的状况。例如，中国平均每个农村劳动力负担的耕地面积，大约为0.3公顷，仅相当于日本的1/3、美国的1/180。从而我国提高农业劳动生产率的潜力巨大，其主要途径是提高农业劳动者的文化、技术水平和农业机械化水平。

农业劳动力合理组合的问题。我国有2.5亿农户，户均土地不到0.5公顷，不利于劳动力的充分而合理的利用。从而，适当地实行农户间的互助合作、通过土地转包而形成大型经营农户之类的举措实现土地的大规模经营，就值得予以重视。

五、农业生产资料经济

这里所说的“农业生产资料”是指除土地这种特殊天然生产资料以外的、以生产工具为核心的全部生产资料，可分为以下三大类：农机、农具、运输工具、役畜、种畜等生产工具；堤坝、水库、渠道、厂房、仓库等基础设施；水、种子、肥料、农药等劳动对象。所谓“生产资料经济”即生产资料的购置、使用、保管、维修、折旧、更新中的经济问题。这一问题，从性质上看，既包含生产关系的调整问题，又包含生产力组织问题，而且大量的是属于后者。

从另一个角度说，这一问题也就是农业现代化的问题。换言之，所谓农业现代化，其基本内涵就是农业生产资料的现代化。推而广之，其中自然而然地包括这些生产资料使用的科学化。现阶段我国农业生产资料经济中的主要问题是，农业生产工具的逐步机械化——也称实行农业机械化；农田灌溉的维持和扩大——也称农田水利化；种子、肥料、农药的优化，以及农田作业的优化——也称农业生产科学化。

实行农业机械化是转变农业生产方式、有效地提高农业生产力的重要方面。要加快推进粮食生产的全程机械化以便保证农田

作业的及时和优质、高效；要稳步发展经济作物和养殖业机械化，加强先进、适用、生产上急需的农业机械的研发；要扶植农机大户、农机合作社和农机专业服务公司，以便取得和提高专业效益和规模效益。

在农田水利化方面，当前的重点是加强小型农田水利建设。要大幅度增加中央和省级小型农田水利工程建设补助专项基金，将大中型灌区末级渠系改造和小型排涝设施纳入补助范围；以雨水积蓄利用为重点，兴建山区小型抗旱水源工程；采取奖励补助等形式，调动农民建设小型农田水利工程的积极性；推进合作型农田水利工程的建设；支持农民用水合作组织的发展。此外，还要重视大中型和重点小型“病险水库”的除险、加固；要搞好灌区改造，大力推进节水灌溉，提高水资源利用效益。特别应当强调的是，要倡导“水资源时空优化利用”——即一方面要进一步大力倡导水资源在空间上的“以余补缺”，即将“南水北调”的思想，大大地加以扩展，使之遍地开花；另一方面，要树立水资源“涝储旱用”思想，并广泛应用——即全国的大部分地方，在雨量大的时段，适度地进行“余水储存”，以备旱季之用。

农业科技的研发和推广，也是一个不可忽视的方面。目前应当加强农业科技投入，重点支持公益性农业科研机构和高等院校开展基础性、前沿性研究，加强先进实用技术集成配套；要深入实行“科技入户”工程，完善农业科技成果进入农户的有效机制和办法，以便全面地发挥实效。此外，还要大力发展农村服务组织，为农民提供代耕代种、用水管理、仓储、运输等等方面的服务，即通过专业分工的途径提高经济效益。

六、农业资金与农业的价值形态再生产

笼统而言，“资金”是财产的货币表现形式。具体而言，从物质形态上可区别为实物资金和货币资金；从存在状态上可区分

为固定资金和流动资金；从来源上可区分为自有资金和借入资金；从所有者的性质上来看，可区分为国有资金、集体资金、私有资金；等等。农业价值形态再生产是以资金的形态表现的。

农业资金处于不断运动的过程之中：其第一阶段为储备阶段，其具体存在形态为各种生产资料、一定的存款和现金，此时的资金称为储备资金。其第二阶段为生产阶段即各种农产品形成的阶段，此时农机、耕畜等等固定资金的部分价值通过折旧的形式转移到农产品之中，种子、农药、肥料、水等流动资金的价值则直接转移到农产品之中，劳动力所创造的新价值，则以工资和利润的形式转移到农产品之中。最后，生产单位通过出卖农产品，得以回收在生产中耗费的资金并以获得利润的形式在不同程度上取得新创造的资金。然后，新一轮的农业资金运动再周而复始地进行。这就是农业资金的周转。就上述过程而言，农业部门的资金周转，与非农业部门是没有任何区别的。然而，由于农业生产具有与其他部门大相径庭的自然—经济特点，从而其资金周转也大不相同。

首先，农业生产周期长，导致农业资金周转速度慢、周期长。一般的大田作物的生产周期长达几个月。纵观一年一熟地区（如我国的北方地区一年一茬玉米、水稻、高粱等单作），一年两熟地区（如一年小麦—玉米、玉米—红薯、早稻—晚稻等连作）以及一年三熟地区（如早稻—中稻—晚稻连作），农业的生产周期最短也长达4个月，最长则实际上为一年（农闲期间生产活动基本停顿）。这与工业生产可持续不断、循环不止地进行比较，是大相径庭的。

其次，农业资金的投入量、占有量都存在明显的季节性。这是由于农业生产活动具有明显的季节性，而且各项作业在时序上具有不可替换性，从而在何时投入何种形式以及何等数量的资金，基本上是确定不移的。与此相反，一般的工业部门就根本不存在或基本上不存在此种季节性，从而在全年的各个不同季节，

在资金的占用和使用量上，便是无差别的或基本无差别的。

最后，农业资金使用效率低而且不稳定。在农业部门中，生产周期长造成了等量资金的使用效率，大大低于工业；农业生产的季节性，造成农业资金使用量的不均等，时而积压与时而不足相交替，从而降低了资金的使用效率；此外，由于农业受自然条件变动的巨大影响而各个年度丰歉不一，从而在不同年份中资金使用效率极其不稳定。

概括而言，农业便是一种高无效成本产业，然而，其产品又是社会存在和发展所不可或缺的，那么，由社会共同承担这种高无效成本，而不仅仅是诿之于农业部门及其从业者，便是天经地义而无可置疑的。

针对上述情况，可从农业价值形态扩大再生产的角度予以分析并提出根本性对策。这意味着，作为国民经济基础的农业部门，在扩大再生产的过程中，如何能够在价值形态上，按照社会平均标准弥补物资耗费和补偿劳动耗费，并进一步取得社会平均赢利；换言之，如何使农业生产部门按社会平均标准取得补偿，如何使农业劳动者享受社会平均的生活待遇。

因此，在资金上支援农业，政府是责无旁贷的。其中包括，根据农村的需要而发放低息乃至无息贷款、实行自然灾害保险、对于农业实行免税、对于粮食生产和其他必要的生产部门按面积或产量等予以直接补贴并逐步适当提高标准等等。凡此种种，都意味着社会对于其赖以存在和发展的基础性产业，承担起义不容辞的责任。换言之，社会不应当听任处于弱势地位的农业部门及农业劳动者，自然而然地承受种种不公平的遭遇。否则，从等价交换的角度来说是不公平的；从经济伦理的角度来说，是不人道的。

七、农产品市场与价格

农产品中的基本部分要通过市场实现其使用价值和价值，即转移到消费者手中并取得代价。从而，农产品市场与价格问题的核心和本质便是农产品使用价值和价值的实现问题。

就使用价值的实现而言，要区分自给产品和商品产品。粮食、蔬菜、肉类等食品中的一个可观的部分以及全部饲料都是农村的自给产品，它对于农业生产和农民生活是必不可缺的，从而从政府的角度来看，是必须予以保障而不可竭泽而渔的。这是与工业生产基本不同的。而且，就不同单位和地区之间而言，也存在着这类产品的交换问题。就纯商品部分而言，要通过市场将各种农产品分别交付到各类最终消费者手中，最终完满地实现其使用价值，尽可能减少乃至完全避免损失。就价值的实现而言，着重要探讨的是农产品的纯商品部分（即剔除自用和向农村返销的部分）的市场与价格问题。

首先，农产品市场具有季节性、分散性、地域性、易腐性等四大基本特点所带来的相应问题。季节问题即以粮食为代表的植物性产品中的“一次上市、全年消费、长期储存”所带来的收入、支出、消费、保管等问题；分散性是指农产品来自千家万户，而通过集贸市场直接到达消费者手中者仅占一小部分，其大部分要通过商业系统（无论私营与公营）收购、储运、加工、保管、批发、零售而实现，从而造成环节多、损失大、费用多的问题；地域性是指相当多的、使用价值不可替代的农产品，往往是分别生产于全国不同地区，而在相当大的程度上，要运送到全国各个地方去消费，从而会发生庞大的包装、运输、贮存费用的问题；农产品具有易腐性是与工业品基本不同的，带来了使用价值的损失与包装、贮存方面的巨额支出。简言之，农产品的种种自然特点，重重叠叠地增加了生产者、调运者、最终消费者的不可避免的价格负担；当然，从另一个角度看则是增加了调运者、加工者取得相应收入的机会。

其次，农产品市场与价格中的核心问题是如何保障农产品生产者的合理利益问题。问题的症结在于，在计划经济中，农民不可能不承受政府单方面决定的低水平的垄断收购价格；在市场经济中，大量分散的农产品提供者也根本不可能影响农产品的市场价格。从而，只有作为社会代表的政府，认识到这一问题的重要性，一方面极力采取有力的调控手段，力求在市场中形成的农产品价格向有利于农业生产者倾斜，另一方面则是在农产品市场之外，通过税收、投资、行政支付种种手段，进行惠农、补农。

简言之，“农产品市场与价格”问题，最终需要在市场之外予以弥补、平衡、校正。

八、农工商一体化[①]

所谓“农工商一体化”，其最规范、最典型的内容是，作为国民经济产业部门的农业、工业、商业三者在基层单位中的统一经营，换言之即农业生产、农产品加工、农产品销售三者在基层单位内的有机结合。农工商一体化是市场经济发展到一定程度的必然产物。在这里，农业是核心、主体，工业、商业都是为农业这一中心服务的。实行农工商一体化是农业领域中的重大制度变迁，既涉及生产关系的调节，又涉及生产力的合理组织。换言之，它会大大改善基层中以农民为核心的生产关系，大大促进农业生产力的提高；它可使农业生产者以较有利的方式进入市场，在相当大的程度上改变农业生产者比较利益低下的不利局面，而且会促进农村产业结构的调整，增加农村

① 在这里，首先需要的是正名。目前在我国占统治地位的提法是“农业产业化”。此种提法意味着农业本来并不是一种产业，只有在与工业、商业结合之后才被“化”为产业，从而从根本上否定了农业的第一产业的性质，这当然是完全站不住脚的。另一种提法是“农业一体化”，这显然是对“农工商一体化”的完全不恰当的简化——舍掉“工商”两个产业部门之后，“农业”究竟同谁搞一体化呢？（见谭向勇等主编：《农业经济学》第 11 章，山西经济出版社，2005。）从而，本文名正言顺地采用“农工商一体化”这一无可辩驳的提法。

居民的就业机会。

农工商一体化于20世纪60年代起源于美国，随后传播于欧亚多国。它最初出现于养鸡业。该业首先实行生产过程工业化，要求饲料供给、饲养、屠宰、加工、销售等环节实行一体化；后来即逐步推广到养猪、养牛、蔬菜、水果、粮食等等部门。农工商一体化的基本形式有二，一是农工商合同制一体化，二是农工商垂直一体化。

农工商合同制一体化是指，农产品生产者与农产品加工者、农产品销售者三者之间，通过签订合同，使农工商三业得以进行紧密合作，以便增进并合理分享利益的一种新的制度安排。农工商合同制一体化中的合同，具有三种具体形式，即市场型合同、生产管理型合同及原料提供型合同。

市场型合同是以价格作为合同的主要内容，即对未来一定时段内交割的商品的数量、质量、价格作出约定，各方共同遵守。仅就价格本身而言，其中包括固定型价格（合同中规定交割农产品的数量、质量及固定价格）、成本加利润型价格（即在农产品成本的基础上加上一定幅度的利润作为农产品价格，价格因市场状况而异）、保护型价格（农产品交割价格只能高于而不能低于事先约定的最低保护价格）、上下限型价格（农产品交割价格，不得超过事先约定的上限和下限）。

生产管理型合同即农产品生产者与农产品加工商、销售商通过合同规定农产品数量、质量、价格的一体化类型。其最主要的特征是农产品加工—销售商能够严格控制农产品质量，特别适用于现代化的种子生产与营销。原料提供型合同规定农产品加工销售商通过向农业生产者提供一部分原料、辅助材料等，获得特定质量的农产品（例如，肉鸡加工企业向养鸡户提鸡雏、饲料、疫苗等等换取合乎标准的肉鸡），最后双方都从较丰厚的销售收入中获益。

农工商垂直一体化是把农业生产本身、农业生产资料的生产和供应、农产品的加工和销售等环节纳入同一经济实体之内，形成农工商综合体。美国经济学家 J. H. 戴维德和 R. A. 歌德伯戈首次将其命名为 Agribusiness，既可中译为“农工商综合企业”，也可泛指“农工商一体化”。实行农工商垂直一体化具有多方面的优越性，诸如可减少经营的不确定性（上中下游环节合一的必然结果），可降低交易费用、降低产品成本、增强竞争力等。就原料的及时供应而言，以及根据市场状况而改变农产品的数量、质量而言，都具有明显的优势。然而其最大的劣势则是整个企业要共同承担农业生产的不确定性的风险，从而在客观上限制了此种形式的发展。

在中国，自 20 世纪 90 年代中期以来，农工商一体化成为农业经济的热点之一。目前，其主要形式有：①“龙头”企业主导型。由“龙头”企业与农业生产基地或农户签订产销合同，提供全程服务，按最低价保证优先收购，由企业负责销售。②专业合作组织主导型。包括从事运销、加工等活动的合作社，将农户在某些方面的活动组织起来，产生某种程度的一体化效应。③中介组织主导型。由中介组织（主要是行业协会）带动农户，组成生产、加工、销售一体化的集团，取得相应效益。④专业市场主导型。即“专业市场＋农户”型。由专业市场带动附近农民实行专业化生产，并相应地进行专业化加工和销售，从而形成松散型的农工商一体化。以上四种形式，各有其适应的条件和作用，应当因地制宜地发展。

九、农业的政府管理

这一问题的实质是在市场经济中如何正确处理市场与政府二者的关系问题；即在任何形式的市场经济中，都不可能仅仅倚靠市场这一“无形之手”对经济运行进行调节，而是不可避免地、在不同程度上倚靠政府这一“有形之手”进行调节。只有这“两手”的恰当而紧密的配合，方能取得理想的效果。换言之，在农业领域中既需要市场的自发调节，也需要政府的自觉调节，而且要求两者紧密配合。而这一配合，却需要明智的、有力的政府予以实现，在农业中即具体地体现为农业中的政府管理。在提法上，有的往往把政府对经济的管理称之为政府对经济的宏观调控，但笔者认为，政府对农业的管理，既有宏观的也有微观的，既有直接的管理，又有间接的调控，从而可一概称之为“管理”即“有形之手”的运作。

农业的政府管理，包括履行以下三方面的职能：其一是履行社会管理职能，如维护市场经济秩序，保护农业自然资源和生态环境，协调各地区和各部门农业之间的关系，调节农民收入，制定相关法规等等；其二是履行公共服务职能，如建设大中型水利设施，进行气象和灾害预报，推广农业科技，进行动植物检疫等等；其三是履行经济宏观调控职能，如规划全国农业布局，控制土地占用和保持耕地面积，调节粮食及其他农产品的总量供求与进出口等等。

进一步看，对农业进行政府管理的基本理论根据在于市场失灵的不可避免性。而这一失灵又主要表现在以下几个方面：其一，农业部门不可避免的外部性（externalities），如农业部门提供粮食会使整个社会受益而农业本身往往得不偿失；农业中的经营不当会造成水土流失、生态恶化等只能由社会来承担的不良后果。其二，农业基础设施具有公共物品的属性，无法通过市场供应，而必须由政府提供（如上一段中的“其二”所提到的项目——如大中型水利设施等）。其三，在市场竞争中农业本身的特点使其处于不利地位，诸如农业中的资金、劳力向比较利益高的非农部门的流动，由于农业的生物条件的限制而使得价格刺激对于农业增长的作用受限，等等。

当然，一分为二地看，政府的管理也可能会产生失灵，这是要努力防止和注意克服的。诸如，政府掌握的信息往往难以尽善尽美，政府的决策往往也难免迟缓和片面，官员的寻租活动往往难以完全避免从而导致决策失误，决策和执行也难免出现滞后性，等等。

政府对农业的管理，往往利用经济杠杆即以经济杠杆作为媒介，实现政府的意图。经济杠杆的基本特点是，它不是行政强制性手段而是诱导性手段，是通过政府可掌握的价格、利率、信贷、税收等经济参数的变动而进行的。但是，法律手段、行政手段也是不可缺少的。只有三者的巧妙结合和紧密配合，方可事半功倍。

十、结束语

撰写本文的基本目的是呼吁人们高度重视农业经济问题的研究并在理论上准确地加以阐述。本文将“三农”经济加以区分，当然并不意味着三者不具有整体性和紧密联系，而只是强调其各自在上述前提下具有相对独立性、独特性，从而对于农业经济问题进行独立考察与研究，就确有必要了。当然，对于“农村经济”“农民经济”也有必要分别进行深入论述，不过这一任务理所当然地应当由其他的著述来承担。

仅就农业经济问题而言，本文也仅仅是列出其中最重要的若干大问题，着重从宏观的角度加以论述，理所当然地舍去了一些相对次要的问题（如农业生产布局、农业微观组织、农业经济核算、农业生产结构等），然而这绝不意味着后者就算不上农业经济问题了。

主要参考文献

《中共中央　国务院关于切实加强农业基础建设进一步促进农业发展农民增收的若干意见》(2007 年 12 月 31 日).

温家宝：《政府工作报告——2008 年 3 月 5 日在第十一届全国人民代表大

会第一次会议上》(2008 年 3 月 20 日《人民日报》).
周诚主编:《社会主义农业经济管理问题》,农业出版社,1985.
王贵宸主编:《中国农村经济学》,中国人民大学出版社,1988.
周诚等主编:《我国社会主义农业与农村经济的若干问题》,中国农业经济学会农业经济基础理论研究会等编,1991.
王立诚主编:《农村社会学》,农业出版社,1992.
朱道华等主编:《社会主义农业经济学》,中国农业出版社,2000.
周诚:《农业经济研究》,中国人民大学农业经济系印行,2000.
丁泽霁:《农业经济基本理论探索》,中国农业出版社,2002.
雷海章主编:《现代农业经济学》,中国农业出版社,2003.
方天堃等主编:《农业经济管理》,中国农业大学出版社,2005.
谭向勇等主编:《农业经济学》,山西经济出版社,2005.
刘运梓:《比较农业经济概论》,中国农业出版社,2006.
周诚:《农业经济》(《周诚自选集》第三部分),中国人民大学出版社,2007.
[日] 秋野正胜等:《现代农业经济学》,农业出版社,1981.
W. W. 威尔科克斯:《美国农业经济学》,商务印书馆,1987.
A. J. 雷纳等主编:《农业经济学前沿问题》,中国税务出版社,2000.
速水佑次郎等著:《农业经济论(新版)》,中国农业出版社,2003.
[日] 祖田修:《农学原论》,中国人民大学出版社,2003.

论农业经济问题*

一、农业经济问题概说

什么是农业经济问题？它涉及哪些领域，其性质和任务如何，具有什么职能？……这些都是首先需要回答的问题。

众所周知，在人类社会物质资料生产的经济生活中，触及多方面的、性质不同的问题，包括生产技术问题、上层建筑问题、生产关系问题、生产力问题等。其中，生产技术问题是自然科学方面的问题；上层建筑问题是政治学、伦理学、法学等领域的问题，都不是经济问题。只有其中的生产关系和生产力两方面的问题，才是经济问题，因而农业经济问题研究的是农业中生产方式的两个组成部分领域中的经济问题，是属于经济科学范畴的。

应当指出，无论是在农业部门中还是在农业企业（广义地说包括集体经济、乡镇企业、包干农户、个体农户、家庭农场、合作经济、国营农牧场、农工商联合体、农业公司等）中，无论是在全国或某一地区，无论是在整个农业部门抑或是在农业中的某一部门中，都存在着农业经济问题。因而，我们这里所说的农业经济问题，是广义的。

下面，概略地阐述一下农业中的生产关系问题和生产力问题

---

* 本文是在笔者主编的《社会主义农业经济管理问题》（农业出版社，1985 年）一书中笔者撰写的《绪论》的基础上修改而成的，着重论述农业经济学的对象及其基本内容。笔者认为，“农业经济管理学”与“农业经济学”是同一门学科的不同名称，而并非两门学科，也并非各有侧重。这里所说的“管理”主要是指农业部门的管理。

的基本含义。

生产关系是人们在物质资料生产中所结成的关系，是人们之间最基本的社会关系。人们“以各种不同的方式，结成一定的生产关系，从事生产活动，以解决人类物质生产问题。”[①] 农业中的生产关系问题，同整个社会或其他部门的生产关系问题一样，其实质是人们在生产、交换、分配、消费诸经济活动环节中所发生的涉及人们在经济权利（如生产资料所有权、决策权、指挥权等）、经济责任（即经济义务）、经济利益等方面的关系问题。

生产关系问题，集中表现在人们之间的经济利益关系上。这是由于人们进行一切社会活动，都是“从直接的物质动因产生”[②] 的，因而“每一个社会的经济关系首先是作为利益表现出来。”[③] 这就要求在农业经济中，特别注意经济利益问题，尤其是直接从事农业经济活动的农业劳动者的经济利益问题。

生产资料所有制是生产关系的基础，是决定生产关系诸环节（生产、交换、分配、消费）的前提条件。可以说，农业中的生产关系问题，归根到底是由作为经济制度基础的生产资料所有制的状况所决定的。换言之，生产关系的各个具体环节的状况，总是要同生产资料所有制的状况相适应的。在我国农业中，存在着生产资料全民所有制、集体所有制、农户个体所有制、私有制等。这种状况必然要通过农业中的生产关系各环节，通过“权、责、利”的具体状况体现出来。

生产力是在生产过程中人与自然的关系，是人的因素与物的因素相结合所产生的物质生产的总体和现实的能力。农业中的生产力问题，是农业中生产力诸要素（劳动力、劳动资料、劳动对

---

① 毛泽东：《实践论》，《毛泽东选集》合订本，第 260 页。

② 恩格斯：《卡尔·马克思〈政治经济学批判〉》，《马克思恩格斯选集》第 2 卷，第 118 页，人民出版社，1972。

③ 恩格斯：《论住宅问题》，《马克思恩格斯选集》第 2 卷，第 537 页，人民出版社，1972。

象）如何发挥其作用以实现生产和再生产的问题。

农业经济问题的领域既然如此，那么，农业经济学或农业经济管理学研究的对象为何呢？众所周知，一切科学包括经济科学都是研究客观规律的，即以客观规律作为对象的，农业经济学当然也不例外。因而，概括地说，农业经济学的研究对象就必然是农业中生产关系与生产力的运行规律。不过，在实际的经济生活中，人们应当在掌握客观规律的基础上，运用经济规律，并适应经济规律的要求，协调生产关系和组织生产力。从而，协调农业生产关系和组织农业生产力，便成为农业经济学研究的次级对象。这样，全面地、概括地说，农业经济学的研究对象便是农业生产关系与生产力运行的规律以及人们以此为基础对农业中生产关系的协调和生产力的组织。简化的提法则是：农业经济学的研究对象是农业生产关系的运行及其协调，农业中生产力的运行及其组织。

下面着重从农业经济学的应用，即运用农业经济学从事农业经济管理工作的角度，对与农业经济学研究对象相关的问题略加展开。

在农业经济管理工作中，所谓协调生产关系，就是要对与农业生产有关的“上下左右”不同领域、不同层次的生产关系的各个具体环节、具体过程，通过妥善的安排、恰当的调整，使之不断地完善；使各方面的“权、责、利”尽可能紧密地、完满地结合起来；使生产关系的各个方面能够充分发挥其积极的作用，能够充分地调动各方面的积极性。概言之，就是要使农业部门和农业企业中的生产关系，尽可能经常处于充分协调的最佳状态，使之能够更好地发挥对生产力的促进作用，并使其本身得到不断巩固和发展。这些，就是在农业中协调生产关系的工作所面临的根本任务。

在农业经济管理工作中，所谓组织生产力，就是要根据生产力的整体及其各个组成部分在质上的关联性和量上的比例性等特征，在不同的空间和时间等范围内，使之得到合理的组合；使农业生产力诸要素尽可能地得到充分而合理的利用，在农业生产中发挥其各自应有的作用；使农业生产力诸要素的“投入”（占用、耗费）与农业的“产出”（农业生产成果）数量对比尽可能获得最佳值，即取得最大的经济效果。换言之，就是要使生产力诸要素的组合，尽可能经常处于最佳状态，使农业生产能够迅速地和高效果地发展，使之能够不断地满足客观需要，从而，不仅使农业生产力本身不断地得到改善和发展，而且能够有力地促进农业中生产关系的巩固和发展。这就是我们在农业中合理组织生产力的工作所面临的根本任务。

搞好农业经济管理工作，要从实际出发，采取正确的措施，坚持生产关系适应生产力发展的部分和生产力组织中的适用的部分，适时调整那些不适应和不适用的部分。无论是“坚持”，还是“调整”，都要以使农业生产关系和生产力的组织处于最优状态为准绳。

协调生产关系和组织生产力，必然是相互影响、互补互济的。在这里，处于协调状态的生产关系，是合理地组织生产力的重要前提。在生产关系不协调、与生产力的状况不适应的情况下，组织生产力的工作或者根本谈不到，或者是难以顺利开展，并难以奏效。同样，组织好生产力，则更能够发挥现有的生产关系内在的优越性，甚至可弥补其某些方面的不足。因此，只有这两方面的工作都做好了，才能够使农业经济活动正常地、高效地运行。

上层建筑对农业经济管理具有巨大的影响。上层建筑不仅会反作用于生产关系，从而进一步影响生产力；而且，上层建筑往往会直接作用于生产力。例如，基于正确的认识所采取的正确的路线、方针、政策，必然有利于生产关系的协调和生产力的组织，使之处于最佳状态；反之，则会发生破坏作用。因此，农业的经济管理，必须与上层建筑领域的工作相结合；研究农业经济管理问题，必须联系上层建筑的问题。但是，无论如何，不能把上层建筑本身的问题与农业经济管理问题混为一谈，而且应注意避免以政治工作代替经济管理工作。

农业经济管理与（自然）科学技术有什么关系？很明显，在进行生产力的组织工作时，不可避免地要接触到相当广泛的农业科技问题。只有具备必要的农业科技知识，才能够做好农业生产力的组织工作，这是毫无疑义的。然而，农业科技问题本身，并不是农业经济管理问题的组成部分。

农业经济管理工作的职能是什么？无论就协调生产关系而言，抑或就组织生产力而言，一般地说，它的基本职能体现在下列三个基本环节上，即决策、指挥和监督。

农业经济管理工作中的决策，是为了达到一定的目的，从若干个方案中选择一个最优的、付诸实施的方案的过程。决策的对象包括协调生产关系和组织生产力中的各种各样的方案。例如，适应市场经济的需要，制定农业发展规划，确定生产项目、规模、比例、速度等；确定调控农产品价格的方案，改善工农业间和农业内部各种产品间的比价关系；等等。决策要建立在充分掌握经济信息并进行科学的加工的基础上。要设计多种可能的方案，并对它们的可行程度、利弊得失等加以全面权衡，进行科学预测，然后做出抉择。

农业经济管理工作中的指挥，是通过组织、调度、调节等项手段落实决策方案的过程，即实施方案、办法、措施的过程。在指挥过程中，要使“权、责、利”紧密结合，处理好集权和分权之间的关系、各方面协同配合的关系，要对人力、物力、财力的使用进行恰当的分配和调度等，才能奏效。在指挥过程中，也要随时掌握各项经济信息，以便相机行事。

农业经济管理工作中的监督，是指通过经济核算（统计核算、会计核算、业务核算）、经济活动分析等手段，掌握经济决策执行的结果，判明经济管理工作的优劣，从而对决策、指挥产生反馈作用。

总之，在农业经济管理工作中，“决策—指挥—监督”形成了一个完整的体系。这一体系通过设计、组织、核算、分析、检查、调节等具体环节而得以发挥作用。从而，使农业经济机制（如市场机制、计划机制）发生效能，使整个农业经济活动得以运行。

农业经济活动有其质量方面和数量方面，两者是密切不可分割的。而且，事物的质量总是通过一定的数量来体现的。如果我们离开了对农业经济活动的定量研究，就难以对农业经济活动进行深入的定性的研究，即难以更加准确地认识农业经济活动的本质。为此，在农业经济管理的决策、指挥、监督等方面及其有关的各个经济管理的具体环节中，在诸如生产资源的利用、资金的投放、生产发展的速度和比例关系的确定、农业生产布局、农业生产实绩的经济效果分析等等方面，都要进行定量分析。在分析中，通过经济数学方法的运用，对错综复杂的多因子进行静态和动态分析，明确各种限制因子的具体作用及其相互关系，找出最优数值（如产量最高、纯收入水平最高、成本最低）等，就会使农业经济管理活动更加做到“胸中有数”。

二、农业中生产关系的协调

协调农业领域中的生产关系至少包括以下四个方面的内容：

第一，以生产力发展的状况（性质、水平）为基础，适当兼顾上层建筑等方面的状况（如历史的因素、群众的觉悟、干部的领导水平等），合理地确定农业中生产资料公有化的程度、组织形式，合理地确定实行全民所有制、集体所有制、个体所有制的范围和程度，使各种所有制形式密切结合，各得其所。例如，开垦边远地区的大片国有荒地，以建立国营农场为宜；在一般地区则以建立集体所有制经济为宜，并实行以分户包干为基本形式；

要鼓励农民保留和购置生产资料，但一般而言要坚持土地这一基本生产资料的集体所有制；等等。

要正确处理生产资料所有权与使用权的关系。当所有权与使用权分离更为有利时，要使所有权不会妨碍生产资料的合理使用，而是更有利于生产资料的充分而合理的利用；要使生产资料的使用权，不会影响所有权，而是会巩固所有权。例如，在实行"包干到户"时，就是这样。

第二，协调国家与农业企业、农户、农业劳动者（包括农民、农村干部和农业工人）之间在生产关系各个环节上的经济关系，做到国家、企业、农户以及劳动者个人之间在利益上的兼顾。在这里，关键的问题是要处理好国家和农业企业、农户之间的关系。其核心在于，国家把农业企业、农户真正当作企业来对待，而不是当作行政管理中的下级单位来对待；对农业企业、农户的经济活动要认真贯彻市场调节的原则，只有在必要时才不得不采取行政性的硬性举措（例如，基本农田的保护、农地入市等）。

第三，在国家对农业实行领导、管理时，要正确处理中央与地方各级之间的经济关系；正确处理在农业领域中的地方与地方之间、部门与部门之间的关系。其中，正确处理中央与地方之间的关系，一方面要保证中央对全国实行统一领导，地方要完成中央规定的任务和要求；另一方面，又要考虑到地方的利益和需要，使地方能按市场规律办事。这样，地方才会有主动性，而且有利于地方各级保障其管辖范围内的农业单位在经济上的自主权、灵活性。至于地方、部门、企业、农户之间的横向关系，则要在坚持自愿互利、等价交换原则的前提下，加强经济协作，互通有无，互相支援，并进行多种形式的经济联合，以便确实把经济搞活。

第四，处理好农业单位内部的全局（即整个单位，如农村集体经济、各种农民合作经济等等）、局部（单位内部各部门、各行业、各个内部生产单位）以及农户、个人之间的关系。其中的实质和核心问题是处理好“大单位”（如社区集体经济、合作经济）与“小单位”（如农户、农民）之间的关系。

总之，协调农业中的生产关系，就是要处理好上下左右之间的错综复杂的相互关系。其中，实质性的问题是各方面的“权、责、利”如何恰当地结合的问题。在这里，应当强调的是，在社会主义市场经济条件下，要按市场经济客观规律办事，用经济办法管理经济。这就是说，要依靠经济组织（除农业企业外，还包括金融组织、商业组织等等），主要通过经济手段（包括预算、价格、信贷、利息、税收、罚款、工资、奖金等经济杠杆，还包括合同制、经济责任制等经济管理制度等等），根据经济利益原则，对生产、交换、分配、消费等生产关系的各个环节进行协调。

协调农业中的生产关系，还要注意诸如以下所列的问题：

第一，变革生产关系，决不能从主观愿望出发，而应从生产力发展的客观需要与可能的情况出发，从生产关系的现状出发。应以是否能更有效地促进生产力的发展，作为衡量生产关系调整是否得当的准绳。在农业中，决不能再盲目追求“一大二公”，追求形式上的“先进”，而不顾效果。

第二，变革所有制一定要慎重。生产关系包括各个方面，生产资料所有制是其集中表现。调节生产关系，要慎重对待所有制的变革，应力求通过生产、交换、分配、消费等环节上的调节，使整个生产关系的状况得到改善。合作化、公社化的过程都证明了过去在所有制方面的变革是“欲速则不达”。

第三，生产关系需要有稳定的时期。任何一种生产关系，都只有稳定一定的阶段，才能更好地了解到它的优劣、利弊，从而才能够决定其取舍或对症下药加以调整。贸然地、反复地变动是不可取的。

第四，生产关系方面的调整，应当是既包括前进，也包括必

要的后退。过去，在“左”倾思潮的影响下，我们干了不少盲目冒进的事。改革开放以来，我们不断清除极“左”思潮的遗毒，在农村中放宽经济政策，其实质也就是在生产关系方面作实事求是的后退。这样做必将更有利于生产力的发展，从而意味着现在“退一步”，是为了今后“进两步”。

第五，在农业、农村的生产关系中，要注意农户的地位和作用。农户是农业和农村中最重要的一种社会细胞。在实行个体生产的条件下，它既是生产单位又是生活单位；在实行包干到户时，它是农村社区内相对独立的最基层的经济单位。在农业、农村中的生产关系，实际上在颇大的程度上是其他各方面同农户之间的关系以及农户之间的相互关系。调动农民的积极性，保障其经济权利，始终在相当大的程度上是调动农户的积极性。因此，正确认识和发挥农户的作用，是协调农业中的生产关系的基本出发点之一。

三、农业中的生产力组织

农业生产力组织问题究竟是否是农业经济问题的组成部分？有关农业经济的学科，究竟是否要研究农业生产力的组织问题？这一点确有加以阐述的必要。这一问题，涉及以下两个问题：

第一，农业生产力组织是不是自然科学范围内的问题？否。应当明确指出，社会生产力是一个最基本的社会范畴和经济范畴。它的组织工作，绝不是生产技术措施，不属于自然科学范畴。当然，农业生产力中的每一类物质要素中的具体物体（如土地、机器、人体等），都可以从自然科学方面去研究它们的物质形态、结构、性质、运动规律等。然而，农业生产力的组织却不研究这些问题。它首先是把整个农业生产力当做一个整体来加以研究。因为，生产力中的任何要素，脱离这一整体来考察，就不是生产力的组成部分了。其次是把农业生产力诸要素中的每一要素（指劳动力、劳动资料、劳动对象）作为整个生产力这一整体的一个部分来加以研究；然后是对农业生产力每一要素中的各个具体组成部分（如生产资料中的机器），也从生产力的整体的角度加以研究。这些研究的内容，包括其性质，在农业生产力中的地位、作用，运动规律以及各要素之间的相互关系等，以便进行合理的组合。显然，这种研究同自然科学是截然不同的，这正如生产棋子与下棋是截然不同的。当然，自然科学的成果应用于农业生产会提高农业生产力，从而构成生产力的一个具体组成部分；而且，对于组织农业生产力来说，也需具备必要的自然科学知识。

第二，农业生产力组织要解决的是什么样的经济问题呢？农产品的直接生产过程，是农业经济活动的基础，它决定着农业中的交换、分配、消费等环节。狭义地说农业生产力组织问题所要解决的就是这一直接生产过程中农业生产力诸要素的组织问题，因而可以说是“农业生产经济”问题。这一经济问题的核心内容是要使农业生产力诸要素在整个农业部门、农业地区、农业企业内部得到充分而合理的利用，尽可能取得最大的经济效果。从这个意义上，也可以说农业生产力的组织问题是“农业生产效益经济”问题。[①] 显然，这就需要我们把习惯上对“经济”问题范围的理解，放宽一些。广义地说，生产力的组织包括生产、交换、分配、消费的组织。但我们在这里着重是研究狭义的生产力组织问题，即直接的生产环节的组织。

生产力的组织与生产关系具有密切的联系，但是，生产力的组织并不等于生产关系的协调。农业中的不同的生产关系，肯定会对生产力组织工作的状况产生不同的影响，我们一定要发挥切合我国农村实际的生产关系的优越性，更好地组织我国农业的生

① 这里提到的“农业生产经济”、“农业生产效益经济”，都不是指的学科的名称，而是用来说明生产力组织问题的经济性质的概念。

产力。同时，在生产力组织的过程中，能够进一步发现生产关系不适合生产力发展的方面，为协调生产关系提供依据。

总之，农业生产力的组织，并不是孤立的，而是与科学技术、生产关系，都有密切关系的。但是，决不能因此而抹杀农业生产力组织问题本身的独立性和独特的作用。

农业生产力的组织问题的重要性，是由生产力在社会发展中的作用所决定的。生产力绝不是被动的、消极的，而是主动的、积极的因素。过去，我们已尝到了在农村中脱离生产力及其组织，单纯在生产关系上做文章的苦头。我们曾经不止一次地脱离生产力发展的状况，盲目地调整生产关系，结果影响了生产力的发展。历史的教训告诉我们，非大力加强生产力的组织工作不可。而且，尽管协调生产关系也具有经常性，但组织生产力的工作则更具有经常性、普遍性和重复性。换言之，组织农业生产力，是我们所面临的经常性的任务之一。

要合理组织农业生产力，就要了解农业生产力。首先要了解农业生产力的构成。农业生产力和整个社会生产力一样，也是由劳动者、劳动资料、劳动对象三者组成的。这些是农业生产力的基本的、实体性因素。其中，土地是一种特殊的生产资料，它既是劳动资料，又是劳动对象。科学技术、教育、生产决策和指挥、企业经济管理等因素，实质上体现在劳动者、劳动资料和劳动对象三要素之中，但往往也具有独特的意义，因而不妨称之为生产力的派生因素。这些派生因素，随着社会生产力的发展而日新月异，作用日益增大。邓小平称科学技术为“第一生产力”，正是强调其巨大作用。现阶段在我国农业中，依靠科技来发展农业生产，尤其重要。

从整体上来看，包括派生因素在内，社会生产力也可划分为自然要素（如农用土地等）、技术要素（如机器等技术装备和人的技术水平等）和社会要素（如管理和组织工作等）。各个要素具有不同的性质和特点，需要进行深入细致的研究。

组织农业生产力，还要了解整个生产力及其各个组成部分所具有的种种属性。

首先，要了解生产力的整体性能，即生产力各要素以及各项生产资源组合为一个有机整体时，所具有的整体特性和整体功能。换言之，当我们把农业生产力当做一个有机的整体来看待时，也就意味着把它当做一个完整的经济系统来看待，来考察其系统性的特征和功能。具体地说，包括以下几点：

一是生产力的综合性。综合性是生产力的最基本的属性。生产力的各要素、各个具体的组成部分或项目，只有紧密地结合在一起，综合地发挥作用，才能够形成为现实的生产力。而且，只有这些要素、部分结合在一起，才能够形成经济学意义上的生产力系统。在国民经济农业部门中，在一个地区中和一个农业基层单位中，现实的生产力，都显然具有这种不可分割的综合性。这一属性要求人们从整体上、综合地考察和组织生产力。

二是生产力的关联性（或称均衡性）。这是指生产力各要素、各组成部分之间的相互关联，即各个要素、各项生产资源由其自身在质地上的特点而形成的相互关联性。这种关联性要求各个要素配套成龙，发挥综合作用。例如，现代化的机械设备，掌握现代化技术的劳动者，足够的土地面积（生产规模的重要标志），以及其他因素之间，就具有关联性。它们可组合成为体现现代化的农业生产力的综合体。换言之，生产力整体的各组成部分之间的关联性，要求它们在性能上相互适应，而不是相互脱节。

三是生产力的比例性。这是指生产力各要素及其各具体项目之间，在形成现实的生产力时，要在性能上相互关联的基础上，在数量上保持恰当的比例，即相互配比上的数量规定性，则彼此才能够充分发挥其作用，使最优生产能力确实得以实现，避免浪费。例如，在大田生产中，土地、劳力、机器、牲畜之间一定要保持合理的数量比例，生产才能正常运行。

其次，要了解生产力各个组成部分及其各类项目所具有的具体属性，以便于有针对性地加以合理利用。一般地说，农业生产资源具有以下几个方面的具体属性：①农业生产资源在数量上的有限性（在一定的时间、空间范围内，任何生产资源都是被限定在一定的数量之内的）；②不同农业生产资源在生产中的作用的差异性；③农业生产资源可利用时间的限制性（如无霜期对土地利用的限制，人畜力利用的生理限度等）；④农业生产资源的强烈的地区性（如各地区土地资源状况不同，肥源不同等）；⑤不同的农业生产资源的不同的适应性（如一般地说大型履带拖拉机适宜的作业范围较中型轮式拖拉机要窄）；⑥农业生产资源的不同的效用性（不同的生产资源在生产中的使用，由于性能以及使用方法等原因，其经济效益的高低往往差别很大）；⑦若干农业生产资源之间的相互取代性（各生产资源的作用、效用等可相互取代的程度不同）；等等。

在这个基础上我们就可能进行良好的农业生产力组织工作。其主要的要求是：在不同的空间、部门、时间、作业等方面，合理地确定生产力各要素及各项具体的生产资源的使用方向（即用于何种生产部门、何项生产措施等），方式（如集中使用或分散使用等），顺序（即根据择优原则确定各项生产资源动用的先后顺序），限度（注意投放的经济适合度），比例（使各种生产资源相互密切结合，具有恰当的比例）等，从而形成最优的生产力组合。组织农业生产力，要遵循满足客观需要、符合可能条件与提高经济效益三者紧密结合的原则（简称“需要、可能、效益相结合的原则”）。

组织农业生产力工作的基本内容和任务，主要表现在以下四个方面：

一是农业生产力诸要素和具体项目在空间上的合理布局。任何生产，都要在一定的空间范围内进行，具有广阔的空间性和强烈的分散性的农业生产，其生产力的组织，更要严格地注意空间上的合理布局。其具体的要求主要是：一切生产资源的利用，要以充分而合理地利用土地及其他自然资源为基础；要因地制宜地进行农业生产力的合理布局，实现合理的地域分工，发挥各地区、各农业生产单位在生产资源投放方向、方式等方面的优势；要使局部的利益和全局的利益得到兼顾，二者紧密结合。

二是农业生产力诸要素和具体项目在农业各部门之间的合理分配。其具体的要求主要是：使各种农业生产资源各得其所，优先投放于最恰当的生产部门（包括农林牧副渔及其内部各具体部门）；使各个生产部门在资源的利用上得以密切配合，形成恰当的比例，并尽可能形成良好的循环；使农业生产资源的投放，能够最大限度地满足国内外市场对各种农产品的需要。

三是农业生产力诸要素和具体项目在时间上的合理投放。要求各种农业生产资源的投放，在时间上和顺序上能够密切配合，形成有效的生产力；要尽可能提高各种生产资源在时间上的合理利用率；要力求使各种农业生产资源在当前和长远都能得到合理的配置和利用。

四是农业生产力诸要素和具体项目在各项作业中的合理配备和使用。一切农业生产活动，最终都要落实为各项农业作业（如农作物生产中的整地、播种、收获等）的进行。这是进行农业生产的基础环节，也是组织农业生产力的基础环节。在组织农业生产作业中，应该根据农业生产资源的种种属性，针对各项作业的具体要求，恰当地配备和使用各项农业生产资源；要在适时和高质量地完成作业的前提下，提高一切生产资源利用的技术经济效益，避免积压、损失、浪费。

从事农业生产力的组织工作，一定要遵循客观经济规律，这是毫无疑义的。其中包括诸如下列规律：生产按比例发展规律、时间节约规律、社会分工和生产专门化的规律……。除此之外，还要深入地探索农业生产力运动、变化、发展中的具体规律，例如农业各部门之间的相互联系、相互制约的规律，农业生产分工与专门化的规律，由选择机械化到全面机械化的规律等等。不言而喻，在实际工作中还要遵循有关的自然规律。

四、农业生产的特点及其与农业经济管理的关系

马克思在《资本论》中指出："经济的再生产，不管它的特殊的社会性质如何，在这个部门（农业）内，总是同一个自然的再生产过程交织在一起。"[①] 在《剩余价值理论》中又指出："在所有生产部门中都有再生产；但是这种同生产联系的再生产只有在农业中才是同自然的再生产一致的"。[②] 这是马克思对农业生产特点所作的最集中的概括，这是农业生产的最根本的特点。它首先意味着，在农业生产中，作为人类劳动过程的农产品生产过程，同时又是动植物有机体的循环往复、周而复始而滋生繁衍的自然再生产过程。在这里，经济再生产要以自然再生产为基础和出发点，对自然再生产具有依赖性；不能脱离自然再生产所具有的种种特点，不能违背自然规律。当然，在农业生产中的自然过程，已经不再是自发的纯自然过程了，而是由人类指导和影响的自然过程了。

从经济再生产过程同自然再生产过程相"交织"这一根本特点出发，还要进一步分析农业生产所具有的一些具体特点，以便在协调农业生产关系和组织生产力时，有所遵循。主要有以下三个方面：

第一，在农业本身的生产资料和自然力的利用方面的特点：

一是作为农业生产资料的动植物有机体本身，是有生命的、自动化的"活机器"。它具有自己的生长、发育、繁殖的自然规

---

① 《马克思恩格斯全集》第24卷，第398～399页。

② 《马克思恩格斯全集》第26卷Ⅱ，第61页。

律，要求适宜的外界条件（光、热、气、水、土、肥等）。它在自身的生命活动过程中合成碳水化合物、蛋白质、脂肪及其他有机物质。动植物这种“活机器”本身的性能，对农业生产具有决定性的、巨大的影响。

二是土地是农业中基本的、不可取代的、作用巨大的劳动对象和劳动资料。动植物都要以广阔的土地作为生产基地——立足点以及养分和水分的贮存器、供给者。而土地本身又是有限的、难以扩大和难以再生产的资源。因此土地的状况及其利用状况对农业生产就有极为重要的影响。

三是以太阳能为代表的自然力，是农业中无法取代的自然资源；太阳能是开动“活机器”的自然能源。正如马克思所指出的那样：“在农业中，自然力的协助——通过运用和开发自动发生作用的自然力来提高人的劳动力，从一开始就具有广大的规模。在工业中，自然力的这种大规模的利用是随着大工业的发展才出现的。”[①] 这种“自然发生作用的自然力”的代表就是太阳能。在农业生产中，植物以太阳能作为直接的不可取代的能源，而动物则主要通过植物来利用太阳能。此外，自然力还包括土地的自然肥力、水力、风力等。自然力的状况及其利用状况，在相当大的程度上决定着农业生产的优劣成败。因为，“在农业中……，问题不只是劳动的社会生产率，而且还有由劳动的自然条件决定的劳动的自然生产率。”[②]

第二，在农业生产过程和农业各部门相互关系上的特点：

一是由于生产时间和劳动时间的不一致，农业生产具有强烈的季节性；此外，农业生产还具有生产周期长和跨年度性。

二是农业生产各部门之间，具有密切的联系，相互提供必不可少的生产资料（如厩肥、饲料、役畜等）；在劳动力、生产工

① 《剩余价值理论》，《马克思恩格斯全集》第 26 卷Ⅰ，第 22～23 页。

② 《马克思恩格斯全集》第 25 卷，第 864 页。

具、土地的利用上，具有互济互补的作用；等等。

三是在一定空间范围内，各种动植物、微生物与客观环境之间，形成多因素相互联系、相互制约的生态系统，需要保持生态平衡。

第三，在农产品本身方面所具有的特点：

一是同一种作物、牲畜，同时能够提供多种多样的主产品和副产品，分别能够满足生产、生活上的不同需要。而且，同一种作物、牲畜提供的产品在数量、质量上往往具有相当大的差异性。农业产品的这种综合性和动植物生产性能的差异性，从根本上来说是由动植物有机体本身的生物学特性所决定的。

二是农产品本身往往既是产成品（最终产品），可供出卖或供本单位劳动者消费，又是本单位或其他农业生产单位下一个生产周期的生产资料。农产品的这种双重性质，决定了农业生产在不同程度上具有自给性。尤其是，在工业不发达，提供的农业生产资料较少，以及在农业的分工、专业化不发达的条件下，这种自给性更为明显。

三是各种农副产品的使用价值具有多样性和一定程度上的相互取代性。例如，粮食既可作为人的主食，又可作为牲畜的饲料；小麦、水稻等粮食作物主产品以及花生、油菜、向日葵等油料作物主产品的使用价值之间，往往在相当大的程度上具有相互取代性。这就给人们从事农业生产提供了相当大的选择余地。

农业生产的上述特点，不仅与农业科学技术、农业生产技术措施发生直接的关系，而且也与农业经济管理工作有密切的关系，特别是与农业生产力的组织的关系更为密切。

组织农业生产力，一定要适应农业生产的特点，注意诸如下列问题：

第一，要根据农业生产中利用自然力的状况，一分为二地看到其有利方面与不利方面。要积极兴利除弊，避灾抗逆，做到适应自然与改造自然相结合，力争农业稳定增产。针对目前抵御不利自然条件的力量较弱，因而农业生产难免出现不稳定性的现实，在生产、生活上要注意留有余地、留有后备。

第二，针对土地的重要性和特点，注意在组织生产时力争做到因地制宜；注意土地的用养结合，千方百计地节约耕地，避免滥用浪费；要注意在有限耕地上实行集约经营，努力提高单位面积产量，同时又要注意避免在一定的社会和物质技术条件下出现因报酬递减而造成的得不偿失现象；除耕地以外，要充分利用其他土地（包括山地、水面、草原、林地等），发展多种经营。此外，还要注意由于在广阔的土地上进行生产活动而带来的劳动的分散性等一系列的特点。

第三，考虑到动植物有机体这种活的“机器”在农业生产中特殊作用，要把培育和推广优良品种（包括转基因品种）并根据它们的特性采取恰当的措施，作为组织农业生产的一项重要的具体任务。

第四，由于农业生产过程具有季节性、跨年度性以及农业各部门之间具有密切的联系，在组织农业生产时就必须要特别注意不违农时；实行专门化与多种经营相结合（其中也包括农工商相结合）；注意高瞻远瞩、从长计议等。

第五，农产品本身所具有的特点，则要求注意从实物形态上正确处理好生产和生活的关系、自给性生产与商品性生产的关系、简单再生产与扩大再生产的关系；要注意择优生产，提高生产经济效益等。

此外，农业生产的季节性、跨地域性，也提出了农机跨地域作业的必要性和可能性。

总之，从合理组织农业生产力的角度来看，农业生产的特点，与农业生产结构、布局，各种生产资源的合理组织和利用，各个生产部门的合理组织等，都有密切的关系。

从协调农业生产关系的角度来看，也不能忽视农业生产的特

点。例如：

农业生产的特点表明它蕴藏着极为巨大的生产潜力尚待于发掘，因而实行正确的政策，可以更好地协调农业生产关系，调动广大农民群众的积极性，使人力与自然力更好地结合起来，更有力地促进生产力的发展。这样可使农业在少增加生产资料投放的条件下，获得较迅速的发展。

土地的特点及其重要性，带来了一系列的农业经济问题：土地所有权、使用权；根据不同地区土地的优、中、劣的状况，合理确定农产品的社会价值、社会成本和价格；级差土地收入的形成及其合理分配；由土地的广阔性造成的农业生产的分散性以及小规模的包工包产的可能性、必要性；等等。

农业生产受自然条件的影响而使得它具有明显的地区差异性和时间差异性。在丰年与歉年之间、条件优劣不同的地区和单位之间，会出现交换、分配、消费等方面的差别。这个问题既需要由市场进行协调，也需要由企业自身和国家来进行适当的协调。

农业生产的季节性，使得农业在生产、交换、分配、消费各环节（如资金占用、产品销售、收入分配等）上都带有季节性的特点，需要有关的经济活动（如资金投放、产品收购、积累的扣留和消费基金的分配等），与之相适应。

由于农业生产受种种自然因素的限制，随着现代化生产资料在农业生产中的日益广泛使用，往往会出现经济上不利的局面。农业中固定资金、流动资金的利用效果往往都低于工业（农业资金周转慢、利用率低等）。于是，就出现农产品成本提高、农业有机构成超过工业的趋势。这些问题涉及工农关系等问题，需要从多方面采取措施加以解决，以便使农业的扩大再生产能够持续进行。

总之，农业生产的特点，影响到农业中的所有制以及生产、交换、分配、消费各个环节上的生产关系的协调问题，必须予以高度重视。

主要参考文献

熊映梧：《生产力经济概论》，序言、第 1 章，哈尔滨：黑龙江人民出版社，1983.

[美] H. G. 哈尔克劳：《美国农业经济学》，第 1 章，北京：农业出版社，1987.

张薰华：《生产力与经济规律》，序言，上海：复旦大学出版社，1989.

程恩富主编：《现代政治经济学》，导论，上海：上海财经大学出版社，2000.

宋涛主编：《政治经济学教程》，导言，北京：中国人民大学出版社，2004.

逄锦聚主编：《政治经济学热点难点争鸣》，导论，北京：高等教育出版社，2004.

蒋学模主编：《政治经济学教材》，第 1 章第 1 节，上海：上海人民出版社，2005.

周诚：《〈社会主义农业经济管理问题〉结束语》，原载《社会主义农业经济管理问题》（农业出版社，1985）.

周诚：《农业经济学科》，《农业百科全书·农业经济卷》，北京：农业出版社，1991.

周诚：《农业经济学》，《农业百科全书·农业经济卷》，北京：农业出版社，1991.

周诚：《关于农业经济基础理论问题的研究》，原载《农业经济问题》1991 年第 11 期.

周诚：《略论农经研究》，原载《农经理论研究》“农经建设：理论·学科·院系”专辑（1994）.

周诚：《论中国“三农”经济的八大关键问题》，载《马克思主义研究》2010 年第 2 期.

论农业经济管理要领*

要做到科学地从事农业经济管理工作，就需要具备科学的农业经济管理知识。不仅目前从事这一工作的人们，需要以农业经济管理知识武装自己，而且需要培养大量的新的农业经济管理人才，以适应农业日益现代化的需要。那些认为农业生产是靠天吃饭，不需要什么经济管理；实行“包干到户”之后，不必要进行经济管理之类的观点，都是不对的、有害的。那种认为农业经济管理谈不到什么科学和规律，仅凭老经验就可以进行的观点，也是难以令人赞同的。凡此种种不正确的观点，从本质上看，都是作为自然经济的小农经济观点的反映，越来越不能适应当前和今后我国农业发展的需要了。

放眼看世界各个农业经济发达的国家，无不极为重视农业经济管理工作和农业经济管理人才的培养和使用。在这些国家中，不仅国家各级农业管理部门中有大量的由高等院校培养出来的农业经济管理人员，而且较大的农业企业中也有专门的农业经济管理人员。即便是在中小型农业企业中，其经营者也不乏大专院校农业经济、农业企业管理专业的毕业生。而且，所有的农场几乎都能得到有关方面的农业经济管理专门人员以咨询形式给予指导和帮助。随着农业现代化的进展，我们肯定要大大加强农业经济管理人才的培养工作，并切实发挥他们的极其重要的作用。

在实际工作部门中，农业经济管理工作者的基本任务在于，顺应市场经济的运行，协调生产关系，组织生产力，从而使党和

* 本文的基础是笔者主编的《社会主义农业经济管理问题》（农业出版社，1985）一书的《结束语》，涉及学习农业经济管理学，搞好农业经济管理工作的方方面面。笔者认为其论述具有广泛价值，故收入本书，并有所改动和充实。

政府的方针政策得以顺利地实施，使科技成果得以发挥作用，使建设社会主义新农村的伟大事业得以顺利推进，使亿万农民群众得以受惠，等等。因此，农业经济管理人员的作用，决不在农业自然科技人员以下。我们甚至可以说，良好的经济管理工作，是经济、技术活动得以正常进行所不可缺少的“催化剂”。

农业经济管理工作者，并不是农业技术员，他们也远远不仅仅能起到统计员、会计员的作用。一个称职的农业经济管理工作者应具有的本领是，能够与有关的领导者、自然科技工作者相协同，综观农业、农村中的经济、技术活动的全局，进行纵横的经济、技术的论证和分析，在农业经济管理的决策、指挥和监督工作中起到运筹帷幄的参谋作用。

笔者认为，“农业经济管理学”即“农业经济学”的别称，并非是两门学科。作为一门应用科学，在培养农业经济管理人才中，具有重要的地位和作用。在整个有关学科的总体系中，农业经济管理学无疑具有承上启下、联系左右、统筹全局、提纲挈领的作用。正因为如此，就使得它不可避免地在某种程度上具有概论的性质。

同时，不言而喻的是，它并不能代替其他有关的学科。如果指望仅仅通过学习这一门学科就能获得有关农业经济管理问题的灵丹妙药，那是不现实的。对于形成一个全面才能的农业经济管理工作者来说，至少有以下五个方面的学科是不可缺少的：①马克思列宁主义基本原理、毛泽东思想、邓小平理论、“三个代表”思想及科学发展观；②一般经济学或政治经济学原理；③与农业经济管理学相平行的、具有密切联系的兄弟学科，如国民经济管理学、统计学、会计学、财政学、金融学等；④农业生产技术学科（如农学、畜牧学、林学、农业机械学等）；⑤高等数学、经济应用数学、计量经济学等；⑥广义农业经济管理学科领域中的具体学科，如农业企业经营管理学、农业技术经济学以及其他已经和可能划分出来的具体学科。

农业经济管理学，如果从学科分类的角度来看，属于综合性的应用经济学科。有人认为它是一门完整的、独立的学科；有人则认为它只不过是若干学科的有关部分的集合体。的确，有多种应用经济学科与农业经济管理学具有密切的关系。例如生产力布局、财政与信贷、财务管理、商品销售和价格等学科中与农业有关的部分，既可以成为农业经济管理学的有机组成部分，又可以分别成为独立的学科或课程。这是学科或课程的组合问题，可能出现多种组合方案。不过，对这一问题进行深入、细致的探讨，并不是本文的任务。重要的是，在有关农业经济管理学科著作中阐述的应当是客观的、科学的规律，这些规律的来龙去脉，它的表现和作用，以及与此有关的情况等。这一要求并不因篇、章、节的安排状况（多寡、顺序等）而异。

学习、研究农业经济管理问题，一定要做到理论联系实际。一方面，要掌握前人在实践的基础上总结出来的农业经济管理理论；另一方面，要在自己进行调查、研究的基础上，印证、深化、丰富、发展原有的理论。

新中国成立以来，我国农业经济学的学科建设，取得了巨大的成就、丰富的经验，但也走过不少弯路，遭受过不少挫折。党的十一届三中全会以来，拨乱反正，解放思想，放宽政策，大胆探索，使我国农业和农村呈现出一派空前未有的百废俱兴、欣欣向荣的崭新局面。在新的形势下，出现了许多实际问题和理论问题。新的形势赋予我们的艰巨任务是：认真总结历史上的和当前的经验和教训，从理论上和方法上给予科学的回答，转而指导和服务于当前和今后的实践。

应当强调指出的是：在农业经济管理中，调查和研究应当并重；局部经验和全局经验要结合；直接经验与间接经验不可偏废。只调查而不研究，必然只能停留在现象上就事论事；不进行调查（直接的和间接的）而只是进行研究，就难免出现相当大的片面性；自己的直接经验固然重要，但大量的间接经验却具有更丰富的营养。因此，无论从事农业经济的理论研究，抑或是从事农业经营管理的实际工作，都应力戒片面性。尤其是从事农业经济管理的理论、规律的探索，就更需要注意避免片面性；既要防止经验主义，又要防止教条主义。

学习、研究农业经济管理问题，还要善于借鉴外国的理论、经验，做到以我为主，洋为中用。外国的理论、经验中，大体上可分为三类。一类是完全错误的或因社会制度不同、国情差异甚大，根本谈不到借鉴问题的；二类是可结合我国的情况，去粗取精，去伪存真，在某种程度上为我所用的；第三类是基本上可直接援例采用的。特别是，其中属于组织生产力问题的，其可用程度更高。

作为一本教材性的专著，本书包含了农业经济管理学中的主要课题。为了眉目清楚，除绪论和结束语外，划分为六个部分。

在绪论中，主要是阐述了农业经济管理问题的实质和范围，协调生产关系和组织生产力的基本任务等，是全书的总纲。在结束语中，则主要阐述了农业经济管理工作的重要性以及学习和研究农业经济管理问题的意义和作用。

第一部分是农业经济结构即生产资料所有制结构和经营形式结构，这是农业经济赖以存在和运行的基础。

第二部分是农业经济管理问题总论，是在阐述了农业经济结构问题的基础上，进一步阐述涉及整个农业经济管理中的全局性——生产关系和生产力问题的综合课题。其中农业发展战略问题涉及农业中的生产关系、生产力甚至上层建筑领域的重大问题；农业经济管理体制则涉及调整好上下左右各方面的相互关系问题的体系和制度，以促进生产的发展问题；农业现代化问题不仅涉及农业生产力的各个环节，而且涉及生产关系如何适应农业生产力现代化需要的问题；农业计划问题涉及如何在整个农业中落实有计划、按比例发展的客观规律的要求的问题，既是个生产力的组织问题，又是个生产关系的调节问题；农业的经济核算与经济效益的问题，则是贯穿整个农业经济管理的大问题。总之，第二部分在全书中居于统帅全局的地位。

第三部分是农业中生产力诸要素的经济管理问题。其核心内容是有关劳动力、土地、农业机械、能源及其他生产资料方面的生产力组织问题，但也比较全面地涉及了与此有关的生产关系问题。

第四部分是农业部门经济和农业区域经济问题。其中，“农业生产结构”阐述农业内部各部门的相互联系、相互制约的关系及其具体的比例，是农业部门经济问题的总纲。其他部门经济各章的中心是论述各个生产部门如何实现物质形态的扩大再生产和价值形态的扩大再生产，而以前者为主。“农业生产布局和区划”，论述农业生产在空间（地域）上的布置；城郊经济、山区经济则是两个特殊的地区农业经济。

第五部分是农业中的商品生产，具体阐述农业中的商品生产和销售及与此有直接关系的成本、价格、赢利等问题。在社会主义市场经济条件下，这些问题的重要性自不待言。

第六部分以阐述农业中的价值形态的扩大再生产为中心。其中，“农业扩大再生产”一章概括地论述了农业扩大再生产的基本原理；收入分配问题的核心是价值形态的扩大再生产中的“c. v. m”的分配；消费问题是扩大再生产中的一个环节；资金问题则是在农业扩大再生产的过程中，资金的循环和周转。当然，各章的内容都在不同程度上在横向和纵向方面有所延伸。

以上六个部分，又可大体上组合为三个大单元，即第一、二部分组成第一个大单元，可冠之以“农业经济管理总论”；第三、四部分组成第二个大单元，可命名为“农业生产经济与管理”；第五、六部分组成第三个大单元，可命名为“农业的价值形态扩大再生产”。

众所周知，目前在我国将“涉农”问题划分为“农业、农村、农民”三大版块并简称“三农”问题；而且，除了尚未建立

"农民经济学"之外，早已先后产生了"农村经济学""农村发展经济学"等学科。那么，最终是否会出现"农民经济学"，从而形成"三农"经济学并列或对立的局面呢？笔者认为，"农民经济学"的出现，恐怕仅仅是时间问题——类似的著作早已有之；"三农"经济学并存将是可以预见的。三者并不仅仅是名称不同，而且在实质性的内容上也有所不同。简言之，"农业经济学"以国民经济的农业部门的经济运行为基本对象，属于"部门经济学"（"条条"经济学）范畴；"农村经济学"以与城市相对应的农村地区的经济运行为基本对象，属于"地区经济学"（"块块"经济学）范畴；"农民经济学"则以区别于城市居民即市民的农村居民的经济生活为基本对象，则属于"居民经济学"范畴。那么，三者尽管关系密切、互有交叉，但是各有其独特的属性，从而同时并存不仅不是不可思议的，相反是顺理成章的。此外，将三者结合起一起，形成"'三农'经济学"也完全是可以预期的。此种"三合一"的经济学，肯定具有多视角、多维度、多层面等等特征，而独具特色。

行文至此，不得不回过头来审视"农业经济学"——它是否会消亡于"'三农'经济学"之中呢？答案是完全否定的。作为国民经济农业部门的经济问题是万古长青的，从而作为研究国民经济农业部门经济问题的农业经济学，也必然随之而永葆青春。即使将来经济、社会高度发达，工农和城乡的本质差别消失，但是只要以动植物有机体为载体的农业生产依然存在，那么农业经济学就不可能消失。

论中国“三农”经济的八大关键问题*

内容提要：从基本理论层面上来看，中国“三农”（农业、农村、农民）经济中的关键问题共有八个，主要包括对于农业是国民经济基础理论的遵循、对处于独特困境中的农业生产进行社会性补救、对于农村剩余劳动力予以合理利用、确保粮食基本自给、坚持农地公有制、实行农工商一体化、优化农村基层组织等。应当认真遵循相关理论，采取适当对策，以便促进中国“三农”的持续繁荣昌盛。

关键词：农业是国民经济的基础；农业生产的社会性补救；确保中国粮食基本自给；坚持农地公有制；实行农工商一体化。

本文对中国“三农”（农业、农村、农民）经济中的关键性问题，从基本的理论层面上进行简明扼要的阐述。其基本的目的是，进一步明确正面认识，澄清理论上模糊认识，以利于优化、强化理论宣传，并利于进一步制定和落实正确的政策，从而促进中国“三农”的繁盛——促进中国农业的持续发展，促进中国农村的逐步繁荣，促进农民日益富裕。

一、正确认识并切实遵循“农业是国民经济基础”的原理①

“农业是国民经济的基础”是一个极其重要的经济理论观点。

---

* 原载《马克思主义研究》2010 年第 2 期。第二作者为吕亚荣博士。

① 参阅吕亚荣、周诚：《论农业是国民经济的基础》，载《学理论》2009 年 7 月下。

它需要人们的正确认识和切实遵循。

“农业是国民经济的基础”是客观经济规律而不是主观判断。这一客观规律的存在，从根本上来说是由农产品对于人的不可缺性和无可取代性所决定的，即由人的生存对农产品的绝对依赖性所决定的。其核心内容是，农业是人类衣食之源、生存之本；同时，农业剩余劳动力是非农部门初始劳动力的唯一来源，是其后续劳动力的重要来源（其重要性，因农业劳动力在全国劳动力总量中的比重而异）。从而，非农业部门的出现、持续存在和扩大，不仅都是以农业部门持续提供农产品为基础的，同时，在很长的历史时期内，也是以农业部门持续地提供剩余劳动力为基础的。

从生理上的需要和享受上的需要这两方面来看，人们对于农产品的需求量都是有限度的。从而，随着社会对人口增长的适度约束，随着土地生产率和农业劳动生产率的不断提高，必然会达到仅仅依靠少数人务农即可持续地满足全社会对于农产品的充分需要的地步。这时，农业部门为非农业部门提供剩余劳动力以保障后者需要的历史任务就会彻底完成。目前，一些经济发达的国家（如美国、英国等），其农村人口和农业劳动力所占比重都已经微不足道（3%左右）。这是社会生产力发展到一定阶段之后的必然结果，是不受社会制度、经济关系制约的。然而，即使是到了这一地步，“农业是人类衣食之源、生存之本”这一格局依然丝毫不变，从而，“农业是国民经济的基础”这一客观经济规律就依然如故。这表明，它是一个永恒的定性规律，而不是暂时的定量规律。

既然“农业是国民经济的基础”是一个客观的、永恒的定性规律，那么，人们便只能是严格遵循这一客观规律行事，而不可能对其本身加以干预。如果我们认真推敲便会发现，常见的某些提法，如“加强农业基础地位”、“夯实农业基础地位”等，在实质上意味着农业作为国民经济的基础，是有强有弱、有虚有实的，并进一步意味着这一规律具有可量化性、可塑性——凡此种种都完全是不科学的，都是与经济规律的客观性绝对不相容的。

然而，严格遵循这一客观规律行事，在现实的经济生活中究竟意味着什么呢？无非是两大方面：一方面，要大力发展农业生产，使农产品在品种、产量、质量等方面，不断地满足全社会的需要；另一方面，农业生产的特征决定了其存在着种种先天性困难，而且仅仅依靠农业生产者自身是无法完全克服的，从而需要非农社会予以大力扶持。这就是正确认识、切实遵循“农业是国民经济的基础”的原理所必须掌握的核心理论所在。

二、农业生产的先天性困境需要社会性补救①

这着重是指作为农业的基础产业的种植业受到多重的、严重的约束，其实物及价值形态扩大再生产举步维艰：

第一，农作物生长、发育规律和气候条件的约束。包括农作物从种到收的时限性，对于气候的从属性，以及单位面积产量的有限性。而且，通过人力改变和适应自然条件，其作用是有限的而且成本高昂。

第二，生产的露天性、大面积性，导致严重的无效耗费。土壤、水分、肥料、农药的流失严重，有效利用率低（氮肥约为40%，磷肥约为25%，钾肥约为50%）。而且，农机移动式作业所形成的无效成本大约高达25%。

第三，种植业生产的规模受耕地面积的约束。在中国，人均耕地面积仅相当于世界平均水平的40%。而且，农作物的复种指数（播种面积/耕地面积）也是难以增加的。

第四，提高单位面积产量，遭到表现为“报酬递减规律”的科技性约束。例如，1980年中国化肥生产率（每公斤化肥产粮）的统计数字：全国平均每公斤化肥产粮7公斤，新疆为18.38公

① 参见周诚、吕亚荣：《农业生产的先天性困境及其社会性补救》，载《经济学消息报》2009年第47期。

斤（施肥量小），浙江为 5.72 公斤（施肥量大），但为了提高单产，又不得不增施化肥。①

第五，受农作物的生长和发育规律以及气候条件的制约，农业生产活动具有明显的季节性，农业劳动力和机具的使用量波动极大，从而造成人力、物力的严重积压浪费。例如在抢种、抢收、抗旱、抗涝时需要大量劳动力、耕畜、农机“上阵”，而在平时则所需无几；而且，绝大部分农具具有专用性，在全年的大部分时间中无用武之地。

第六，以上种种约束，导致了农业部门的“资本有机构成”不断提高（即物化劳动投入所占比重高于活劳动）并日益超过工业部门，从而导致农业部门净产值比重的下降。例如，从1957—1997 年，全国农业经济基层单位，生产费占总收入的比重，由26.5％上升到 73.1％。②

凡此种种充分表明，农业价值形态扩大再生产步履蹒跚，最终使得农业成为突出的“高无效成本产业”“特殊弱质产业”，处于“先天性困境”之中。然而，持续不断地实现农业的价值形态扩大再生产，既是农民、农村存在和发展的需要，又是整个社会存在和发展的需要。这就决定了社会不得不对于农业予以大力扶持，从而农业便成为“社会特殊扶持性产业”。而且，社会应当保障作为农产品提供者的农民，持续不断地增加收入，并使其逐步赶上市民的水平。这是一个公正、和谐社会所责无旁贷的。然而，这却是市场这一“无形之手”无能为力的。从而，这一任务就责无旁贷地落在了作为“有形之手”的政府身上。这意味着，在市场经济中，政府应当有意识地不断地提高农民的收入，使其逐步赶上并稳定地与市民持平。

有一种观点认为，农业生产实际使用的劳动日很少，从而日

① 杨欢进：《收益递减理论研究》第 329 页，中国经济出版社，1990。

② 根据《中国经济年鉴》的相关数据而求得。

均产值很高；在农业中“春种一粒粟，秋收万颗籽”，从而“是低投入、高产出的产业”，所以“人们从远古以来就以农业作为第一衣食之源”。[①] 此种看法完全忽视了在农业中存在的人力、物力的严重损失、浪费，而且忽视了人类以农业作为衣食之源完全是由农产品的使用价值所决定的，从而是极端片面而完全不能成立的。

维持和发展农业的对策，可区别为技术和经济两大方面。在技术方面，包括实行集约经营、多种经营、改进农业科技——改良作物品种、提高化肥与农药品质、在化肥和农药的施用和保效方面不断创新，等等，以便尽可能增加产出、降低成本。这些举措当然不能靠农业本身孤军奋战，而是必须得到社会的大力支持。在经济方面，最根本的对策是由社会补偿农业的高无效成本，这是社会无可旁贷的责任。其具体内容包括诸如降低生产资料价格、强化灾害保险、强化按播种面积进行直接补贴、提高农产品收购价格、加强对农业生产者的低偿乃至无偿服务（如科技推广、水利建设）、改善农村信贷（增量、降息乃至无息），等等。

农业生产的先天性困境及其社会性补救问题的经济学上的本质，即农业价值形态扩大再生产问题。分析这一问题既具有重要的微观意义，又具有重要的中观、宏观意义。就基层单位（农户、村）而言，如果其所掌握的人力、物力、财力、自然资源都得到充分而合理的利用，并能够获得国家的适当数额的、恰如其分的补贴，其雇工、租用农机所付出的代价公平合理，其所生产的农产品以较适当的价格出售，所遭受的自然灾害损失能够得到合理补偿，等等，并且在年终结算时所获得的人均纯收入较上一年度增加一定的幅度，这就可被认为是正常地实现农业“增产增收”——实现价值形态扩大再生产。否则，就要具体分析其内部

---

① 参见王杰：《农业低效率论辨析》，载 2006 年 4 月 24 日《中国经济时报》第 5 版。

和外部因素，并从各个方面，进行补救。就各级政府而言，还要千方百计地“拾遗补阙”——从技术、物资、设施、财力等等方面，全面地弥补基层单位的不足，以便上下齐心合力，促进以货币表现的农业价值形态扩大再生产的持久实现。只有这样，才能够充分发挥农业部门在国民经济中的基础作用，促进整个国民经济的繁荣昌盛。

三、农村剩余劳动力是发展非农经济的宝贵资源

“农业是国民经济的基础”的最基本表现在于，由于农业劳动生产率的提高，使得农业部门生产的产品，除了满足其自身的需要之外有了富余，使得部分农业劳动力得以转入非农业部门，从而使非农业部门的出现成为可能，并决定着非农业部门的种类和规模。而且，随着农业劳动生产率的持续提高及剩余农产品的持续增加，非农部门的规模得以持续扩大。由此可见，农业对国民经济的劳动力贡献，是基础性的、本原性的。

中国富裕的农村劳动力，是发展非农经济的宝贵资源。现阶段在中国，存在着大约 2.3 亿“农民工”，他们是进一步发展非农产业的生力军，对中国经济的进一步繁荣，具有举足轻重的作用。但是，在市场经济中，来自四面八方的农民工所享受到的“社会待遇”，即在技能培训、就业机会、工资待遇、劳动保护、居住条件、子女就学、社会保险（主要包含医疗、养老、工伤、失业、死亡及遗属照顾等方面的社会性承担）等方面所享受的待遇，从根本上来说都不可避免地处于自发、无序状态，很难与市民平起平坐。这种状态不仅不利于农民工本身，而且也不利于整个国民经济的健康发展。从而，由政府相关部门牵头，整合各个方面的力量，大力调整和改善农民工的“社会待遇”乃是当务之急，是利国利民的战略性举措。例如，目前我国农民工接受过技

术培训的和参加养老、失业、医疗、工伤、女职工生育保险的，分别占23.6%、33.7%、10.3%、21.6%、31.8%和5.5%，简言之，参加养老和工伤保险的约占1/3，参加技术培训和医疗保险的约占1/5，参加失业保险的仅占1/10。其比例之低，令人触目惊心，亟待大力扩大和普及。[①]

单就农民工培训而言，它具有准公共产品的性质，会产生较大的正外部性，从而建立“政府主导、企业支持、社会参与”的培训运转机制是恰当的。在经费分担上，应遵循“政府为主、企业为辅、个人量力而为”的方针。随着国力的进一步加强，政府的投入力度应进一步加大。在政府的投入中，近几年的实际情况是，省市区级政府的投入大约占2/3，中央政府大约占1/3。这种地方为主、中央为辅的政府投资结构，显然已经体现了中央政府对地方政府的足够支持。然而，未接受过任何技术培训的农民工依然高达3/4，这种状况亟待改变。

四、“粮食基本自给”是中国的唯一正确选择[②]

“民以食为天”，这是颠扑不破的真理。农业在国民经济中的基础作用，首要的是通过提供作为全体国民所必需的最基本的生活资料——粮食，而得以体现的。中国有13亿人口，每年所需要的粮食在5 000亿公斤以上，是一个天文数字。而目前全球粮食市场上提供的粮食总量，大体上每年在3 000亿公斤左右。然而全球长期处于饥饿中的人口就达7.7亿之多。从而，中国只能在确有必要时通过小批量进口粮食作为“拾遗补缺”，而绝对不

---

① 中国农民工战略问题研究课题组：《中国农民工问题调查》（《中国经济报告》2009年第4期）。

② 《全国新增1 000亿斤粮食生产能力规划（2009—2020年）》（2009年4月8日国务院常务会议通过）。其报道见2009年4月13日《人民日报》第2版。本部分的数字来自该报道。

可能较大地超出这一范围，否则是“纸上谈兵”。大体而言，现阶段中国粮食的总体、平均的自给率为90%～95%，即在平年时大体自给自足，在丰年时略有富裕，而在歉年时略有缺口——可通过少量进口予以弥补。近几年来中国粮食连续丰收，2008年总产量达到5 280亿公斤，消费量大约5 150亿公斤，实现自给有余。但是，这只是短期现象，从长期来看，还是以按保障90%～95%的自给率进行安排，较为切合实际。到2020年，应当保障中国粮食生产能力达到5 500亿公斤，即比现在增加500亿公斤。

粮食不是普通商品，而是特殊商品。它的生产、供应，在相当大的程度上要依靠“有形之手”——政府。政府不仅要抓粮食生产，还要抓粮食收购、储备、流通等等。从而要避免粮食的产供销的外商、内商的控制。目前，国内豆油生产80%依靠进口大豆；ADM等三大国际粮油巨头通过投资等形式掌握了中国近2/3的大豆加工能力，从而造成了中国“豆油话语权”的丧失。一旦这种局面在粮食上重演，保障粮食生产、供应必将困难重重。

抓紧粮食生产，稳定粮食面积是基础。据有关方面测算，到2020年中国耕地面积保有量应不低于18亿亩①，从而确保粮食播种面积稳定在15.8亿亩以上，为此，必须坚持最严格的耕地保护制度，实行最严格的节约用地制度，严格执行耕地占补平衡、先补后占制度，确保粮食播种面积的稳定。这里所说的18亿亩耕地和其中的15.8亿亩粮食播种面积，都是相关专家根据对人口的增长、粮食单产增长潜力等等因素的反复测算而求得的，并非简单地估计而得。从而，不了解详情者仅凭想当然的估计，企图推翻其结论，显然是十分软弱无力的。

进一步看，那种认为放弃粮食基本自给自足而主张通过“卖

① 亩为非法定计量单位，1亩=1/15公顷，下同。——编者注

地富农”的观点，不过是空中楼阁。即使不考虑其一切可能产生的不良后果，仅就农民本身发财致富而言，能够达到这一目的的，也仅仅是大城市郊区、交通要道附近、著名旅游景点附近之类的极少数位置优越地带的农民才有可能，而广大农民则与此无缘。从而，“卖地富农”，此路不通。与此相关的是，认为中国可通过卖地发展非农产业更好地达到民富国强的目的，即“卖地富国”论。此种观点也是忽视了非农用地的区位性，即并非任何一块土地都可用于发展任何非农产业，从而也是不切实际的。

除此此外，还要强化对粮食生产的财政补贴，加大补贴力度，完善补贴方式，以便进一步增强粮食生产能力。

目前我国粮食总产量徘徊在 5 亿吨，国际市场上的粮食供应量大体为 2 亿吨，而我国目前每年进口粮食大体为 2 500 万吨。即使我国每年进口粮食仅仅翻一翻即达到 5 000 万吨，国际粮食市场便会受到巨大冲击而价格猛增，令人无法承受；如果再进一步增加，即指望主要依靠进口解决我国粮食的较大缺口，那是完全不现实的！从而，我国只有保地保粮，舍此别无他途。

五、确保农地公有制——农地私有化与社会主义背道而驰①

农地是农业生产最基本的、无可替代的、需要量庞大的生产资料。从而，农地所有制问题事关重大。近几年来，关于中国农地所有制的争论十分激烈，其焦点是继续维持农地公有制，抑或改行农地私有制。后者是对现行的农地公有制——农村社区集体所有制的挑战。

---

① 参见周诚：《反对土地自由主义》，载《周诚自选集》第 362～364 页，中国人民大学出版社，2005。

主张改行农地私有制，具有许多理由，归纳起来大体如下："农地农有"是古今中外的惯例，农民拥有作为农业生产最基本生产资料的土地，是天经地义的事，无可争议；中国实行农地集体所有制，是对于原来的土地农民所有权的无偿剥夺，理应回归于农民土地私有制；农民拥有属于自己的土地，必然会大大调动其"为自己种地"的积极性；而且，既然在中国特色的社会主义条件下，允许其他生产资料私有制的存在和发展，而唯独排斥农地私有制，是不合逻辑的。

尽管这些说法，并非毫无道理，但是实行农地公有制或私有制问题，从根本上来说是一个是否坚持社会主义方向、道路的问题，而正是这一点，似乎已经被一些人置诸脑后。具体而言，对此问题可从以下几方面进行分析：

第一，土地是大自然赐给人类的财富，土地回归社会是进步趋势；土地是最重要的基本生产资料，公有的土地是现阶段中国特色社会主义的物质基础的最重要组成部分之一；农地私有化不利于迈向共同富裕的未来——从长远来看，农地私有化必然会导致穷富两极分化；城乡土地公有制在客观上是休戚与共的，从而如果实行农地私有制，势必会冲击市地的国有制。著名的"农民代言人"李昌平先生呼吁"慎言土地私有化"，明确指出"如果国家允许农村土地私有化，很多干部会在一夜之间成为大地主，很多农民会很快成为无地游民。……现在，只要允许出现 30 亩的地主，也就是一户兼并三户的土地，将有六亿多农民成为无地游民。"①

第二，伴随农地私有化而来的农地自由买卖，肯定会带来农地转非失控；农地自由租赁则难免农地转非的"以租代征"泛滥。

从而，主张实行农地私有化是仅见其近期可能具有搞活经济

① 李昌平：《我向百姓说实话》第 5 页，远方出版社，2004。

之利而忽视其长远不可避免之弊。

第三，实行农地集体所有制，可通过使农民拥有等额的承包地而平等地实现农民的地权，并在此基础上促进农民的共同富裕；承包权可有偿转让、入股等，但是其原始权利依然保留，从而使得其兼具土地公有制与私有制的双重优点。

第四，现阶段中国农村土地制度，的确有其不完善之处，需要进行一定的变革。然而，这并不意味着只有退回到土地私有制才是“灵丹妙药”。例如，在一些地方实行的土地承包权股份制，是使农户承包制得到进一步完善的一项有力举措。它通过“按人配地”制，使每一个成员都拥有一份属于自己的土地承包权（含占有权、使用权、转让权等），而且在30年不变的承包期内可自有、出租、出让、遗赠等。这样，就使农民的土地产权由间接变为直接，由笼统变为具体，从而较好地发挥了土地社区集体所有制的保障功能和激励功能。①

与确保农地公有制紧密相关的问题是农地转非的政府控制问题。有一种观点认为应当放弃农地转非（出卖、出租）的政府控制，放手发挥土地市场的作用。例如，一些地方大搞“以租代征”，扩大建设用地规模，造成耕地占用失控；一些地方违法违规占用基本农田现象突出，致使国家粮食安全问题再一次被提到议程。

中国土地的稀缺性、农用优先性决定了农地转非政府直控的必然性。农地转非自由化意味着政府无端弃权而市场无端越权；意味着“粮食基本不自给”，解决粮食问题的代价巨大、农民的严重两极分化等，弊大于利。从而“确保现有基本农田不能再减少”便是必然的结论。这是对于本文第四点——“粮食基本自给是唯一的选择”，在理论与政策上的必然呼应。

---

① 参见周诚：《土地承包权股份制》，载《周诚自选集》，中国人民大学出版社，2007。

六、农工商一体化是农村富裕的产业保障

所谓“农工商一体化”①，其最规范、最典型的内容是，作为国民经济产业部门的农业、工业、商业三者在基层单位中的统一经营，换言之即农业生产、农产品加工、农产品销售三者在基层单位内的有机结合。农工商一体化是市场经济发展到一定程度的必然产物。在这里，农业是核心、主体，工业、商业都是为农业这一核心服务的。农工商一体化是农业领域中的重大制度变迁，既涉及生产关系的调节，又涉及生产力的合理组织。它会大大改善基层中以农民为核心的生产关系，大大促进农业生产力的提高；它可使农业生产者以最有利的方式进入市场，在很大的程度上改变农业生产者比较利益低下的不利局面，而且会促进农村产业结构的调整，增加农村居民的就业机会，等等。

农工商一体化于20世纪60年代起源于美国，随后传播于欧亚多国。它最初出现于养鸡业。该业首先实行“生产过程工业化”，在饲料供给、饲养、屠宰、加工、销售等环节实行一体化；后来即逐步推广到养猪、养牛、蔬菜、水果、粮食等等部门。农工商一体化的基本形式有二，一是农工商合同制一体化，二是农工商垂直一体化。

农工商合同制一体化是指，农产品生产者与农产品加工者、农产品销售者三者之间，通过签订合同，使农工商三业得以进行紧密合作，以便增进并合理分享利益的一种新的制度安排。

---

① 美国经济学家J. H. 戴维德和R. A. 歌德伯戈首次将其命名为Agribusiness，通常中译为“农工商综合企业”，也泛指“农工商一体化”。目前中国通用的“农业产业化”的提法，是对“农工商一体化”的不当、模糊的表述，于理无据、于实无益，不应继续保留。

农工商合同制一体化中的合同，具有三种具体形式，即市场型合同、生产管理型合同及原料提供型合同：其一，市场型合同以价格作为合同的主要内容，即对未来一定时段内交割的商品的数量、质量、价格作出约定，各方共同遵守。仅就价格本身而言，其中包括固定型价格（合同中规定交割农产品的数量、质量及固定价格）、成本加利润型价格（即在农产品成本的基础上加上一定幅度的利润作为农产品价格，价格因市场状况而异）、保护型价格（农产品交割价格只能高于而不能低于事先约定的最低保护价格）、上下限型价格（农产品交割价格，不得超过事先约定的上限和下限）。其二，生产管理型合同即农产品生产者与农产品加工商、销售商通过合同规定农产品数量、质量、价格的一体化类型。其最主要的特征是农产品加工—销售商能够严格控制农产品质量，特别适用于现代化的种子生产与营销。其三，原料提供型合同，规定农产品加工销售商通过向农业生产者提供一部分原料、辅助材料等，获得特定质量的农产品（例如，肉鸡加工企业向养鸡户提鸡雏、饲料、疫苗等换取合乎标准的肉鸡），最后双方都从较丰厚的销售收入中获益。

农工商垂直一体化是把农业生产本身、农业生产资料的生产和供应、农产品的加工和销售等环节纳入同一经济实体之内，形成农工商综合体。实行农工商垂直一体化具有多方面的优越性，诸如可减少经营的不确定性，可降低交易费用、降低产品成本、增强竞争力等。就原料的及时供应而言，以及根据市场状况而改变农产品的数量、质量而言，都具有明显的优势。然而其最大的劣势则是整个企业要共同承担农业生产的不确定性的风险，从而在客观上限制了此种形式的发展。

在中国，自 20 世纪 90 年代中期以来，农工商一体化成为农业经济的热点之一。目前，其主要形式有：①“龙头”企业主导型。由“龙头”企业与农业生产基地或农户签订产销合同，提供全程服务，按最低价保证优先收购，由企业负责销售。②专业合作组织主导型。包括从事运销、加工等活动的合作社，将农户在某些方面的活动组织起来，产生某种程度的一体化效应。③中介组织主导型。由中介组织（主要是行业协会）带动农户，组成生产、加工、销售一体化的集团，取得相应效益。④专业市场主导型。即“专业市场＋农户”型。由专业市场带动附近农民实行专业化生产，并相应地进行专业化加工和销售，从而形成松散型的农工商一体化。以上四种形式，各有其适应的条件和作用，应当因地制宜地发展。

简言之，单一发展农业，必定持续地被农业的产业特点所困锁而无法突破；实行农工商一体化是优化农村产业结构，实现人力、地力、财力优化利用的致富之路。

七、农村基层组织优化是“三农”繁盛的组织保障

农村基层组织的优化，是农业生产力发展和农村生产关系协调的基础，是农业兴旺和农村富裕的组织保障。现阶段中国农村基层组织，除了农工商一体化组织已如上述外，主要包括农户、村级社区组织、跨农户经济组织等。

农户即农村家庭，是以婚姻关系、血缘关系为纽带而组成的社会细胞性群体，具有“经济、伦理、社会”等三大方面功能。农户一直是独立的生产—经营单位——农村的自然、社会和经济环境，使得农户的功能较为完整和突出。在农业合作化之后，农户的独立生产功能基本丧失，仅能在自留地和家庭副业的狭窄领域内发挥作用。在实行了以家庭为单位的“大包干制”之后，实现了“农户自主经营制”与“社区土地共有制”的有机结合，做到了“私公两利”。目前，农民家庭经营模式主要有以下三种：①独立经营模式，即在家庭承包的土地上，基本上进行独立自主

经营。②联合经营模式，其中包括以家庭分散经营为主而以村集体统一经营为辅者、在农户分散经营的基础上实行农户之间的不同程度的合作者（含参加农工商一体化经营者）。③雇工经营模式——以雇工经营为主、实行私人经营者。这三种形式的家庭经营同时并存，大大有利于调动各个方面的积极性，促进农村经济的发展并有效地实现农民的有差别的共同富裕。当然，从共同富裕的角度看，对于联合经营中的第②种模式应当更加重视，并大力扶植。①

农民专业合作社，是同类农产品的生产者自愿联合的互助性经济组织；它向其成员提供农业生产经营技术、信息，在生产资料的购买，农产品的销售、加工、运输、贮藏等方面进行服务；成员入社自愿、退社自由，向本社出资、与本社进行交易、分担本社亏损；按照与本社的交易额的比例分配盈余。尽管目前入社农民比重不大，但是实践证明这种突破社区藩篱、进行专业互助的组织，是具有广阔前景的。②

现阶段中国农村中村级组织是村民委员会。按照《中华人民共和国村民委员会组织法》，它不是基层政权组织，而是“群众性自治性组织”，但是要“支持和组织村民依法发展各种形式的合作经济和其他经济”，“承担本村生产的服务和协调工作”“管理本村属于村民集体所有的土地和其他财产”等，从而在实质上具有农村社区经济组织的基本属性。现状是，农村基层组织状况良莠不齐，大量农村基层组织状况不佳，已经成为中国农村普遍富裕的组织障碍。从而，花大力气持续不断地优化农村基层组织，便是重大的农村经济课题之一。实践表明，“大学生村官”

---

① 参见周诚：《农村家庭与农村家庭经济》，载《周诚自选集》，中国人民大学出版社，2007。

② 参见周诚：《略论服务型农民合作经济组织》，载《周诚自选集》，中国人民大学出版社，2007。

制度的持久、优化和普及，是农村基层组织优化的重心所在。如果逐步扩大优秀的“大学生村官”长期留任的比重，必将产生极其深远的积极影响。

八、有的放矢而深刻的“三农”理论不可或缺

以上所述中国“三农”的七大关键问题，都是从实际经济生活中概括而出的，是有的放矢的。如果它们称得上是深刻而中肯的，就必将反过来对中国“三农”的实际经济生活产生明显的、积极的作用。从而，中国“三农”的关键问题，就可相应地增加一个——有的放矢而深刻的“三农”经济理论是不可或缺的。展开而言便是：既然中国“三农”的实际活动都是与理论概括紧密联系的，那么切实重视对理论问题的认真探索，总结宏观、中观、微观“三农”问题的成败得失，具有规律性并对于实际会产生积极影响的理论观点，就应当是整个“三农”问题的重要组成部分。不言而喻，一方面要力求紧密结合实际，另一方面要在理论上确实推陈出新，这是中国“三农”理论工作者所责无旁贷的。

主要参考文献

周诚：《关于农业经济基础理论问题的研究》，载《农业经济问题》1991 年第 11 期.

农业部软科学委员会：《中国农业和农村经济规律性问题研究》，北京：中国农业出版社，1993.

农业部课题组：《建设社会主义新农村若干问题研究》，北京：中国农业出版社，2005.

郭翔宇等：《中国农业与农村发展前沿问题研究》，北京：中国农业出版社，2007.

周诚、朱勇：《中国农业经济基本理论问题综览》，载段应碧主编：《纪念农村改革 30 周年学术论文集》，北京：中国农业出版社，2008.

张红宇：《关于深化农村改革的几点看法》，载段应碧主编：《纪念农村改革30周年学术论文集》，北京：中国农业出版社，2008.

吕亚荣、周诚：《论农业是国民经济的基础》，载《学理论》2009年7月下（总第519期）.

周诚、吕亚荣：《“民富国强”与遵从农业客观规律》，载《人民论坛》2009年11月（中）.

周诚、吕亚荣：《农业生产的先天性困境及其社会性补救》，载《经济学消息报》2009年第47期.

汤安中：《不深读三农就读不懂中国》，北京：中国经济出版社，2009.

全新重农主义论*

谈论“全新重农主义”，必然要从“重农主义”和“新重农主义”及其异同等问题谈起。重农主义是经济学说史上的一个古典学派；“新重农主义”是近年我国一些学者（包括笔者），借用“重农主义”这一概念而提出的新学术观点；“全新重农主义”则是笔者通过本文首次进行尝试性论证的一个崭新的学术观点。尽管此三者，在一定程度上存在着递进关系，但是后两者的基本内含都属于理论创新范畴。

从重农主义谈起

重农主义（Physiocratie）是对重农学派（Physiocrats）的学术观点的概括。以魁奈（1694—1774）为创始人和主要代表人物的重农学派是曾经流行于法国的一个古典经济学派。其产生的历史背景是，17 世纪以来，法国政府长期推行重商主义政策，片面发展工商业而牺牲农业，致使农业衰退，政府财政困难，国民经济停滞。于是重农学派便应运而出现于 18 世纪 50—70 年代。而且，在此之前其先驱者们已经发表过一些重视农业的言论，诸如“农业是国民经济中最重要的部门”“农业是国家富强之本”等等。

重农主义的理论基石是魁奈的“纯产品”论即其剩余价值理论。这种理论认为，社会财富只是从土地中生产出来的农产品，农业是剩余产品、社会财富和收入的唯一的、真正的源泉；由于有自然力参与其间，在农业生产过程中不仅可补偿已消耗掉的物质财富，而且能够创造出新的物质财富——“纯产品”。从而，

* 原载 2011 年 4 月 1 日《中国经济时报》。

农业是唯一的生产财富的部门；工业仅仅能够转变使用价值的具体形式而并不产生新的物质；商业的职能仅仅是进行产品的交换；货币并不是真正的财富，只不过是流通的手段。重农主义者第一次提出了剩余价值来自生产领域而不是来自流通领域的观点，这与重商主义是截然不同的，是它的重要贡献。马克思指出："重农学派把关于剩余价值起源的研究从流通领域转到直接生产领域，这样就为分析资本主义生产奠定了基础。"[①]

然而，重农主义的学术观点也存在着明显的、致命性缺陷。其一，重农主义者认识不到，"纯产品"（剩余产品）是劳动者的剩余时间所创造的，而误认为是由自然即土地所提供的，是土地对于劳动者的赐予。其二，重农主义者仅仅承认农业部门能够提供"纯产品"，而认识不到按照"劳动价值论"，农业部门以外的一切物质生产部门和服务部门，都是能够提供新的实物和服务并相应地创造新价值的。换言之，农业、工业、商业、服务业等各行各业，共同地创造社会财富，造福于人类。从而，我们必须对古典重农主义的基本观点予以分析和扬弃——充分肯定其精华即高度重视农业的思想精髓，彻底抛弃其糟粕，从而建立新重农主义，促进整个国民经济的全面、健康发展。

新重农主义论

"新重农主义"的要义是，在明确农业是国民经济的基础这一根本前提下，肯定对农业的先天性困境进行社会性补救的必要性；确认实行农工商一体化经营是发展现代农业的必由之路。由于这三者都具有客观必然性，从而构成"涉农三大经济规律"，并构成了新重农主义的理论基石。全面、彻底地遵循这"三大规

---

① 马克思：《剩余价值理论》，《马克思恩格斯全集》第26卷Ⅰ，第23页，人民出版社，1972。

律”，必然会对农业的顺利发展，农村的繁荣昌盛，农民的富裕康乐，城乡本质差别的日趋缩小，以及整个社会的欣欣向荣，产生越来越明显的积极作用。

从贯彻“新重农主义”的角度来看，涉农“三大规律”的基本内容及其落实的要点如下：

首先，承认并遵循国民经济以农为基律。农业之所以成为国民经济的基础，从根本上说是由于它能够对国民经济提供“三大贡献”：一是提供食品和衣着原料，保障城乡居民的最基本需要；二是提供土地和劳动力两大生产要素，保障非农部门的发展；三是提供市场，即农业吸收包括生产资料和生活资料在内的工业品，使得工业的扩大再生产得以不断地实现。

其次，承认并遵循农业先天性困境社会解救律。农业的先天性困境的主要表现是：耕地面积及复种面积的有限性；农作物生长发育及劳动力、农机具使用的季节性；水、土壤、肥料等流失的严重性；自然灾害的频繁和严重摧毁性；大面积运动式作业的高耗性；土地集约经营的报酬递减性。从而，农业的投入产出率明显低于工业，资本有机构成不断提高并日益超过工业而且导致净产值比重下降，致使农业价值形态扩大再生产处于困境之中。显然，只有得到社会的全面持续解救（诸如降低生产资料价格、提高农产品价格、按面积进行补贴、实行灾害保险等等），农业方能获得正常的投入产出率，持续实现价值形态扩大再生产。

其三，承认并遵循农工商一体化律。实行农工商一体化，意味着农产品生产、加工和运销部门中的一定数量的基层单位，按照规模适当、效益最优等原则，组成农工商一体化的联合体。从而，大大改善三者之间的经济关系，使加工的原料来源获得稳定的保障，使加工日益符合农产品的特性，有利于商业部门的运作并进而有利于消费者的购买、储存和消费；可降低搜索成本以及直接交易成本，从而可在很大程度上改变农业生产者比较利益低下的不利局面——使其分享“工商增值效益”，并且大大造福于农产品消费者。

全新重农主义论

提出并宣传全新重农主义论，是本文的重点所在。

上面所说的“新重农主义”，就其基本内容而言，所涉及的基本上是农业部门经济问题，从而农民经济、农村经济就基本上成为空白点了。然而，“三农”的三个组成部分是紧密相连和相互制约的，这就要求在谈论“新重农主义”时，在足够的程度上论及农民经济和农村经济问题。从而，本部分的基本任务就是试图初步弥补这一空白。所谓“全新重农主义论”即全面涉及并重视“三农”——农业、农民、农村——问题的崭新的重农主义学说。

如果单纯从地域的角度来看，整个国民经济可划分为“农村经济”（即“农村地区经济”）和“城市经济”（即“城市地区经济”）两大板块。在两者共同发展的前提下，前者的基本目标必然是通过更快的发展，使得在可以预见而并非遥不可及的将来，农业经济基本赶上工业经济，农民经济基本赶上市民经济，农村经济基本赶上城市经济，这也就是全新重农主义的基本内含和目标。

进一步看，其内含可划分为两大方面。其一是生产与收入方面，包括在持续遵循农业先天性困境社会解救律等经济规律并且持续大大提高农业生产效率的条件下，使得以价值形态（具体化为货币形态）表现的农业劳动生产率基本上与工业持平；农民人均以货币表现的收入基本上与市民持平。其二是社会方面，包括农村社会保障制度（含社会救助、社会保险、社会福利等三大方面）与城市基本上相当；农村的“村容村貌”——含居住（面积、质量等）、供水（方便、卫生的饮水）、供电（经济、安全的电力）、供气（安全、清洁的燃气）、道路（以雨雪基本无阻的柏油路、水泥路替代原始、落后的土路、碎石路）、公交、电讯、卫生、绿化等——与城市基本接近；农民的文化与科技知识的一般水平大体上与市民一致。

总括而言，贯彻“全新重农主义论”的基本内含和追逐的基本目标，就是全面、认真地“建设社会主义新农村”，全面基本消灭工农差别和城乡差别。换言之，全面贯彻“全新重农主义论”与认真“建设社会主义新农村”，归根到底在基本理论和基本内含上是同一的。当然，从这一角度所说的经济—社会目标，还是中国特色社会主义建设的题中应有之义；尽管工程浩大、目标宏伟、期望值高，但是还并不意味着进入共产主义社会——这是更加艰巨而长远的目标和任务。

“全新重农主义论”的进一步提升
——遵循“农村发展与城市趋同律”

将“新重农主义”和“全新重农主义”的基本内含进行高度概括，本文称之为遵循“农村发展与城市趋同律”（可简称“乡城发展同步律”）。这意味着，贯彻“全新重农主义论”、全面进行社会主义新农村建设，归根结底是一个加快农村发展，使之彻底改变落后面貌，与城市发展趋于同步的过程。在这一过程中，国家、城市从资金、物资、装备、科技、管理、人才等等方面进行持续、有力的支持，是必不可缺的保障；保持一定的农用面积的土地并持续提高土地生产力是重中之重的环节，千万不可企图向“农村脱农”（例如“卖地富农”）的邪路上发展；逐步适度减少农村劳动力数量、持续提高其质量，形成日益更新的新型、坚强的“农民军”，是提高农村生产力的关键环节；完善农村基层经济组织，是建设新农村的必不可缺的组织保障。

■《中国经济时报》编辑推荐（附于上文之后）

1.《遵循“农业解困律”，促进农业扩大再生产》（周诚，《中国经济时报》“新视点”专栏，2010 年 4 月 10 日）

2.《正确认识和遵循“国民经济以农为基律”》（周诚，《中国经济时报》“新视点”专栏，2010 年 5 月 12 日）

3.《现代农业必遵“农工商一体化律”》（周诚，《中国经济时报》“新视点”专栏，2010 年 6 月 30 日）

4.《新重农主义论》（周诚，《中国经济时报》“新视点”专栏，2011 年 1 月 14 日）

5.《就“新重农主义论”与周诚教授商榷》（汤安中，《中国经济时报》“新视点”专栏，2011 年 2 月 14 日）

附件 1：新重农主义论①

“新重农主义”——古典重农主义理论的翻新

谈论“新重农主义”，必然要从古典经济学中的重农学派的观点谈起。重农学派是 18 世纪流行于法国的一个古典经济学派。其核心观点是，农业是社会财富和收入的唯一来源，只有投入农业的劳动，才能够创造出新的社会财富即净产品，而工业、商业、服务业等部门，仅仅能够转变使用价值的具体形式，其经营所得仅仅能够收回成本，根本谈不上创造新的社会财富。对于重农主义学派的这种观点，可高度概括为：农业是社会财富以及人类生存和发展的唯一源泉。这一观点，从表面上来看似乎是完全、彻底地“唯农是尊”的，然而实质上却是非常片面的，从而是失真的。实际上，根据“劳动价值论”，农业部门以外的一切物质生产部门和服务部门，都是能够在以农业为基础的大前提

① 原载 2011 年 1 月 14 日《中国经济时报》。此文是上文的前身。两者在提法上有所不同，但从学术研究的角度看，仍然具有保留价值。欢迎读者指正！

下，提供新的实物和服务并相应地创造新价值的。换言之，农业、工业、商业、服务业等各各行业，在“以农为基”的前提下，共同地创造社会财富，造福于人类，促进整个人类社会的发展和繁荣。从而，我们必须对于古典重农主义的基本观点予以分析和扬弃——充分肯定其精华即充分肯定其高度重视农业的思想精髓，彻底抛弃其糟粕，从而建立新重农主义，促进整个国民经济的全面、健康的发展。

“新重农主义”是笔者在审视重农主义观点的基础上而提出的一个崭新的学术观。其要义是，彻底摈弃农业是社会财富以及人类生存和发展的唯一源泉的重农主义观点；在明确农业是国民经济的基础这一根本前提下，肯定对农业的先天性困境进行社会性补救的必要性；确认实行农工商一体化经营是发展现代农业的必由之路。由于这三者都具有客观必然性，从而构成“涉农三大经济规律”，分别为“国民经济以农为基律”“农困社补律”和“农工商一体化律”，并构成了新重农主义的“三大基石”。全面、彻底地遵循这“三大规律”，必然会对于农业的顺利发展，农村的繁荣昌盛，农民的富裕康乐，城乡本质差别的日趋缩小，以及整个社会的欣欣向荣，产生越来越明显的积极作用。

以上这些便是新重农主义的核心内容。下面从贯彻“新重农主义”的角度，简明扼要地阐述“三大规律”的基本内容及其落实的要点。

国民经济以农为基律——新重农主义的基石

承认并遵循国民经济以农为基律，这是新重农主义的首要内含和基石。农业之所以值得被人们充分看重，从根本上来说是由于它能够对于国民经济提供“四大贡献”，从而成为国民经济的基础。

首先看产品贡献——农业部门向整个国民经济提供人们维持

生活和进行劳动所必不可缺的最基本的物质资料，是人类的食衣之源，是人类进行一切活动所绝对不可缺少的物质基础。尽管衣着原料的非农产品比重正在增大，但是天然衣着原料的特殊舒适性使得人们至今尚未能摆脱对于它的基本依赖。其次看要素贡献——农业为国民经济发展提供土地、劳动力两大生产要素。除了利用荒地和位置、质量很差的土地外，非农部门发展所需要的新增土地，只能来自于农业生产率的提高而产生的富余土地。农业为非农部门提供劳动力，是农业发挥其推动国民经济发展作用的最强有力的要素。农业剩余劳动力进入非农部门，是农业劳动生产率提高的结果，是农业逐渐走向现代化的结果。中国改革开放以来，农村劳动力大量支援城市和非农建设，已经建立了赫赫功勋，有目共睹。第三是市场贡献——农业通过市场吸收工业品，包括生产资料和生活资料，尤其是随着农业现代化的进展，对于现代化生产资料的需求与日俱增，而且随着农民收入的不断增加，相应地对于日用工业品的需求也与日俱增。这就使得工业的扩大再生产得以不断地实现。第四是外汇贡献——出口农产品为发展国民经济赚取外汇，对于发展中国家来说，是最具有现实意义的。尽管现阶段中国出口换汇的“主角”已由农产品转换为工业品，但是农产品仍然不可忽视。

以上各项贡献都是具有双向性、互惠性的，即农业作为一方而以国民经济其余部分作为一方，双方从“贡献”与“受惠”的角度来看，是互为对象、互相支持的。

农业先天性困境社会解救律
——新重农主义的坚强支柱

农业先天性困境社会解救律的主要内容是：农业受到耕地面积及复种面积的有限性，农作物生长发育及劳动力、农机具使用的季节性，水、土壤、肥料、农药流失的严重性，自然灾害的频繁和摧毁性，大面积运动式作业的高耗性，土地集约经营的报酬递减性，生物性产品的易腐性等七大方面的严格制约，损失多样而严重，投入产出率明显低于工业，资本有机构成不断提高并日益超过工业而且导致净产值比重下降，加之农产品的需求弹性低，往往增产而难增收，因而，农业价值形态扩大再生产处于先天性困境之中。从而，为人类生存和发展提供必不可缺的、最基本生活资料的农业部门，在充分挖掘自身潜力的同时，只有得到社会的全面持续解救（含降低生产资料价格、提高农产品价格、按面积进行补贴、实行灾害保险、增加农业贷款、促进农村剩余劳动力就业，等等)，方能摆脱先天性困境，获得正常的、以货币表现的实际投入产出率，持续实现价值形态扩大再生产，并确实发挥其作为国民经济基础的作用；同时，作为社会平等成员的农民，也才能够获得日益增加的实际收益并逐步与市民持平。从而可理直气壮地说，农业先天性困境社会解救律，是新重农主义的又一重要规律和坚强支柱。

农业遭遇上述种种困窘是具有客观必然性的，是不以人们的意志为转移的。有一种观点认为，即使是在农业经营规模很大的美国，政府每年也要拿出几百亿美元补贴给农场主，从而证明发达国家的农业现代化是不成功的。究竟怎样看待这一观点呢？尽管国家补贴农民的规模、金额并无一定之规，美国的补贴额并非无可挑剔，但是政府补贴农业这一举措本身，却具有客观必然性。笼统地否定政府补农，则是不了解农业价值形态扩大再生产的基本特征所致，或者说是对于新重农主义缺乏基本认识所致。

农工商一体化律——新重农主义的擎天栋梁

“农工商一体化律”即农业与工业、商业这三个产业的基层单位有机地结合为一体，进行农产品的生产、加工和销售的综合经营，这是现代农业发展的必由之路。它是整个农村走向富裕的产业链条保障，也是“涉农”工商业顺利发展的组织保障。它的出现，是一项涉及“三农”的重大制度变迁，而且既关系生产力的进一步合理组织又涉及生产关系的进一步适度调节。从而，农工商一体化律，不可避免地成为新重农主义的擎天栋梁。

农工商一体化是市场经济发展到一定程度的必然产物。随着农业生产总量的增长及农产品商品率的提高，农产品的加工、销售两个后续环节的重要性就日益显露出来。实行农工商一体化，意味着农产品生产部门，与工业部门中的农产品加工部门，以及商业部门中的农产品运销部门，三者中的一定数量的基层单位，按照规模适当、结合紧密度适当、相互配合和促进、综合经济效益最优等项原则，组成农工商一体化的综合经济实体或紧密程度不同的经济联合体。其中，农业是核心、主体，工业、商业都是为农业这一核心服务的后续部门或配套部门。

实行农工商一体化，具有其客观必然性和巨大的优越性。首先，它可大大改善基层单位中以农民为核心的，包括农产品生产者、加工者、销售者三者之间的经济关系，可使其紧密化、清晰化并且规模化。其次，它可使农产品加工部门的原料来源获得稳定的保障，使加工日益符合农产品的特性，而且有利于商业部门的运作，进而有利于消费者的购买、储存和消费，即优化从生产到消费“产业连接效益”。第三，它可降低三者之间的搜索成本、直接交易成本，可在很大的程度上改变农业生产者比较利益低下的不利局面——使其分享“工商增值效益”，而且大大造福于农产品消费者。目前，作为“农工商一体化”变态的蔬菜、水果、水产品等产销的“农超对接”，已经如雨后春笋般兴起，正在大大造福于广大农民和市民。它已使人们惊喜地看到了新重农主义的奉献。

结　束　语

经济理论工作者肩负的神圣使命，是深入实际，发现问题，总结成败，提出建议，以利于经济生活的正常运转。人们碰到的问题，有的很具体，有的很抽象。前者是大量的，后者往往寓于前者之中，需要掌握大量现象性材料，进行去粗取精、去伪存真式的加工和提炼。关于新重农主义的问题，从表面上来看似乎很抽象，但是其中的每一个分支，却是很具体、很实际的。例如，当农工商一体化问题具体化为“农超对接”时，人们顿时就感触到它就存在于我们的日常生活当中！这就足以证明，在经济生活中存在着理论的源泉，经济理论一旦触及实际生活的脉搏，最终就必然会发现应对之策，结出丰硕之果！

附件 2：就新重农主义论与周诚教授商榷[①]

汤安中

新重农主义论既然“是古典重农主义理论的翻新”，那么，时代变了，“农”字的含意也应该变化也应该“翻新”。但“新重农论”中提及的都是与农业物质生产直接相关的内容，显然同中国当前的“三农”含义不同。

中国人民大学农业经济与农村发展学院周诚教授最近发表了一篇题为“新重农主义论”（以下简称“新重农论”）（见 2011 年 1 月 14 日《中国经济时报》第 5 版）的文章，观点新颖，现实意义强，是一个理论紧密结合实际的研究，不浮躁、不偏激，是近年越来越稀见的、能耐住性子做学问的佳作。

---

① 原载 2011 年 02 月 14 日《中国经济时报》。汤安中教授是中国人民大学农业与农村发展学院校友，对于“三农”问题有深入研究。凡认真钻研此文者，必将受益匪浅！

我十分赞赏周教授的文风，更钦佩周教授在学术上的这种敢于标新立异、勇于创新的勇气，不怕会有人冷嘲与攻击。同时，我又不能不说，立一种“主义”之新说绝非容易，不可能在一篇论文中达到完美，要经过反复修改、校正、补充、甚至公开的对辩方能日臻完善。我之所以也想参与这一学术观的讨论，是因为笔者虽没提出如此鲜明、立意深刻的“新重农论”学术观，但笔者的《读不懂农民　读不懂中国》（1997 年 6 月）与《不深读三农就读不懂中国》（2009 年 12 月）两本专著，同周教授此学术观颇有殊途同归、异曲同工之默契。故亦欲借“学人新论”略述一二。供学人参评。

第一，真理总是相对的，她在时间的长河中不断修正自己而成为“绝对”真理。

“新重农论”指出：“重农主义学派的这种观点，可高度概括为：农业是社会财富以及人类生存和发展的唯一源泉。这一观点，从表面上看似乎是完全、彻底地‘唯农是尊’的，然而实质上是非常片面的，从而是失真的”。我以为这个评价是站在产业革命后现代科学技术发展水平基础上的评价，与 18 世纪的社会现实不相符合。

对于任何一种经济社会的学术观点的评价，都应立足于当时的历史经济社会的综合存在，看它是否推动当时社会生产力与科学技术进步、发展来判断该命题是否能确立，是否是真理。因此，我不完全认同周教授对重农学派观点的评价：“是非常片面的，从而是失真的”。也正是从这个意义上讲，我认为“新重农论”之所以是正确的，是真理，也正是因为这个学术观的命题符合当代中国实际，它将大大推动中国社会生产力与科学技术的进步与发展。但同样不能认为这个命题对中国来说永远是正确的。当我国的社会生产力与科学技术达到一个历史性的全新境界后，尤其是科学技术在今天的突飞猛进，我们的认识也将发生难以预知的变化，“新重农论”的命题是否仍能确立，只有等待“未来”来回答。同时，还不能不指出，“新重农论”是有空间局限的，例如，对瑞士、瑞典等小国来说，“新重农论”就未必能被接受。

第二，“新重农论”第一律中的“贡献”之概念，似可商榷。

文章在谈到“承认并遵循国民经济以农为基律，这是新重农主义的首要内容和基石”时，接着论述了农业的“四大贡献”，文章认为正是由于这“四大贡献”，农业“从而成为国民经济的基础”。笔者以为，既然是作为“基规”的“首要内容和基础”，那么必须字字千斤，十分准确，所谓“板上钉钉”，应该是“必须遵循”的规则，就像“等价交换”是市场经济的规则一样。但“新重农论”却用了“贡献”一词。“贡献”一词的伸缩性极大，这同“基律”含义的铁的规则相去甚远，宜再作推敲。此其一。其二，“新重农论”将“外汇贡献”亦列入“基规”，似有些勉强。众所周知，中国之所以必须重农，从根本上讲，是为使占全球人口 1/4 的中国人，人人丰衣足食，是为了富农强国，而不是为了赚取已过剩的外汇。其实，中国生产的大多数东西都可以对外汇作出贡献，就连做灯笼的十分落后的家庭手工业也可以为外汇作贡献。此两点不同看法，仅供参考。

第三，“新重农论”的第二大规律称：“农业先天性困境社会解救律”，似可进一步推敲。

“新重农论”根据对农业生产的特点的分析，十分精辟地归纳了七大方面的对农业的严重制约因素，于是提出了第二大规律，表明“社会解救律”的必然性。对此笔者想提出点补充性说论。

我在《读不懂三农　读不懂中国》一书中，有一章专论“贫困经济学”，指出在市场经济下它是一种“外力经济学”。贫困地区由于其生产条件极端恶劣，从价值形态或实物形态上讲，它的产出都是小于投入，连简单的再生产也不能维持，如果没有强大的、持之以恒的外力支持，他们将永远在贫困境况下生活、生产。这个“外力”不是一般的社会组织或个人而必须是、只能是政府。其实，对于非贫困地区的农业也如此。这在《不深读三农就读不懂中国》一书中也论析过。因为，市场经济的本质就是在竞争中“弱肉强食”。农业之所以成为“弱肉”，除了“新重农论”中已概括的七大方面外，从经济学视角论，中国的农业还存在决策主体小而分散、低文化、低商智的严重缺点，致使它不能形成有效的整体的合力竞争力，它必须获得强大的外力支持才能发展。

许多教科书在讲到市场竞争时，都讲到“政府是球场的公正裁判员，绝不应偏袒一方”。这种理论其实是限定通常环境下的“市场”，但在对待农业问题上则必须不同。政府必须采取态度明确、措施到位的“偏袒”。当代各国政府都是如此做的，而且是必须这样做，我国更要強调。因此，我以为，“新重农论”的第二大规律“农业先天性困境社会解救律”宜改为“农业先天性困境政府解救律”更符合实际，这种提法可使每个政府更清醒，更深感责无旁贷。这也更符合“新重农论”本意。因为它明确了“谁”该去重农，“谁”应对农业担负起最直接的责任。所以，这不是咬文嚼字，作为规律的表述，不容丝毫含糊。

第四，新重农主义论与现代科学技术的关系应该作出明确论析。

“新重农论”谈到“三大规律”时指出“全面、彻底地遵循这‘三大规律’必然会对农业的顺利发展、农村的繁荣昌盛、农民的富裕康乐、城乡本质差别的日趋缩小，以及整个社会的欣欣向荣，会产生越来越明显的积极作用。”

我以为这个论证中缺失最核心的推动力，即农业科技。在国民经济以农为基律一节中，文章指出“农业之所以值得被人们充分看重，从根本上说是由于它能够对国民经济提供‘四大贡献’”。①“产品贡献”。我以为如果离开现代科技的支持，农业生产仍停留在新中国成立前或20世纪五六十年代水平上，我们就无法回答布朗所提出的质疑："谁来养活中国人?"而袁隆平等科学家将粮食亩产提高了数倍后，布朗只得心诚意悦地承认自己判断的错误。②"要素贡献"。若没有现代科学支持，农业是不可能"节约"出大量土地、劳动力两大生产要素供给"非农部门"的。③"市场贡献"。若没现代科学技术的支持，农业只能停留在自给农业水平，谈不上有多大的"市场贡献"，最后的"外汇贡献"也是一样。

"新重农论"在论及第二大规律"农业先天性困境社会解救律"时谈到"全面持续解救"，列举说，降低生产资料价格、提高农产品价格、按面积进行补贴、实行灾害保险、增加农业贷款、促进农村剩余劳动力就业等，却都没明确提到农业科技对农业先天性困境的作用与意义。其实，七大方面的先天性困境，都是与农业科技的落后直接相关。如关于农业耕地面积的有限问题，若我国农业科技能达到当今以色列水平，那么我国18亿亩耕地就会觉得宽余了。同样，当我国的农业科技大大发展后就会缓和农作物生长及劳动力、农机具使用的季节性矛盾，水、土壤、肥、农药的流失也会大大减轻，自然灾害的频繁和摧毁性就可得到补偿，大面积运动式作业的高耗性就可降低，土地集约经营的报酬递减性就可减缓，生物性产品的易腐性也可减少。总之，现代科技使中国农业自强，从而将使七大方面的先天性困境大大减轻而获得最有力的解救。

"新重农论"所论到"农工商一体化律"时，也都是从经济利益关系角度及从市场经济方面来谈的，"农工商一体化是市场经济发展到一定程度的必然产物"，这是对的。而它是建立在现代科技发展的基础上的，若没有现代科学对小麦品种的不断改进，传统的小麦是无法成为现代超市出售的种种品味的面包、面条以及各种饼干的原料的；没有现代科学的支持，各种水果、蔬菜难以充满超市货架；没有现代科学对农产品实行条文码管理，超市将十分混乱。总之"新重农论"所提到的"农超对接"的很难实现，“一体化的三大优越性”难于体现。

总之，我深以为，现代科学技术应是三大规律得以发挥作用的根本前提，究竟应该怎样表述，笔者未思考成熟，其实是因为尚只达到“提出问题”这一步。

第五，新重农主义的“农”，是否应有一个相应的现代含义？

古典重农主义学派的核心观点，正如周教授所指出的是“农业是社会财富和收入的唯一来源”，因此必须重农。显然，这里的农业是指农业的物质生产。

“新重农论”讲的内容也大多如此。我以为新重农主义论既然“是古典重农主义理论的翻新”，那么，时代变了，“农”字的含意也应该变化，也应该“翻新”。“新重农论”中虽然也确实谈到了一些“新的内容”，但都是与农业物质生产直接相关的内容，显然同当前人们所热议的“三农”及与将“三农”问题作为全党工作重中之重的“三农”不同。而“三农”的核心是农民，如何教育农民，提高农民的科技、文化、现代意识以及组织农民等问题，则是“三农”问题的关键中的关键，只有当“农民向题”解决了，“新农村”建设问题、农业现代化问题也就水到渠成。只重视农业而不首先突出农民及农村问题，在当代中国将是事倍功半。因此，我冒昧地以为，这是“新重农论”的疏忽。

（作者系山东师范大学政法学院教授）

论农业发展战略[*]

一、农业发展战略的概念和特点

在研究农业发展战略问题时，首先要明确何为战略问题。这样，将有利于明确农业发展战略问题的性质、范围等，从而有利于此问题的研究。

战略一词，过去惯用于政治、军事领域中。举例来说，斯大林在《论列宁主义基础》一书中说："战略就是规定无产阶级在革命某一阶段上的主要的打击方向，制定革命力量（主要的和次要的后备军）的相应的布置计划，在革命这一阶段的整个过程中为实现这个计划而斗争。"① 很明显，这里所说的战略是涉及整个无产阶级革命斗争的问题。又如，毛泽东在《中国革命战争的战略问题》一书中说："研究带全局性的战争指导规律，是战略学的任务。""凡属带有要照顾各方面和各阶段的性质的，都是战争的全局。"② 这里所说的战略，则仅涉及战争的问题。然而，在现实生活中，战略一词的使用范围已大大扩展。就目前人们的一般认识而言，战略指对一切涉及全局性的、长远性的重大问题的筹划和指导。因而，从这个意义上来说的战略问题，的确广泛

---

* 本文是笔者所主编的《社会主义农业经济管理问题》（农业出版社，1985）一书的第5章，有所改动、删节和补充。该章的结构和大部分内容，已为20世纪90年代中期出版的一本农业经济教材所采用。尽管时光在流逝，但拙文的论述属于农经基本理论范围，从而始终不会过时。

① 《列宁主义问题》第60页，人民出版社，1964。

② 《中国革命战争的战略问题》，《毛泽东选集》第1卷，第168页，人民出版社，1952。

存在于政治、军事、经济、文化、科技等领域中。换言之，在所有这些领域中，都存在着从全局、长远角度来进行筹划和指导的问题。在农业领域中，当然也不例外。

在这里，应当强调的是战略问题具有全局性和长远性两大特征，因而使战略问题具有重大性，使其区别于局部性、暂时性和一般性的问题。

战略问题的全局性，要求我们根据“统筹兼顾，全面安排”的原则来办农业。无论是从“块块”（即不同地域、生产单位等）或者是从“条条”（即农林牧副渔各部门、农业的各领导机关等）方面来看，都应力求避免主观片面、顾此失彼。战略问题的长远性，则要求我们根据“瞻前顾后，长短结合”的原则办农业，在诸如各个生产周期之间、用地与养地之间、造林与采伐之间等方面都要避免只顾眼前、竭泽而渔。

当然，全局性是具有相对性的。全国农业的发展问题固然具有全局性，但一个省（市、地区）、县、乡范围内的农业发展问题，也各自有其自身的全局性。而且全国各大经济区、各省（自治区）之内的全局性问题，正是全国性问题的组成部分。只不过是，小范围内的全局性问题，要在符合“全国一盘棋”精神的条件下，予以统筹兼顾，使之相互配合，各得其所。换言之，全国性的农业发展战略，要以地方性的农业发展战略为基础，而地方性的农业发展战略又要以全国性的农业发展战略为指导。从某种意义上来说，全国性的农业发展战略是地方性的农业发展战略的综合和概括；而地方性的农业发展战略则是全国性农业发展战略的具体化。

长远性也是具有相对性的，很难对“长”、“短”划一个绝对的界限。就目前而言，我们主要的是研究中期农业发展战略问题，例如最近10～20年的农业发展战略问题。同时，也需要研究长期、远期发展战略问题，如今后30～50年的农业发展战略问题。相比较而言，中期农业发展战略是具体的、现实的而长期和远期发展战略则是笼统的、探索性的。后者将在实践中不断修改和完善并日益具有现实的指导意义。

然而，究竟什么是农业发展战略问题呢？它有什么特点呢？由于农业和农村密切不可分，因而农业发展战略和农村发展战略具有极为密切的关系。农村是一个社会综合体，它的发展战略问题涉及政治、经济、文化、教育、科技等领域，涉及农业、工业、交通、商业、建筑等国民经济部门，其综合性是很强的。农业发展战略既是整个国民经济发展战略的组成部分，又是农村发展战略的重要组成部分。就其内容和意义而言，农业发展战略是农村发展战略的基础和核心。概言之，农业发展战略是以农业生产为中心，在一定程度上涉及农村经济社会发展的一种综合性较强的发展战略。

再进一步看，无论是农业问题、农村问题，无不与农民问题息息相关，从而一切涉“农”的战略问题，在实质上都是“三农”战略问题。

很明显，研究、制定农业发展战略问题，是具有重大意义的。它对于加速农业生产发展，更好地发挥农业作为国民经济基础部门的作用，从而促进整个社会主义国民经济的发展；对于改变农村的面貌和改善广大农民群众的生活；对于进一步巩固工农联盟，改善城乡关系；等等，都具有不可或缺的作用。目前我国农村正在从自给、半自给经济向着较全面的商品经济转化，从传统农业向着现代农业转化。这是一个历史性的战略性的大转变，研究这一战略问题尤为重要。

二、农业发展战略问题的范围

农业发展战略问题的综合性，决定了它涉及范围的广泛性。

农业发展战略问题，既然在一定程度上涉及农村发展战略问题，那么它就不可避免地要涉及生产力的发展，生产关系的调整，甚至上层建筑领域中的某些问题。涉及这三个方面的农业发展战略问题，可以算是广义的；如果仅涉及如何发展农业生产，则可以说是狭义的。不过，如果要全面地、系统地解决农业发展中的重大问题，把农业战略问题的面紧缩得过窄，是难以符合客观实际需要的。当然，在研究广义农业发展战略问题时应当明确，发展农业生产力是其核心和重点。

从生产力、生产关系、上层建筑三个方面来看，现阶段我国农业发展战略所涉及的具体问题甚多，兹举例列下：

在发展农业生产力方面有：农业部门结构的合理调整（即农林牧副渔各部门以及各部门内部的第二级部门的规模和比重，现阶段应逐步地适当地扩大林牧副渔各部门的比重以及经济作物的比重）；农业生产布局的合理调整（即农业各部门的地域分布，应根据因地制宜的原则逐步做到适当集中，以便更好地发挥各地区的自然、经济优势）；农业生态平衡的恢复和改善（即通过改变人为条件来恢复和改善某些地方被破坏了的气候条件、土壤条件、生物条件等，以利于农业生产的发展以及人类生活的改善）；土地及其他自然资源的保护、利用；劳动力的合理再生产和利用（这里首先就涉及对农村人口增长的大力控制，其次是在农业劳动者中普及科学技术）；生产资料的供应和合理使用（如农业机械、化学肥料、农药的品种搭配和合理分配、施用）；农业科学技术的研究和推广；等等。

在调整农业生产关系方面包括：农村集体经济内部生产资料所有制结构和经营形式的变革（例如，进一步完善农业的经营形式，强化农户的专业化经营，实行多种形式的经济联合，实行农工商综合经营）；农业经济管理体制（如农业生产布局、物资供应等等方面的体制）的改革；农业中的商品流通（如农产品的收购、运销）；涉及农业和农村的国民收入的分配和再分配（如合理调节农产品价格、工业品价格、国家税收、国家农业投资和贷款）；等等。

在上层建筑方面，则包括诸如下面列出的问题：提倡社会主义精神文明；培养新型的农村干部队伍；改革农村各级领导机构，改善工作作风和工作方法，使之适应新形势的需要；等等。

以上所列的农业发展战略问题的范围是否过广？否。这是由于，凡是具有全局性、长远性的重大问题，都是战略问题，而且农业发展战略问题又具有综合性，因而其涉及的面就不可能是过于狭窄的。

三、农业发展战略的指导思想

什么是农业发展战略的指导思想呢？它可以说是涉及农业发展战略各个领域、各个方面的共同性的"大政方针"，它指导着农业发展战略问题的研究、制定和贯彻执行。这些指导思想，体现战略问题所具有的全局性、长远性等特点，体现社会主义性质和农业的特点，反映具有中国特色的社会主义农业的发展道路。这一问题涉及面较广，下面列举几条：

1. 建设物质文明与建设精神文明相结合。马克思主义一向认为，人们的物质生活与精神生活关系密切；物质生活是精神生活的基础，但精神生活又反过来给予物质生活以巨大影响。很明显，在建设繁荣、富裕、康乐的社会主义新农村的过程中，物质文明和精神文明的建设是缺一不可的。因此，我们既要提高农民的物质福利，又要以马列主义、毛泽东思想尤其是邓小平理论、"三个代表"思想、科学发展观等为指导，加强对农民进行思想政治教育、文化科技教育等。特别是，要注意进一步肃清封建主义的余毒，抑制西方腐朽生活方式的侵蚀，培养和发扬社会主义的道德风尚，加强智力投资，丰富农村的文化生活，以便培养一代新型的社会主义农民。这是体现我国农业发展战略的社会主义性质的重要方面。

2. 大力发展农村的生产力与巩固、发展农村的社会主义生产关系相结合。在大力发展农村的生产力方面，主要的是要实现农业现代化；与此同时，要使农村中的社会主义生产关系日益获得巩固和发展。现阶段，最主要是在完善家庭经营体制的前提下，大力发展并不断完善多种形式的农村合作经济（例如股份制合作经济、农工商一体化组织、专业合作经济等等）。

3. 认真贯彻以农业为基础的思想。在农业发展战略中认真贯彻以农业为基础的思想，其实质是要求在整个国民经济的发展战略中首先要贯彻这一思想，避免片面强调发展工业，片面追求工业化的偏向。

4. 农林牧副渔协调发展，农工商相结合。农林牧副渔协调发展，这是一个正确对待和处理农业内部各部门的地位及其相互关系的问题。这一问题的提出，是由于过去发展农业，常常把视野局限于现有的耕地和粮食种植业，以致路子越来越窄。因此，今后要强调树立全面发展的观念。全面地看农业的发展，其本身就是战略问题所固有的要求。而且，是符合保持、恢复或改善农业生态平衡要求的；是符合农业各部门之间相互联系、相互制约的自然和经济规律要求的。这样就能更好地利用耕地以外的大片山地、丘陵、草地、水面，向生产的广度（广度中也有深度）进军，做到地尽其力、物尽其用。而且，在保证粮食生产稳步发展的前提下使棉油麻丝茶糖菜烟果药杂各项经济作物和其他农副产品得到普遍增长，也是具有战略意义的。

至于农工商相结合，指的是农工商三业在基层单位内部的结合。这是如何正确对待和处理农业与农村工业、农村商业三者的地位及其相互关系的问题。根据试点，实行农工商结合，有利于从工业、商业方面来促进农业生产的发展，有利于更好地利用农村丰富的劳动力资源，有利于还利于农，从而有利于繁荣整个农村经济。因此，逐步创造条件实行农工商结合，是一件具有战略意义的大事。目前人们所说的“农业产业化”，其实质即“农工商产业一体化”或“贸工农产业相结合”。

5. 大力发展农村社会主义市场经济。由自给性半自给性经济向比较大规模的商品生产的转变，从计划经济向市场经济过渡，是发展我国农业经济不可超越的必然过程。只有在市场经济条件下大力发展商品生产，才能够进一步促进社会分工和提高农业以及农村各业的生产力水平，加速我国农业的现代化；只有大力发展商品生产，才能够利用价值规律为农业服务，促进农村的繁荣、富裕。

在发展农村商品生产中，流通是必不可少的重要环节，必须坚持市场调节为主、计划调节为辅的原则，坚持国家、集体、个人一齐上的方针，搞活农村的商品流通，逐步解决流通渠道与商品生产发展不相适应的矛盾。

为了促进农村商品生产的发展，还必须逐步建立起比较完备的农村商品生产服务体系，以便满足农业和农村对生产技术、生产资金、生产资料供应、农产品加工和储存、农产品销售和运输、市场信息、经营管理等方面的需要。这些服务活动，是发展商品生产的必要条件。

6. 一靠政策，二靠科学，三靠投入。所谓“一靠政策，二靠科学”，就是现阶段发展农业生产，进行农村建设，主要的是依靠采取正确的方针政策和现代农业科技的研究、推广。在生产力、生产关系、上层建筑等方面采取正确的方针政策，有利于合理组织生产力、协调生产关系，发挥上层建筑对生产力和生产关系的促进作用，调动各方面的积极性，更好地利用人力、物力、财力和自然资源等。例如，在农业中实行以家庭经营为基础的“大包干”，就大大提高了广大农民群众的生产积极性，使生产力大大获得了解放。因此，实行正确的政策就会获益无穷。在农业中采用现代科学技术的成果，已经为国内外大量事实所证明，是“一本万利”的事业。今后，在培育和推广优良品种、改进耕作制度、合理使用化肥、研制和使用高效低残毒农药、推广符合需要的农业机械、采用适用性强的科技措施等方面，是大有可为的。不过“一靠政策，二靠科学”并不等于不需要增加任何投资。政策的制定要建立在大量的调查、研究的基础上；科技成果的取得和推广，也需要耗费人力、物力。因而，对于这方面的投资，要给予足够的重视。而且，兴修水利、修筑道路、开办工厂等，无一不需要投资，因此可以说："三靠投入”。

7. 满足需要、符合可能与提高效益相结合。这一指导思想的核心是提高农业领域中的经济效益。这涉及我国发展农业的道路问题。我们如果做到使农业的发展，能够尽可能满足城乡人民对各种农副产品的需要，符合我国特别是我国农村的实际情况，而且在经济活动中经济效益又尽可能高，这就是走了一条切合实际、经济实惠的发展农业的道路。为此，在有关农业的生产、交换、分配、消费诸环节中，都要注意切实做到“需要、可能、效果”相结合。例如，就农业生产而言，要在农业生态、农业生产结构、农业生产布局、生产技术措施、农业物质技术装备等方面，确定最优模式，才能符合上述要求。

四、农业发展的战略目标和措施

农业发展的战略目标和战略措施，是农业发展战略问题的主要内容。确定战略目标的主要依据是：战略指导思想、国情和国力、国内外农业发展的经验教训、可能采取的战略措施等。战略指导思想为确定战略目标指出方向、原则和道路；国情和国力制约着战略目标的广度和高度；可能采取的战略措施则决定着战略目标的落实程度。而且，研究所有这些问题，都要吸取国内外的经验和教训。

国情和国力是确定农业发展战略目标、措施的重要基础。它包括自然、政治、经济、文化诸方面，甚至我们所处的国际环境，也可算作一种国情。为具体分析这一问题，我们不妨把与我国农业发展有关的国力、国情分为不利因素和有利因素两大方面：

不利因素有：①人口总量大，农业劳力过剩，而且控制人口增长的难度大。因而，在满足日益增长的人口的基本需要方面的压力大，在劳动力的充分利用上困难较多。②人均农业生产资源占有量低（例如，我国人均耕地占有面积约为世界平均数的40%，草原为50%，水资源为25%），增产能力受到限制。③整个社会经济、科技、文化水平不高，生产力水平也不算高。因而，不仅农业本身扩大再生产的能力较低，而且整个社会支援农业进行扩大再生产，也不能不受到限制。

有利因素有：①我国的社会主义政治经济制度，广大农民群众勤劳节俭的好传统等，使得我们有可能更好地利用各种生产条件，克服困难，获得发展；②我国幅员辽阔，各地自然、经济条件差异大，互济互补的回旋余地也较大；③我国农业生产水平低，因而增产的潜力也就比较大，尤其是牧区、山区、草原、水面的增产潜力就更大；④我国劳力多，也有其有利的方面，可用于实行“劳力集约经营”；⑤我国农村素有精耕细作、用地与养地结合的传统，利于发展“有机农业”。此外，改革开放以来，我国的综合国力大大加强，也是不容忽视的。

可见，如果全面地、辩证地看待我国的国情、国力，就既不会盲目乐观，也不至于悲观失望。只要我们实事求是，扬长补短，兴利除弊，我国农业的发展是大有可为的。

农业发展的战略目标包括什么内容，如何加以表达？一般说来，可分为两大部分。一部分是对一定时期内要达到的总目标，主要通过文字加以描绘；二是一定时期内的发展程度，主要通过若干具体指标来加以反映。二者紧密结合，就会勾画出完整的发展轮廓。

关于前者，今后若干年的奋斗总目标，大体上可以这样设想（姑妄言之，仅供探讨）：建立起集约的（指农林牧副渔集约经营，在有限的土地上生产尽可能多的物质财富）、合理的（指生态良性循环、生产结构合理、再生产各环节之间良性循环、农业管理体制和经营管理合理等）、经济实惠的（指农业生产变为经济效益高的生产系统）、商品经济发达的社会主义现代化农业（指用现代工业机械、设备和现代科学技术武装起来的、采用现代管理科学的农业），以满足我国对粮食及其他农产品的需要，大大提高全体农民的收入和生活水平（指按人口平均的农产品大大丰富，农民的收入普遍达到小康水平，进一步则与城市职工接近，并大大提高农民的文化科技水平），建成一个农工商相结合、城乡结合、综合发展的富庶新农村。

不言而喻，类似这样的总目标，如果制定得好，就会发挥其动员、鼓舞、指导的作用。但与此同时，还应确定反映总目标的具体指标和要求。从某种意义上说，这也是一种预测。

农业发展的战略措施，是实现农业发展战略指导思想、战略目标的保证。研究、确定农业发展战略措施，要注意以下几个问题：

第一，战略目标是否能实现，关键在于战略措施是否恰当，因而，战略措施要具有可靠性，避免盲目性。一切农业发展的战略措施，都不能仅仅限于描绘要做什么和怎样做，而且应该通过具体的实施方案使之能够付诸实践。

第二，发展农业可采取的战略措施甚多，不仅要可行，而且要具有相对的优越性，即从各种可相互取代的措施中择优而行，扬长避短；在各种措施中，既要花力气去研究一些新的重大措施（如培育新的优良品种等），又要大力普及那些公认的在理论、技术、财力上并无特殊困难的战略措施（如秸秆还田、沼气等），排除落实中的障碍，使之产生实效。

第三，战略措施涉及的面是很广的，包括生产力、生产关系、上层建筑的各个具体方面。因而，农业发展战略措施的采取，不仅是农业部门的事，而且涉及工交、财贸、文教、科技等部门，涉及多门学科。需要有关方面分工合作，需要各行各业的人们来分别进行深入具体的研究。在这一基础上，再由有关方面进行综合的、跨学科的研究，才能奏效。

那么，为了保证农业发展战略目标的实现，究竟应该采取哪些战略措施呢？不妨举例如下（有不少措施已在以上各部分中提到，不再一一列举）：

第一，多成分、多层次、多种经营形式长期并存，充分发挥家庭经营的积极作用。

第二，贯彻执行市场调节为主、计划调节为辅的原则；充分发挥地方和基层的积极性，把农业经济搞活。

第三，在农业生产上应实行农、林、牧、副、渔业并举的方针，实行粮食生产和多种经营共同发展，专业化生产和综合发展相结合。

第四，必须搞好人的繁衍与物的生产的平衡，大力控制人口；调整好农业劳动力就业结构，充分发挥我国农业劳动力资源丰富的优势。

第五，在技术结构上，实行有机农业与无机农业相结合，以便符合提高单产、提高经济效益、改善生态环境等方面的要求。

第六，在能源结构上应做到多种能源相结合，大力采用低成本能源、可再生能源和低污染能源等。

第七，加强智力投资，建立合理的教育体系，培养数量充足、质量合格的科技人才和经营管理人才。极大地提高广大农民首先是青年农民的文化和科学技术水平。

第八，有计划地发展小城镇，逐步地用现代工业、交通业、商业、服务业、科教文卫事业把它们武装起来，作为改变全国农村面貌的前进基地。

五、在农业和农村经济发展的新阶段中经济结构的战略性调整[①]

这是2000年1月初召开的中央农村工作会议提出来的。提出这一调整的背景是，经过20年的改革和发展，我国摆脱了农产品长期短缺的困扰，但目前又面临粮食丰收、库存增加、价格下跌、农民减收的新问题。

针对上述问题，会议提出了对于农业和农村经济结构进行战略性调整的问题，其主要内容包括以下5点：

一是全面提高农产品质量。这既是人民生活提高，市场需求多样化、优质化的要求，又是解决农产品卖难、农民增产不增收问题的重要途径。为此，应当加速引进、培育和大力推广农作物的优良品种，并大力开发高附加值的特色农业。

二是加快发展畜牧业。目前我国粮食库存量较大，为发展畜牧业提供了比较坚实的基础。为此，应当加强畜禽良种繁育体系和疫病防治体系的建设，进一步发展饲料工业和畜产品深加工工业，把畜牧业发展成为一个强大的产业。

三是进一步发展农产品加工业。加快农产品加工、保鲜、储运技术和设备的改造，使农产品加工业日益强大。

四是优化农业区域布局。在沿海经济发达地区和大城市郊区，要积极发展高效农业和出口创汇农业；在生态脆弱地区，要有计划、分步骤地退耕还林、还草、还湖，发展林果、畜牧、水产业，改善生态环境；粮食主产区，要通过结构调整发挥粮食生产优势。

---

① 本部分的主要依据是：①2000年1月7日《人民日报》第1版关于中央农村工作会议的报道；②2000年1月7日《人民日报》社论：《农业发展新阶段的战略性任务》。

五是调整农村劳动力就业结构。大力发展乡镇企业和小城镇，推动劳动力向二、三产业的转移，扩大农民就业和增收的空间。

会议认为，在新阶段的结构调整中，各级政府要着重做好以下 4 项工作：

一是加强农村市场体系建设。其重点是批发市场建设，同时要加强农产品质量标准体系建设、农产品市场信息网络建设，以便充分发挥市场对结构调整的带动作用。

二是推进农业科技进步。农业科技要重点开发和推广高产高效技术、加工技术和农业降耗增效技术；要建立具有世界先进水平的农业科技创新体系，高效率、高效益转化科研成果的技术推广体系以及显著提高农民文化、科技素质的教育、培训体系。

三是扶持农业产业化经营。其关键是搞好龙头企业，发展多种形式的农产品流通中介组织。

四是加快小城镇建设。要通过对于小城镇建设的扶植，引导农村布局和产业结构的调整，鼓励农民进入小城镇。

这次农业和农村经济结构的调整并不是权宜之计，而是具有战略性的。其实质是，适应世界农业科技革命的趋势，推进农业现代化，向农业的深度和广度进军，由粗放经营向集约经营过渡，全面提高农业和农村经济的素质和效益，促进农业增产和农民增收。若概括而言，则“质量，效益，增收”，是其核心也是其基本目标。在调整中，应当进一步稳定和加强农业的基础地位，其具体要求是不能忽视农业基础设施建设，特别是不能忽视粮食生产。因为，从长远来看，随着人口的增加和人民生产水平的提高，随着工业化和城镇化的加快，以及人增地减的趋势的日益明显，现有的粮食生产能力远远不能满足今后的巨大需求。

会议还指出，在集中精力抓好农村经济结构战略性调整，千方百计增加农民收入的同时，要切实抓好农村基层组织建设、民主法制建设和精神文明建设。当前农村精神文明建设，主要包

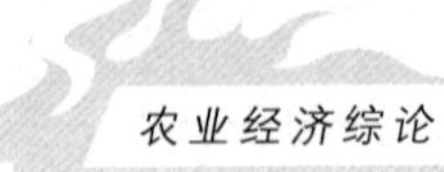

括：切实加强对农民的思想政治教育，大力普及农村科技和教育，努力繁荣农村文化，保持农村社会秩序。

本部分关于农业和农村发展新阶段战略调整问题的描述表明，本文以上各部分所叙述的关于农业发展战略问题的一般理论，仍然基本上是适用的。

六、发展现代农业是建设新农村的首要任务

《中共中央　国务院关于积极发展现代农业扎实推进社会主义新农村建设的若干意见》（以下简称《意见》），于 2007 年 1 月 30 日发表。这是 2004 年以来，中央连续第四年制定的指导“三农”工作的 1 号文件。此文件充分体现了落实科学发展观、构建社会主义和谐社会的要求，又与近几年来中央关于加强“三农”工作的一系列部署一脉相承，是当前和今后一个时期指导农业和农村工作的重要文件，具有极其重大的战略意义。

自从党的十六届五中全会明确了建设社会主义新农村的重大战略部署以来，新农村建设顺利推进，农业农村保持着良好的发展势头。然而，从总体上看，我国农业基础不牢、农业装备落后、农民增收困难、城乡经济社会发展差距拉大的局面还没有根本改变；当前我国农业正处于由传统向现代转变的关键时期，必须以科学发展观统领农业农村工作，加快农业增长方式转变，加快推进农业生产手段、生产方式和生产理念的现代化。

《意见》把发展现代农业作为新农村建设的着力点，既体现了持续扎实推进新农村建设的总体要求，又进一步明确了新农村建设的首要战略任务。持续地完成这一战略任务，对于保障粮食安全、促进农民增收、应对国际竞争、持续推进工业化和城镇化等都至关紧要。

加快发展现代农业，意味着新农村建设要更紧密地围绕农业发展、农村繁荣、农民增收这个中心而进行，大家的注意力要集中到发展生产上来。从强化国民经济基础和推进工业化、城镇化的客观要求来看，目前我国比以往任何时候都需要加快建设现代农业；从我国经济社会发展的状况来看，我国比以往任何时候都更有条件支持建设现代农业。

中央确定的发展现代农业的基本思路是：用现代物质条件装备农业，用现代科学技术改造农业，用现代产业体系提升农业，用现代经营形式推进农业，用现代发展理念引领农业，用培养新型农民发展农业；其具体内容包括诸如提高农业水利化、机械化和信息化水平，提高土地产出率、资源利用率和农业劳动生产率，提高农业素质、效益和竞争力等等。建设现代农业意味着改造传统农业、不断发展农村生产力，意味着转变农业增长方式、促进农业又好又快地发展。

当前和今后一个时期，建设有中国特色的现代农业，要特别注意强化“五大支撑”：一是增加农业投入，加大农业基础设施建设力度，提高农业物质装备水平，强化发展现代农业的基础设施支撑；二是提高农业科技自主创新能力，加快农业科技成果转化，强化发展现代农业的科技创新支撑；三是开发农业多种功能，建设完备产业体系，强化发展现代农业的产业体系支撑；四是培育多元化、多层次的市场流通主体，构建开放统一、竞争有序的市场，强化发展现代农业的市场体系支撑；五是大力培养新型农民，提高农村劳动者素质，强化发展现代农业的人力资源支撑。

积极发展现代农业，是一项长期而艰巨的战略任务，必须从实际出发，遵循客观规律，有重点、有计划、有步骤地扎实推进，坚决防止脱离实际、好大喜功和急于求成，确保现代农业建设稳步健康推进，努力走出一条有中国特色的现代农业发展之路。

主要参考文献

于光远：《经济、社会发展战略》，中国社会科学出版社，1984.

刘国光主编：《中国经济发展战略问题研究》，上海人民出版社，1984.

董辅礽：《经济发展战略研究》，经济科学出版社，1988.

《中共中央　国务院关于做好 2000 年农业和农村工作的意见》（2000 年 1 月 16 日），载 2000 年 2 月 14 日《人民日报》.

《人民日报》社论：《农业发展新阶段的战略任务》（2000 年 1 月 7 日）.

《中共中央　国务院关于积极发展现代农业扎实推进社会主义新农村建设的若干意见》（2007 年 1 月 29 日）.

《人民日报》社论：《发展现代农业是建设新农村的首要任务》（2007 年 1 月 30 日）.

论农业扩大再生产*

一、扩大再生产的基本原理

在整个国民经济中存在着如何实现扩大再生产的问题，在农业部门和农业企业中，也存在着这个问题。后者与前者比较，是局部性的问题，但具有自己的相对独立性和特点。

（一）扩大再生产的内容

从扩大再生产的内容来看，包括产品、劳动力和生产关系的扩大再生产。这三个方面是紧密联系着的。产品的扩大再生产，是扩大再生产的首要内容。从使用价值形态来看，它表现为各种产品的实物量即各种产品总产量的增长；从价值形态来看，它表现为总产值、净产值、纯收入和积累的增加。

劳动力的扩大再生产，是扩大再生产的又一重要内容。它表现在劳动者的劳动能力的恢复和提高、新的劳动力的补充和培训等方面。劳动力再生产所必需的费用包括：维持劳动者自身工作能力所必需的费用；新的劳动力再生产即培养和教育子女所必需的费用；赡养无劳动能力的家属的费用。而在这些费用中，不仅包括衣食的费用，而且包括住房、购置家庭日用品以及满足文化

---

* 本文是在笔者主编的《社会主义农业经济管理问题》（农业出版社，1985）一书中由笔者撰写的第29章的基础上改写而成的。本文的一些数据已经陈旧而且未列出处——那时社会上尚未形成详列出处的风气。由于本文的视角特殊，不仅难以直接找到相关的某些数据，而且现有统计年鉴中的相关原始数据严重不足，往往难以进行进一步加工，无可奈何！本文的基本观点依然具有独特性、实用性，值得相关学者关注。特别希望青年学者，继续进行深入研究。

需求的费用等。它不仅包括劳动者的劳动报酬，即用于劳动者个人消费的个人消费基金，而且还包括用于劳动者集体消费的社会消费基金。

生产关系的扩大再生产，也是扩大再生产的一项重要内容。它表现为在实现产品和劳动力扩大再生产的同时，生产关系也不断更新、巩固和发展。

马克思主义关于社会再生产问题的基本理论告诉我们，扩大再生产问题的核心在于从产品的生产、交换、分配、消费这一社会再生产的全过程来分析产品的实现问题。所谓实现问题包括两个方面：一方面，要使产品的使用价值能够实现。这就是要使各个生产单位生产的产品，在品种、数量上能够符合社会的客观需要，能为进一步扩大再生产准备必要的生产资料和消费资料，并且最终能够在生产和生活中发挥作用。另一方面，还要使产品的价值能够实现。这就是要使产品的生产者，能够根据等价交换的原则出卖自己的产品，使体现在产品中的社会价值能够通过交换而得到实现。换句话说，生产者在交换中不仅要能按社会必要劳动补偿物质耗费的价值，而且还能够取得他们新创造的价值，以便用于积累和消费。只有这样，才算是实现了扩大再生产，才能为进一步实现扩大再生产创造条件。

（二）扩大再生产的形式

扩大再生产有两种基本形式，即外延的扩大再生产和内涵的扩大再生产。马克思认为："如果生产场所扩大了，就是在外延上扩大；如果生产效率提高了，就是在内含上扩大。这种规模扩大的再生产，不是由积累——剩余价值转化为资本——引起的，而是由从固定资本的本体分出来、以货币形式和它分离的价值再转化为追加的或效率更大的同一种固定资本而引起的。"[①] 广义

---

① 《马克思恩格斯全集》第 24 卷，第 192 页。

地说，所谓外延的扩大再生产，是指在生产技术水平和劳动生产率没有提高的情况下，单纯地依靠增加生产资料和劳动力数量而实现的扩大再生产。这种扩大再生产是以追加物化劳动和活劳动量、向生产的广度发展为特征的。所谓农业的内涵扩大再生产，是指在不增加生产资料和劳动力数量的条件下，以依靠开展技术革新，提高生产资料的利用效果，提高生产技术水平，改善劳动组织，从而提高劳动生产率，向生产的深度发展为特征的。

在现实的扩大再生产的过程中，外延的扩大再生产和内涵的扩大再生产，是紧密结合在一起，同时并存、共同发挥作用的。从长远来看，要持续地实现扩大再生产，就必须追加投资、增加生产资料（机器、设备和肥料等），而且在（活）劳动生产率不变的情况下，要相应地增加劳动力。但是就每一年来说，扩大再生产中的一个相当大的部分，并不是依靠通过基本建设而新增加的生产能力，不是依靠增加人力、物力、财力，而是依靠对现有人力、物力、财力的进一步充分而合理的利用。

二、农业扩大再生产的特点

农业扩大再生产的特点是与工业等生产部门相比较而言的。弄清农业扩大再生产的特点，有助于克服盲目性，做到有的放矢。农业扩大再生产的特点表现在以下几个方面：

1. 从使用价值形态来看农业扩大再生产的特点。由于农业具有经济的再生产过程与自然再生产过程交织在一起的基本特点，因而，从使用价值（实物）方面来看，其特点可概括为：农产品的扩大再生产，要受农业自然再生产的制约。因此，农产品的扩大再生产要以自然再生产为基础，对自然再生产具有相当大的依赖性。从而，要获得不断增加的农产品，就不仅要掌握和运用客观经济规律，而且必须掌握和运用自然规律，以便充分利用自然力的有利方面，克服自然力的不利方面。否则，即使增加了生产资料和劳动力，改善了农业生产条件，也未必能够相应地增加农产品的产量，实现农产品的扩大再生产。

这一特点表现在许多方面。如农业生产对自然力有较大的依赖性，要求人们要合理利用、适应和改造自然；土地在农业扩大再生产中具有重要作用，要求充分而合理地利用土地；农业生产具有强烈的季节性，要求因时制宜地采取技术措施和实行合理的多种经营；农产品在生产上的自身循环，要正确处理自给性生产和商品性生产的关系；等等。

2. 从价值形态来看农业扩大再生产的特点。

（1）农业扩大再生产的速度一般慢于工业。农业再生产首先是一个自然再生产过程，自始就有自然力在协同发生作用。在现代技术条件下，农业扩大再生产的速度还在很大程度上受自然条件的影响和制约，而绝大多数工业部门受自然条件影响的程度则比农业要小得多。从我国与美、苏、日、德、英、法、意等国家1951—1979年工业与农业的年平均增长速度来看，工业的扩大再生产速度一般要快于农业1～2倍。

（2）随着农业扩大再生产向更高的水平发展，农业资金有机构成提高、净产值率下降的趋势极为明显。随着物质技术装备水平的提高，资金（或资本）的有机构成将不断提高，即在生产中占用和耗费的物化劳动部分比例增大，活劳动部分比例缩小，从而净产值率趋于下降。这是国民经济各个部门所共有的必然趋势。但是，由于农业具有种种特点，这一趋势更为明显。例如：1978年美国全国平均每个农业劳动力占用农业机械、农村运输及其他设备等固定资产为11.2万美元，而制造业平均每个劳动力仅占用固定资产5.5万美元。当时在美国，每生产1美元的农产品，平均需要投资8美元；而钢铁工业1美元的销售额，平均只需要投资0.5美元。前苏联农产品产值中物质费用的比例已由第八个五年计划（1966—1970年）的38.2%，上升到第9个5年计划（1971—1975年）的53.8%。

我国农村集体经济基层单位（包括作为基本核算单位的生产大队、生产队及实行农户经营制度的社区经济、农户经济）从1957—1997年的40年期间，生产费（或称“总费用”）占可分配总产值（或称总收入）的比重，由1/4强（26.5%）上升到3/4弱（73.1%），而相应的净产值占可分配总产值的比重，则由3/4弱（73.5%）降低到1/4强（26.9%）。[①] 另一个材料表明，每百元资金创造的产值从1985年的460元，下降到1992年的319元，即下降30%；同期，每百元粮食资金（按不变价计算，下同）生产的粮食也由893公斤下降到570公斤，即下跌36%；1998年，资金效益下滑的趋势再一次出现，单位农业资金创造的产值和粮食分别较上年下降18.7%和19.3%。[②]

这些材料，强有力地证明了在农业现代化的进程中，净产值率下降趋势的明显存在。为什么会出现这一趋势呢？从根本上来说是由农业生产的基本特点所决定的。具体分析起来，出现这种现象的原因有两大方面：

从流动资金方面来看，由于农业生产周期长而且同一种产品的各个生产周期之间往往具有相当长的间隔期，因而储备资金、生产资金的占用量大、周转慢；由于农业生产在露天的广大土地上进行，因而肥料、农药等生产资料的损失大，有效利用率低（例如，氮肥的有效利用率大体为30%～60%，磷肥为10%～25%，钾肥为40%～70%；农药的损失率一般达1/3以上），从而意味着资金利用效果差。

从固定资金方面来看，农作物品种多、作业项目多而农业作业机具的专业性强、通用性差等，决定了农业机械设备的配备量大，利用率低，投资回收期长；农机与农艺相适应的问题不易解

① 根据相应年份《中国农业年鉴》的相关数据求得。

② 《1998—1999：中国农村经济形势分析与预测》第173页，中国社会科学文献出版社，1999。

决，农机的革新、改型往往比较频繁，因而无形损耗较大；农业机具一般在野外广大地区上实行运动式作业，因而磨损大，空行时间多，能源消耗量大。

(3) 在农业科技没有重大突破的条件下，农产品成本呈现不断提高的趋势。随着农业逐步现代化，农业的活劳动生产率是不断提高的。但是，与此同时，农产品成本也在提高。例如，前苏联主要农作物产品成本指数，以1961—1965年平均数为100，则1976—1978年平均为224；我国农作物成本的典型调查，以1953—1959年的成本平均指数100，则1975—1980年为297。

怎样来解释农产品成本的这种变动趋势呢？影响农产品成本的因素有多种，其中包括农业生产资料价格、农业劳动报酬、农业生产单位的经营管理、农业技术措施、农业生产计划和布局等方面的状况。但是所有这些，对于农产品成本呈现不断提高的趋势来说，都不是本质的因素。因为，从全局和总趋势来看，我国农用生产资料的价格是下降的而不是上升的；农业劳动报酬的提高幅度，一般说来不可能长期超过农业劳动生产率提高的幅度；农业生产单位的经营管理、农业技术措施等状况，不是也不可能是普遍日益恶化的，以至于造成成本不断提高。那么，造成农产品成本不断提高的本质因素是什么呢？这就是：单位面积上的农作物最优成本产量，在一定的农业科技水平下是有一个限度的。因此，在农业科技未发生重大变化的条件下，在一定的耕地上追加投资（即上面所说的流动资金和固定资金的投放），达到一定的限度以后，就不可避免地会出现土地报酬递减的现象。因而，随着现代化生产资料在单位面积上的投入量日益增加，随着农作物单产的不断提高，就出现了成本不断提高的趋势。举例而言：美国每一单位肥料的农产品产量，以1950年为100%，到1955年为77%，1965年为52%，1975年为40%。我国无锡县，1966—1972年粮食平均亩产1 029.5斤，平均亩施化肥71斤，平均每斤化肥产粮14.5斤，平均每百斤粮的化肥费用为0.86

元；1976—1972 年粮食平均亩产达到 1 477.2 斤，比上一时期提高 43.5%，平均亩施化肥为 285.4 斤，提高 302%，平均每斤化肥产粮 5.175 斤，下降了 64.4%，平均每百斤粮食的化肥费用为 2.35 元，提高了 1.73 倍。诸如此类的例子是不胜枚举的。国内外的这些无可辩驳的事实表明，自 20 世纪初世界农业逐步进入现代化阶段以来，农业机械、作物品种、化学肥料和农药等，尽管在质量上都有了相当大的改进，但与传统农业比较起来，并未在农作物生产的生物化学过程上发生突变。因而，在单位土地面积上投入大量现代物质资料的现代农业，尽管大大地提高了作物单产，但其能量投入—产出率，却大大低于传统农业。例如，1970 年美国农业中每投入一单位热量只生产出 2.69 单位热量的玉米；而同年墨西哥以人畜力为主的农业则可生产 128.8 单位热量。因此，只有使农业的能量转换率大大提高，太阳能的有效利用率大大提高，才能从根本上使农业改观。

显然，只有从各方面注意针对农业价值形态的再生产特点而采取相应的措施，才能够使农业扩大再生产顺利地进行下去。例如，国家采取正确的价格和投资政策；农业本身注意开源节流，合理使用人力、物力、财力等。相关的数据表明，自 1999—2005 年我国农业部门的净产值大体上保持在 63%以上，即恢复到 20 世纪中期的中等水平，而且主要得益于国家采取的在经济上“多予少取”的政策。①

3. 农业劳动力扩大再生产的特点。农业劳动力扩大再生产的发展趋势是，随着农业劳动生产率的不断提高，农业劳动力的数量日趋减少而质量不断提高；农业劳动力再生产的必要费用不断提高；整个国民经济、农业部门、农业企业和农户的智力投资都将日益增加。

---

① 参见相关年份《中国农业年鉴》的统计数据。

三、农业扩大再生产的基本标志——增产增收

农业扩大再生产的标志问题，实际上就是如何区分农业简单再生产和扩大再生产的问题以及判断扩大再生产的水平问题。

农业的再生产过程是简单再生产和扩大再生产的统一。简单再生产是扩大再生产的出发点和基础，扩大再生产则是简单再生产的进一步发展。马克思指出："扩大再生产的物质基础是在简单再生产内部生产出来的"。[①] "简单再生产是每个规模扩大的年再生产的一部分，并且还是它最重要的一部分"。[②] 要实现农业的扩大再生产，必须首先保证简单再生产的顺利进行，遵循先简单再生产，后扩大再生产的原则。

农业扩大再生产可从多方面进行考察，使用多种标志。例如：从生产条件方面考察，以生产条件的改善作为标志；从生产结果方面考察，以农产品数量的增加作为标志；从使用价值方面进行考察，以使用价值的增加为标志；从价值方面考察，以总产值、净产值、积累等的增加为标志。

只有从多方面进行考察，才能够全面地了解农业扩大再生产的状况。例如，生产结果不佳，农产品产量没有增加，它在产量方面虽然是简单再生产，但生产条件改善了，即它在生产条件方面实现了扩大再生产；同样，生产条件改善了，农产品产量增加了，从使用价值方面来看虽然是扩大再生产，但如果没有创造出新的价值，从价值方面来看则是简单再生产。应当看到，在一般情况下，生产条件的改善和产量的增加，其趋势是一致的。但是，由于农业生产受自然条件的影响很大，因而生产条件的改善和产量的增加，也可能出现不一致的情况。同样，在一般情况

① 《马克思恩格斯全集》第24卷，第560页。

② 《马克思恩格斯全集》第24卷，第457页。

下，使用价值（农产品产量）增加了，价值（总产值或净产值）也会相应增加，但是，由于多种原因，使用价值和价值也会发生背离。

尽管考察农业扩大再生产应当采用多种标志，但应以“增产增收”作为基本标志。因为积累的增加和生产条件的改善等，虽然对农业扩大再生产有着重大的影响，但最终都要通过增产增收的状况反映出来——增产增收是影响农业扩大再生产诸因素的集中的、综合的反映。

那么，什么是“增产”呢？“增产”即农业产品的实物量的增加。从产品再生产的使用价值形态来看，如果报告期比基期的农产品产量增加了，那就是实现了使用价值的扩大再生产。当然，我们这里所说的“产”，不应当仅仅是指粮食产量，而是应当包括农、林、牧、副、渔各部门的产量。“增收”又是何所指呢？“增收”的实质是增加了新创造的价值——国民收入，即净产值或净收入。这就是在再生产的过程中，通过人类的劳动不仅仅是把作为农业生产资料（如机器、化肥、农药、种子等）的使用价值转换为新的形态——农副产品，而且通过投入活劳动而创造了新的社会财富。

增产增收的实质说明，实现增产增收并提高增产增收的水平，就意味着用较少的劳动耗费（包括物化劳动和活劳动），取得较多的产品，提高农业部门和农业企业（含包干农户）的总劳动生产率，提高农业生产的经济效果。这样也就意味着农业部门和农业企业不仅能够向国家、城市和工业部门提供较多的农副产品，能够在积累资金方面对国家做出更大的贡献；而且意味着有能力进一步增加积累以便扩大再生产，有能力进一步提高农业劳动者的收入水平。

在正常的情况下，“增产”和“增收”是成正向相关的，即实物形态的扩大再生产同价值形态的扩大再生产大体上是同步的。但是，在现实生活中，产量、净产值的变动方向、增减幅度等往往是很不一致的，从而会形成多种类型的产收状况。如果以净产值状况（包括增收、平收、减收）为中心，同产量的不同状况（包括增产、平产、减产）进行组合，则会出现产收状况组合的九种类型。

按净产值状况划分为三大类型，增收型为优，平收型为中，减收型则为劣。而且，还可进一步划分为9种具体类型，其优劣顺序分别为："增收型"：①增产增收；②平产增收；③减产增收；"平收型"：④增产平收；⑤平产平收；⑥减产平收；"减收型"：⑦增产减收；⑧平产减收；⑨减产减收。其优劣顺序也是很明显的："增产增收"为最优，"平产平收"居中，"减产减收"为最劣。显然，我们应当力争最优，力避最劣。

各种类型的优劣顺序，与"费用—净产值"系数①的状况是成正相关的。这一系数愈高，则增产增收的水平就愈高；反之，增产增收的水平就低。当这一系数不变时，则净产值与产量按同一方向、同一幅度变动；当这一系数提高或降低时，则净产值与产量的变动幅度必然不同，变动方向也可能不同。这些都说明，努力避免"费用—净产值"系数的降低，在可能的范围内提高这一系数，对于提高农业增产增收的水平，至关紧要。

此外，为了分析农业产收变动的状况，还需要分别计算增减产额和增减收额以及增减产率和增减收率，并编制若干年内的产量、净产值的动态数列，分别列出增减产、增减收的绝对数、相对数（定基指数、环比指数）以及年平均递增率（或递减率）等，以便在不同时期、不同单位、不同产品之间进行对比分析，以利于进一步找出经验和教训，改进工作。

党的十一届三中全会以前，在我国农业的发展中相当普遍地存在着增产不增收的现象。1978年与1957年相比，全国农村人

---

① "费用—净产值"系数＝净产值（v＋m）/生产费（c），它表示投入1元生产费所取得的净产值额。

民公社基本核算单位的可分配总收入增长近 2 倍，而总费用却增长近 3 倍，因而纯收入（净产值）仅增长 165%。同期，人均集体分配收入由 40.5 元（其中现金 14.2 元）增加为 73.9 元（其中现金 13.6 元），仅增长 82.7%。

党的十一届三中全会以后，由于农村经济政策的逐步放宽，极大地促进了农业生产的发展，收入大幅度增加，因而农业中长期以来存在的增产不增收现象，在大部分地区已有所改观。农牧渔业部收益分配资料表明，1982 年原基本核算单位扣除费用后的纯收入，比 1981 年增长 28%，占可分配总收入的比例由 1981 年的 69.9%提高到 73.5%。同期，社员人均分配收入 133.3 元，比 1981 年增加 29.5 元，加上社队企业工资人均收入 17.5 元，则整个农村人均集体分配收入为 150.8 元，是历史上人均分配收入最多、增长幅度最大的一年。国家统计局对 3 万多家庭收支抽样调查资料表明，1983 年全国农民每人平均纯收入 310 元，比 1982 年增加 40 元，比 1978 年增长 1.3 倍。农民纯收入水平之所以有较大幅度的提高，主要是靠发展商品生产、开展多种经营和提高经济效益。但是，也应当看到，在一些高产地区的农业生产，特别是粮食生产中，仍然存在着增产不增收的记录。而且，农业扩大再生产的特点表明，要取得持续不断的增产增收，就要进行持续不断的奋斗，并非一朝一夕即可彻底奏效。

影响农业增产增收的因素是多方面的。首先按其缘由来划分，大体上区别为内部（即农业部门和农业生产单位内部）因素和外部因素两大类。内部因素中包括自然条件、农业生产结构、农业科技水平及其推广状况、经营管理工作、勤俭节约方针贯彻的状况等。外部因素则主要包括生产资料的价格和质量、农产品价格、农业税收、农业投资、农业贷款、国家对农业和农业企业的领导和管理等。

其次，可按其对增产增收发生作用的性质，区别为影响经济效果的因素和影响经济收益的因素。两者可能是一致的，但在不

少场合下却是严重背离的。在客观的经济效果不变的条件下，工农产品的价格（如剪刀差）、国家的税收以及投资和贷款、来自国家和其他方面的各种经济负担等，都会直接、间接地影响到一个地区或生产单位的实际经济收益状况。

千方百计地促进农业增产增收，正是从实物和价值形态两方面来促进农业扩大再生产的顺利实现。为此，就要针对影响农业增产增收的诸因素，从多方面采取有效措施。

2000年1月初召开的全国农村工作会议指出，适应农业和农村发展新阶段的要求，必须大力推进农业和农村经济结构的战略性调整，全面提高农业和农村经济的素质和效益，增加农民收入。会议要求全面提高农产品质量（增加收入）；加快畜牧业发展（将粮食转化为畜产品，提高收入）；发展农产品加工（增加附加值）；调整农村劳动力结构（劳动力向二、三产业转移，扩大农民就业和增收空间）；等等。为达到上述目的，会议强调要大力促进农业科技进步——重点开发和推广优质、高产、高效技术，降耗增效技术，建立起具有世界先进水平的农业科技创新体系，等等。[①]

可以认为，上述要求的核心是：以科技进步，推动农业的低耗、高效、可持续扩大再生产。

四、实现农业扩大再生产的途径

采取什么途径实现农业扩大再生产，对农业扩大再生产的状况、速度、效果等有很大影响。研究农业扩大再生产不同途径的特点、作用和发展趋势，有助于我们根据不同的自然和经济条件采取不同的途径扩大农业生产规模。影响农业扩大再生产，既有生产力和生产关系方面的因素，也有上层建筑方面的因素；既有

---

① 参见2000年1月7日《人民日报》第1版“中央农村工作会议在京闭幕”的报道。

经济因素，也有政治因素。

（一）积累是实现农业扩大再生产的最重要的源泉

要实现农业扩大再生产，首先要有积累。农业扩大再生产的规模和速度，既决定于积累基金的多少，也决定于积累基金的使用是否适当，是否发挥了最大的经济效果。积累是扩大再生产的源泉，而扩大再生产又是积累进一步增加的条件。马克思甚至将积累与扩大再生产等同起来，指出："积累就是资本的规模不断扩大的再生产。"[①] 有了积累才能扩大再生产，而扩大再生产又能生产出更多的产品，提供更多的积累。所以，积累的增加和生产的扩大是互相联系、互相促进的。

具体地说，积累是实现外延的扩大再生产的最重要源泉。换言之，不断提高农业本身的资金积累水平和不断增加国家对农业的投资，是实现农业外延的扩大再生产的一个重要的先决条件。农业的积累，既表现为价值形式，也表现为实物形式，还表现为劳动形式。从价值形式来看，用于再生产的资金属于积累。从实物形式来看，果树和种畜等固定生产资料的自然增值，也是积累的一种形式。从劳动形式来看，主要是农民进行农业基本建设、植树造林的劳动所创造的价值。我国劳动力资源非常丰富，在农村进行劳动积累，是大有可为的。

积累是实现农业扩大再生产的最重要源泉，但不是唯一源泉。不仅就内涵的扩大再生产而言，它是依靠非积累源泉而进行的（包括采取技术、经济措施实现对劳动力、土地、农机、牲畜、肥料、农药、农电、农水等的更有效的利用），而且就外延的扩大再生产来说也并不是完全依靠积累。首先，在农业经济中，增加劳动力的投入量，往往并不意味着就要相应地通过增加积累来增加农机、肥料等生产资料的投放量；其次，增垦一定量

① 《马克思恩格斯全集》第23卷，第637页。

的荒地，往往也可以在更合理地利用现有的人力、物力的条件下办到；第三，加速资金周转，合理使用流动资金，就意味着增加一定数量的流动资金；第四，合理地动用一部分折旧基金用于农业基本建设，只要不影响原有固定资产的大修理和更新，就是在无形中增加了用于扩大再生产的积累。

（二）要实现农业扩大再生产，必须走精耕细作、集约化经营的道路

土地面积的有限性及其在农业生产中所具有的特殊重要性，对于农业扩大再生产的途径具有极为重要的影响。就土地利用而言，依靠扩大耕地面积来实现农业扩大再生产，无疑是外延扩大再生产的最重要的方面。就全国而言，其潜力是不大的，就不同地区而言，则其潜力相差甚远。凡是有宜垦荒地的地区和农业生产单位，当然都应重视通过合理开垦荒地来实现外延的扩大再生产。至于就合理利用现有耕地这一点而言，是属于内涵的扩大再生产。从全国绝大多数地区和生产单位来看，势必要在土地利用方面实行内涵的扩大再生产。

农业的粗放经营和集约经营与农业的外延和内涵的扩大再生产联系密切，但并不是两对完全相同的概念。当劳动力和农机、肥料等生产资料的总量不变时，通过在较大的耕地面积上使用这些劳动力和生产资料而实现扩大再生产，就具有外延的扩大再生产的特征；反之，在较小的耕地面积上使用，实行集约经营，就具有内涵的扩大再生产的特征。在现有的耕地上，主要通过多投放劳动力而实行劳动集约，是我国一些地区和单位实行扩大再生产的重要途径。

（三）要实现农业扩大再生产，必须正确处理当前生产和基本建设的关系

当前生产和基本建设的关系，大体上体现了简单再生产和扩

大再生产之间的关系。所谓“大体上体现”，是因为这两对关系并不完全相同。不过，一般地说，当前生产主要是在原有设备的基础上所进行的规模不变的简单再生产，而基本建设则是从事更新或增加固定资产的活动，是使生产规模得以扩大的重要手段。要正确处理好当前生产和基本建设的关系，必须坚持量力而行的原则。马克思指出：“有些事业在较长时间内取走劳动力和生产资料，而在这个时间内不提供任何有效用的产品；而另一些生产部门不仅在一年间不断地或者多次地取走劳动力和生产资料，而且也提供生活资料和生产资料。在社会公有的生产的基础上，必须确定前者按什么规模进行，才不致有损于后者。”① 只有按照量力而行的原则合理安排当前生产和基本建设的关系，才能使当前生产和基本建设两者都得到发展，既能保证当前生产的稳定增长，又能逐步改变农业生产条件，为农业生产的进一步发展创造条件。

此外，要实现农业扩大再生产，还必须认真贯彻执行农林牧副渔全面发展、农工商综合经营的方针；积极地稳妥地进行农业技术革命；加强智力投资，积极培养农业科技人才，把农业科学技术提高到新的水平；适当加强国家财政、信贷对农业的支援；切实减轻农民负担并彻底消灭一切不合理负担。

2007 年 1 月 30 日发表的《中共中央　国务院关于积极发展现代农业扎实推进社会主义新农村建设的若干意见》，就其实质来看，促进农业的扩大再生产，提高“增产增收”的水平，是其核心指导思想之一。其中，“加大对‘三农’的投入力度”“加快农业基础设施建设，提高现代农业的设施装备水平”“促进农业科技创新，强化建设现代农业的科技支撑”等部分，实际上都是着眼于农业扩大再生产的。

---

① 《马克思恩格斯全集》第 24 卷，396～397 页。

主要参考文献

马克思：《资本论》第一卷第 21、22 章．

《学习马克思关于再生产的理论》，北京：人民出版社、中国社会科学出版社，1980（注：本书主要内容是《资本论》第二卷摘录）．

于光远：《试论社会主义生产中的 C、V、m》，北京：人民出版社，1979.

林子力：《经济调整和再生产理论》，上海：上海人民出版社，1981.

孙普：《谈谈农业再生产资金问题》，《经济研究资料》1981 年第 3 期．

财政部农业财务司编：《农业资金使用效益调查选》，北京：中国财政经济出版社，1983.

《人民日报》社论：《农业发展新阶段的战略性任务》（2000 年 1 月 7 日）．

《中共中央 国务院关于积极发展现代农业扎实推进社会主义新农村建设的若干意见》．

《人民日报》社论：《发展现代农业是建设新农村的首要任务》（2007 年 1 月 30 日）．

周诚、毕宝德：《掌握农业扩大再生产的特点，促进我国农业的现代化》，《农业经济论丛》（一），北京：农业出版社，1980.

周诚：《试论农村人民公社中的“增产增收”问题》，《经济研究》1978 年第 6 期．

周诚：《农业扩大再生产》（农业领导干部学习研究班教材，1981）．

周诚，罗伟雄：《河北省滦城县农业现代化和增产增收问题的调查报告》，中国人民大学农经系印行，1978.

论中国农业经济学的教材建设*

前　　言

中国农业经济学界一直持续不断地进行着农业经济学的教材建设，并且已经获得令人瞩目的丰硕成果，诸如由赵天福、朱道华等主编的《农业经济学》、由周诚主编的《社会主义农业经济学管理问题》、由罗伟雄主编的《中国农业经济学教程》、由雷海章主编的《现代农业经济学》、由方天堃等主编的《农业经济管理》、由谭向勇等主编的《农业经济学》、由刘运梓著的《比较农业经济概论》等等先后问世，不断地满足着人们的需要，并不断地推动着学科建设的进程。尽管如此，在农业经济学的教材建设上，还存在着一些问题，诸如对于农业经济学的对象、基本内容、结构等，还需要进行进一步认真而深入的探索，以便使之更加准确、充实、完善；应当进一步使得农业经济学能够成为更加丰富、严谨而济世的，理论与实际紧密相连的一门过硬的学科；使得农业经济学在整个涉农应用学科之林中，居于主导地位，并且在整个经济学科之林中，占有更加重要的、突出的一席。

本文试图在上述各方面略有前进。

一、农业经济学的对象

在农业经济学的教材建设中，首先要解决的问题是，农业经

* 原载 2011 年 8 月 30 日《中国改革论坛》。

济学的对象究竟是什么？然而农业经济学无非是经济学的一个分支，从而，为了探索农业经济学的对象，理应追根溯源地从一般经济学或理论经济学的对象的探索谈起。

仅从字面上的直接含义而言，可将经济学称之为“经邦济世”之学，而农业经济学则可仿照此途径而称之为“经农济业”之学。但是，对于经济学与农业经济学的这种表述，只是表浅的、说文解字性的，从而并非是实质性和学术性的。为了深入探索这一问题，就不得不从经济学术界所给出的关于经济学的种种界定的分析谈起。这样做从表面上看来是舍近求远，然而要追根溯源，却不得不为。

首先，让我们分析一下西方学者对于经济学的界定。根据笔者的概括，大体上有两种学说。其中之一为“稀缺资源配置”说，其主要代表人物为英国经济学家 L. C. 罗宾斯，他认为经济学是“一门研究目标同具有多种用途的资源之间的关系的科学。”[①] 还有大量的经济学家也持此种观点，例如美国经济学家 N. G. 曼昆认为“经济学研究社会如何管理自己的稀缺资源”[②]；等等。其中之二为“社会关系”说，其代表性的表述是：经济学是“研究人与人之间社会关系的较大科学的分支……它主要涉及人类活动的社会方面……从物质资料能够被交换的角度，研究满足人类愿望的物质资料的生产、占用和使用。”[③] 对于西方经济学者对于经济学的界定，笔者将其高度概括为两大流派，其一为“生产力运行”派，其二为“生产关系运行”派。其中最为通行的、占统治地位的是生产力运行派，也可称之为“稀缺资源配置”派。但是要特别注意，它绝对不是唯一的流派——而这一点是往往被人们严重忽略和误解的。有的中国经济学家撰写的经济

---

① 《新帕尔格雷夫经济学大词典》第 4 卷，第 223 页，经济科学出版社，1996。

② 《经济学原理》第 4 页，北京大学出版社，1999。

③ 《新帕尔格雷夫经济学大词典》第 2 卷，第 61 页，经济科学出版社，1996。

学教科书，也照抄西方经济学的一个流派，将经济学对象界定为“稀缺资源配置”，足见这一派别影响之深广！

在中国，经济学泰斗许涤新对于经济学的界定是：“经济学是研究人类社会发展阶段上的各种经济活动和各种相应的经济关系及其运行、发展规律的科学。”① 对这一观点加以梳理可以认为，经济学的研究对象是经济活动的运行规律和经济关系的运行规律；对这一观点加以高度概括则可认为：经济学的对象是经济规律。刘树成主编的《现代经济学词典》对经济学的界定是：经济学是“泛指研究人类各种社会生产和经济活动，研究社会生产力的发展及其规律，确定生产关系的产生、演变及其规律的学科。”② 简言之即经济学的研究对象是经济活动规律——生产力规律和生产关系规律。根据以上两种观点，可将“经济问题”的基本内容概括为两大部分：生产力经济问题、生产关系经济问题；也可将“经济活动”分解为“生产力运行”和“生产关系运行”两大方面。再进一步，可将经济学的对象概括和提升为：经济学是研究生产关系运行规律和生产力运行规律及两者相互关系的科学。如果在表达上加以大大简化则是：经济学是研究生产关系和生产力运行规律及其相互关系的学科。

在上述基础上，我们就能够重新认识对于“经济”和“经济学”的界定了：西方和中国经济学界对于经济和经济学所给出的界定，并非是水火不相容的——经过认真分析并高度概括之后，其内含无非包括两大方面，即生产力研究和生产关系研究，可谓殊途同归。只不过，在西方经济学中，并不习用这两个具有准确性、概括力的概念，从而使得其理论表述不能到位。不过，我们真正应当摒弃的，只是片面的“稀缺资源配置”论。

除此而外，对于“经济”这一概念，也有必要重新明确其全

① 《中国大百科全书·经济学Ⅰ》第1页，中国大百科全书出版社，1998。

② 刘树成主编：《现代经济学词典》，第63页，凤凰出版社，2005。

部内涵。根据以上所述的经济学的内涵，通过追根溯源即可认定“经济”的内涵即包括生产力运行、生产关系运行两大方面。而且，人们在日常生活和生产中所强调的“节约”，在习惯上往往也称之为“经济”，而经济学对此也有必要予以“承认”，即将人财物节约问题即经济效益问题，也作为经济学的重要组成部分。这样，经济学的构成便包括生产力运行、生产关系运行和讲求经济效益等“三大基本方面”。当然，关于经济效益问题，通常可不必单独列出，它可自然而然地隐含于“生产力运行”或“生产力组织”问题之中。

在明确了经济学的对象之后，作为经济学分支的农业经济学，其对象问题就迎刃而解了——农业经济学的基本对象无非是农业领域中的生产力和生产关系的运行。对此再进一步加以具体化，便可得出这样的结论：农业经济学的研究的基本对象是农业领域中的生产力的运行及其组织、生产关系的运行及其协调；而且还可进一步简化为：农业经济学的基本对象是农业生产力的组织和农业生产关系的协调。这一结论，是笔者在主编《社会主义农业经济管理问题》一书时就得出的。[①] 至于农业经济效益问题，则主要附属于农业生产力组织问题之中，但也在一定程度上涉及生产关系问题。从而，它并不是农业经济学的额外组成部分。

关于农业经济学对象的上述观点，在中国农业经济学学界中是占有一定位置的。例如，由朱道华、赵天福主编的《农业经济学》教科书就明确指出，农业经济学是关于“农业生产关系和农业生产力发展运动的规律及其实际应用的科学。”[②] 雷海章主编的《现代农业经济学》认为“现代农业经济学是研究现代农业经

---

① 在该书的第 1 页就指出“社会主义农业经济问题，研究的是社会主义农业中生产方式两个组成部分领域中的问题，是属于经济科学范畴的。”另可参见周诚著：《周诚自选集》，第 111～115 页，中国人民大学出版社，2007。

② 朱道华、赵天福主编：《社会主义农业经济学》，第 10 页，中国农业出版社，2000。

济运动规律的一门科学”，是“研究并阐明现代农业生产关系和生产力的发展运动规律及其应用的科学。”① 方天堃、陈仙林主编的《农业经济管理》一书认为：“农业经济管理学主要研究农业生产关系发展运动和农业中生产力诸要素的合理组织与开发利用的经济规律及其应用。”② 诸如此类的提法，是大同小异的。

当然，对于农业经济学的研究对象，也有不同的提法。例如，有一种提法是“农业经济学是研究（广义）农业过程的一门科学，主要研究农业发展过程中各种经济变量之间的关系”；认为其研究范围一般包括 5 个方面：“第一是资源分配和利用。……第二是农业生产经济和管理。……第三是农产品运销、加工和市场。……第四是食品消费。……第五是农产品国际贸易。”其任务是“通过揭示经济变量之间有规律的函数关系，帮助生产者、消费者或政府部门进行经济决策或制定政策。”③ 对于此种提法加以分析，不难发现其本质。所谓“各种经济变量之间的关系”，以及资源利用，农产品生产、加工、运销、消费以及国际贸易等，从本质上看，也无非是涉及生产关系和生产力两大方面。至于“研究农业过程”的提法，则是十分模糊的；所谓“农业过程”，确切地说应当是指农业生产力与生产关系的形成、运行与不断完善的全部过程。简言之，这种提法，归根到底还是可归纳为生产关系的运行和生产力的运行这两大方面。

二、农业经济学的基本内容

在明确了农业经济学的对象为农业生产力的组织和农业生产

① 雷海章主编：《现代农业经济学》，第 7 页，中国农业出版社，2003。

② 方天堃、陈仙林主编：《农业经济管理》，第 29 页，中国农业大学出版社，2005。

③ 谭向勇、辛贤主编：《农业经济学》（第 2 版），第 14～15 页，山西经济出版社，2005。

关系的调节这两大部分之后，进一步就要对其基本内容加以提炼。下面列出的 12 个题目，大体上可涵盖农业经济学的基本内容。现分别叙述如下：

1. 农业的基本产业特征及其应对。农业生产中的最基本的种植业部门，提供粮食、蔬菜、油料、果类等人类生存与发展最基本的、无可取代的必需品。它的基本的技术—经济特征是“自然再生产与经济再生产相交织”：农作物必须在大面积的土地上进行露天生产；生产周期长而且受到气象因素的严重制约；自然灾害严重而频仍；肥料、农药的流失普遍而且量大；等等。从而决定了农业是一个“高无效成本产业”（“无效成本”含自然灾害损失、农药与化肥流失、农机行走式作业的额外耗费、农机季节性闲置耗费等），而且是一种“高波动性产业”，并从而成为“弱势产业”。这就要求社会予以必要的援助、弥补，并决定了政府采取一系列支农、补农政策的必然性。这是非农社会维持本身的存在和发展，不得不付出的必要代价。这一切，可高度概括为“必须遵循‘农业先天性困境社会解救律’”。

2. 农业在国民经济中的地位和作用。农产品所具有的保障人的生存与发展所需要的最基本食物的特殊效能，使得农业部门成为整个国民经济其他各个部门存在和发展的基础。其中也包括随着农业劳动生产率的提高而出现的农业劳动力向非农部门的转移，即为后者的发展提供最基本的生产要素，以及随着农业的发展而为非农业提供“剩余土地”。强调充分发挥农业的基础作用，其核心内容是以粮食为主体的农产品供应能力的稳步提高，为一切非农部门的存在和发展，提供最基本的物质保障。从而，这就意味着要遵循“国民经济以农为基律”（即以农业为国民经济基础的规律）——这是整个国民经济存在与发展的一条带有根本性的客观规律。

3. 农业部门的“细胞”——农业生产基层单位经济。农户通常是农业的基本经济单位，在一定条件下还存在着非农户经济单位（如互助组、合作社、专业服务组织、农工商一体化组织等）。农业经济问题，包括生产力组织与生产关系调节问题，大量地存在于基层单位之中，这些是整个农业部门相关问题的基础。概略地说，可简化为“农户是农业部门的基础”（不过，这里的“农户”是“农业生产基层单位”的代词）。

4. 农业的根本物质基础经济——农用土地经济。土地是农业生产最基本的生产资料；土地经济问题包括资源经济（作为资源的土地，其数量、质量、利用方向、方式与方法，对于农业部门结构、布局、收益等的作用等）、财产经济（作为财产的土地的所有制、使用制、国家管理制等三个组成部分）和资产经济（作为资产的土地的地租、地价、地税等）三大方面。在中国农业经济中，保有足够数量的、具有一定质量的土地，以便保障农产品的最基本部分的自给自足，是农地问题的核心。

5. 农业劳动力经济。农业劳动力对于农业生产的重要性仅次于土地。劳动力经济问题包括劳动力合理利用、提高农业劳动生产率、对农业劳动力的合理付酬、剩余农业劳动力的转移与劳动行为的科学管理（即“行为科学”在农业中的应用）等等。在中国的农业中，现阶段最重要的问题是，在保证数量的前提下，提高农业劳动力的质量，以便全面提高农业劳动生产率（既包含劳动效率，更包含劳动力创造的实物量和新价值量），并且相应地提高农业劳动者及其抚养人口的收入水平。

6. 农业装备与科技经济。“农业装备经济”即“农业生产资料经济”是指除土地以外的、以生产工具为核心的全部生产资料的购置、使用、保管、维修、折旧、更新中的经济问题。如果再加上农业科技问题，也就是农业现代化的问题。现阶段中国农业需要的是“三化”：农业生产工具的逐步机械化——也称“实行农业机械化”；农田灌溉的维持和扩大——也称“实行农田水利化”；种子、肥料、农药的优化，以及从种到收的农田作业的优化——也称“农业生产科学化”。

7. 农业部门经济（即“农业内部产业经济”）。合理组织、利用农业内部的农林牧副渔各部门的土地、劳动力、生产工具、资金等等生产要素，以便使其产品的产量、质量能够符合市场需要，并使生产单位、劳动者至少能够取得社会平均利润，并且应当争取获得较高的“投资利润率”。

8. 农业地区经济。在不同的自然、经济条件的地区中，如何扬长避短，发展最适合的农业主导部门和辅助部门，形成最佳的地区农业产业结构，以便最大限度地满足市场的需要，并同时提高农业经营者的收益水平。

9. 农业金融经济。指土地、劳动力、生产工具与设备之外的货币资金的取得、流动与增值。其重点是自有资金的适度保有，借入资金的适时、适量到位及适时返还。其要点是政府供应足量、低息的农用借入资金，以便有效地支持“弱势产业”。

10. 农业市场经济。在社会主义市场经济中，除了土地以外，农业的生产资料几乎全部来自市场，农产品中除了自给部分以外，全部要投放到市场。然而，作为弱势产业的农业，要想在市场经济中站住脚，又不可能完全被动地听命于市场，而不可不在相当大的程度上倚赖政府在市场之外的必要而有效的扶持。

11. 农业的价值形态再生产。在这里，完全从货币形态上来综合考察地区、基层单位中农业再生产结果的盈亏状况，以期探明盈亏的原因，探索扭亏为盈、增加赢利的途径。这就意味着持续实现并持续扩大农业的价值形态再生产。

12. 农业的政府管理。在市场经济中，市场本身不可避免地具有盲目性、滞后性，如果仅仅倚靠市场的“无形之手”而进行农业生产的调节，便很难避免生产的盲目性；从而，以“有形之手”对于“无形之手”给予密切调剂、配合，便至关重要。特别是，农业的弱势地位，更需要“有形之手”的特别而有力的扶持。

农业经济领域中的生产力组织与生产关系协调两大问题，都体现在上述 12 部分之中。其中，有些是属于或主要是属于生产力问题（如农业基本特征、农业技术装备经济、农业产业经济等问题）；有些则是或主要是属于生产关系问题（如农业市场、农业金融、农业的政府管理等问题）；有些则是两者兼而有之（如正确对待农业在国民经济中的地位、正确安排农业价值形态再生产等问题）。

三、农业经济学教科书的结构

探讨这一问题，不妨从分析几类有代表性的农业经济学教科书结构谈起。

第一类是宣布其对象为生产力与生产关系的著作，仅举几本书作为例子。

1985 年出版、周诚主编的《社会主义农业经济管理问题》，划分为 6 个部分：①农业经济结构（含各种所有制的基层经济组织，可视为“基层生产关系问题”）；②经济管理总论（含农业管理体制、农业计划等，可视为“宏观农业生产关系问题”）；③生产力基本要素；④部门经济与地区经济（可视为生产力问题与生产关系问题的结合）；⑤商品经济；⑥价值形态再生产。对以上加以综合，可概括为三大部分：①生产力组织；②生产关系调节；③价值形态再生产（对不断循环的再生产的价值形态分析，综合反映生产力组织与生产关系调节的结果）。

朱道华主编的《农业经济学》（第 4 版，2006），除了《导论》和《农业与农业外部经济》两部分以外，将核心部分划分为《农业生产力》《农业生产关系》两大部分。这是最直接、最明确地将农业经济学教科书的基本部分划分为生产力和生产关系两大部分的创举，值得予以高度重视。雷海章主编的《现代农业经济学》(2003)，除了绪论外，划分为四篇。其中除了“农业生产要素”篇明显属于生产力组织，“市场”篇明显属于生产关系调节

以外，“产业组织与管理”、“农业开发与发展”等两篇，则是两者结合的。方天堃等主编的《农业经济管理》（2005）一书的脉络相当清楚，大体上前面的小半部主要为生产关系问题（含“农业经济的微观组织”“农产品市场体系”“农产品物流管理”“农业宏观调控”等），后面的大半部则主要为生产力问题（含“农业产业结构与布局”“农业经营预测”“农业经营决策”“农业生产要素组合与管理”“农业投资项目评估”“农业经济核算”“农业生产技术经济效果评价”“农业现代化”“农业可持续发展”等）。

第二类是未宣布其对象为生产力与生产关系的。在这里，商务印书馆于1987年出版的W. W. 威尔科克斯等著的《美国农业经济学》一书，可作为一本有代表性的著作。尽管原书出版于1974年，显得很“苍老”，但是抛开其具体内容而仅仅考察其结构却是无妨的。其第一编为“农产品生产”，第五编为“农业的人力、物力、财力”，大体上可划入“生产力组织”的范围；其余各编大体为农产品销售、价格及相应的政策，大体上可划入“生产关系”的范围内。

由以上所述可见，无论作者是否有意识地将农业经济学划分为生产力和生产关系两大部分，但是按照其客观内容，总是能够分解出这两大部分的。而在今后编写农业经济学教科书时，为了明确结构，以便于读者理解和掌握，在前言或后记中明确指出各个篇章的性质，是有必要的。不过，将整个教科书简单地、绝对地区分为“生产力编”和“生产关系编”两大部分，固然泾渭分明，但由于两者在一定程度上互相关联、互相渗透，从而却略嫌呆板而并非上策。当然，如果在具体内容的论述上能够避免简单化，则也未尝不可。

根据上述精神，除了绪论部分（含农业经济学的对象与任务、农业产业的基本技术—经济特征、农业在国民经济中的地位和作用等）之外，笔者将农业经济学基本内容划分为以下八个部分，形成“八大部件”体系：①农业基层单位经济（含农户、农场、合作组织、农工商一体化组织、服务性组织经济等）；②农业生产基本要素经济（含农用土地经济、农业劳动经济、水利经济、农业技术装备经济与农业科技经济等）；③农业部门经济（农林牧副渔及辅助部门经济）；④农业地区经济；⑤农业金融经济；⑥农业市场经济（含国内外市场）；⑦农业的政府管理；⑧农业的价值形态再生产。

大体而言，其中第一部分为综合性部分，第二、三、四部分基本上属于生产力经济部分，其余的则大体上属于生产关系经济部分。而且，就最基本的内含而言，这一体系中的八大部分，对于农业经济学来说基本上是符合必不可缺、无可替代、无法合并、囊括无余的“分类并列基本原则”的，从而意味着将农业经济学划分为上述八大部分已经是难以精简和难以增添的。当然，社会科学不同于自然科学，它在具体研究对象和教科书编章节的划分上往往因人而异、宽严不一，这就使得一门学科所被划分成的编章节，在不同的作者与著作之间，往往相差甚大。但是，这一点并不会推翻本文对于农业经济学问题的内容所进行的高度概括而形成的“八大部件”体系。换言之，无论现实生活中的农业经济学教科书的具体编章节多么纷繁复杂，但经过分解、合并之后，大体上都能够形成为上述八大部分。例如，一般农业经济学教科书中的“农业与国民经济”“农业生产力经济”等，属于本体系的绪论部分；“农业集约经营”、“农业科技进步”，属于第二部分；“农业产业结构”属于第三部分；“农业生产专门化”属于第四部分；“农业与世界经济”属于第六部分；“农业的宏观调控”属于第七部分；等等。而本体系中的“农业价值形态再生产”部分，则围绕农业的“增产增收”问题，针对农业再生产的种种特点，将成本、价格、盈亏、政府补偿、农民收入等等相关问题结合起来，进行综合分析，从而在一定程度上成为整个农业经济学教科书的“焦点”。这意味着，国民经济与基层单位中的农业经济问题，最终应当是：在以农产品满足社会需要的同时，实现持续不断的价值形态的扩大再生产。

除此而外，中国农业经济学教材借鉴国外同行的成果，也是极其重要的。笔者虽然组织翻译过一本《美国农业经济学》问世，但是还远远谈不上系统地进行借鉴的问题。此外，类似的译著也不乏其例，但需要的是进行系统的比较、分析和借鉴。中国人民大学刘运梓教授的《比较农业经济学》（中国农业出版社，2006）一书的分篇如下：人口、经济、收入同实物供求与农业；农业生产组织；农业发展与技术的进步和变革；工业与农业的关系；政府、市场与农业。日本农业经济学家速水佑次郎等的《农业经济论》的分章主要为：现代世界农业问题；粮食问题的理论；农业调整问题的理论；农业增长与粮食问题的解决；经济发展与农业问题的转换；发达国家阶段的农业保护；价格政策的失败；农业结构改革的挫折；日本农业政策的课题。

主要参考文献

［日］秋野正胜等：《现代农业经济学》，农业出版社，1981.

周诚主编：《社会主义农业经济管理问题》，农业出版社，1985.

［美］W. W. 威尔科克斯：《美国农业经济学》，商务印书馆，1987.

［美］H. G. 哈尔克劳：《美国农业经济学》，农业出版社，1987（周诚等译）.

周诚等主编：《我国社会主义农业与农村经济的若干问题》，中国农业经济学会农业经济基础理论研究会等编，1991.

朱道华等主编：《社会主义农业经济学》，中国农业出版社，2000.

周诚：《农业经济研究》，中国人民大学农业经济系印行，2000.

A. J. 雷纳等主编：《农业经济学前沿问题》，中国税务出版社，2000.

丁泽霁：《农业经济基本理论探索》，中国农业出版社，2002.

雷海章主编：《现代农业经济学》，中国农业出版社，2003.

速水佑次郎等著：《农业经济论（新版）》，中国农业出版社，2003.

方天堃等主编：《农业经济管理》，中国农业大学出版社，2005.
谭向勇等主编：《农业经济学》，山西经济出版社，2005.
周诚：《农业经济》（《周诚自选集》第三部分），中国人民大学出版社，2007.
周诚：《正确认识中国农业经济基本问题》，《中国经济时报》（2008 年 4 月 29 日），

三、涉农九大规律

正确认识和遵循“国民经济以农为基律”*

“国民经济以农为基律”即“发展国民经济以农业作为基础的规律”的简称。本文采用这一动令式提法以替换过去的“农业是国民经济的基础”的描述性提法，使得其含义更加明确。其三大要点如下：

第一，在发展国民经济的指导思想上，要摆正农业的基础地位。农产品是人类的食品之源，农业部门是人类最基本的生活资料的提供者，从而是人类社会存在的基础；农业部门又是国民经济其他产业部门赖以出现、独立并进一步发展的基础，从而农业是人类社会日益繁荣昌盛的基础。

第二，要正确认识农业部门与非农业农业部门之间的并存共荣的辩证关系——农业部门受到耕地有限性、经营季节性、土地报酬递减性、自然灾害严重性等等的严重制约，价值形态扩大再生产困难重重，只有得到非农部门的全面、持续解救方能维持并发挥其作为国民经济基础的作用。

第三，作为农业经营者的农民，是使得农业得以发挥基础作用的社会群体。从而，全社会都应关注农民生产和生活条件的不

---

* 参阅吕亚荣、周诚：《论农业是国民经济的基础》，载《学理论》，2009 年 7 月下；周诚：《正确认识和遵循“国民经济以农为基律”》，2010 年 5 月 12 日《中国经济时报》第 5 版。本文是在上二文基础上改写而成的。

断改善，以至最终消灭工农、城乡之间的本质差别。

一、引言——对于国民经济产业结构的分析

这里所说的“国民经济”是宏观、总体层次上的，即整个国家经济。对于国民经济，可按多种标准划分其结构，如产业结构、部门结构、地区结构、技术结构等等。与本题有关的是农业在国民经济产业结构中的位置。

首先需要明确的是，农业在国民经济各个层次的产业中属于第一产业。按照现代产业部门划分的理论，整个国民经济可划分为三个层次，即第一次产业、第二次产业和第三次产业，并可分别简称为第一产业、第二产业和第三产业。通常，其中第一产业指农业（按照澳大利亚和新西兰的分类标准，包括采矿业），第二产业指制造业，第三产业指服务业。[①] 中国自 1985 年起实行三次产业划分，其中第一产业包括农业（含农、林、牧、渔各业）；第二产业包括工业（也含采掘业）和建筑业；第三产业包括流通部门（如交通运输、邮电通讯、商业餐饮、物流仓储等）、生产与生活服务部门（如金融、保险、房地产、公用事业等）、科技文化部门（如教育、科研、广电、医卫、文体等）、公共管理部门（如政府、军警等）。

由产业层次的划分引出来的问题是，不同层次产业之间存在着怎样的本质性联系？概略而言，由第一产业至第三产业，上级产业是下级产业的基础，即农业是制造业和服务业的基础，而服务业则是以农业和制造业为基础而派生并为农业和制造业服务的产业；换言之，如果没有农业，就谈不到制造业和服务业，没有农业和制造业也就谈不到服务业。进一步，我们还能够从中推论

① 参见刘树成主编《现代经济词典》的《克拉克产业分类法》《第一产业》《第二产业》《第三产业》条，凤凰出版社，2005。

出一个最基本的道理——农业是国民经济其他一切产业的基础，简言之即农业是国民经济的基础。

为了更进一步深入地说明这一问题，还必须对于“基础产业”这一通用概念加以推敲。通常认为，基础产业是指“对国民经济和社会发展具有承载作用的产业。它包括能源工业、原材料工业、燃料动力、交通运输以及电力工业等。这些产业为人类生活、生产和建设提供基本的原料、燃料、动力和交通运输、通信等基础设施。……在一定的经济、技术条件下，经济、社会发展的规模必须与基础产业的发展相适应。如不注意基础产业的发展，只求其他产业的迅速发展，容易引起产业结构失调而使基础产业成为瓶颈部门。”[①] 一般而言，这些论述当然是正确的。然而，如果对此加以进一步深入推敲就会发现，此种观点是有重大漏洞的——显而易见的是，农业产业必然是“对国民经济和社会发展具有承载作用的产业”，而且是居于一切产业首位的，从而在界定“基础产业”时，完全无视农业，是不可思议的。由此可推导出一个具有基本原理性的命题是：农业是国民经济的基础。

二、对“国民经济以农为基律”的论证

上文提出了“农业是国民经济的基础”这一命题，下面从三个方面对于这一命题加以深入论述：

首先，农业是人类的食品之源、生存之本，是人类社会存在和发展的基础。农业之所以是人类社会的基础，是由于人类要存在和发展，首先要获得最基本的生活资料，而生活资料中首要的就是食物。“食物的生产是直接生产者的生存和一切生产的首要条件。”“农业劳动是其他一切劳动得以独立存在的自

① 刘树成主编：《现代经济词典》，第474页。凤凰出版社，2005。

然基础和前提。”[①] 人类的基本食物可区分为植物性和动物性两大类，其中动物性食物，归根到底是动物通过食用植物性食物而取得的，从而人类的食物归根到底是来源于植物。人类的食物，除了在早期是通过采集野生植物和狩猎、捕捞而取得以外，在其后便演变为主要通过经营种植业（农业的核心和主导部门）、畜牧业以及渔业而取得；在牧区，除了在原始畜牧业期间是完全依靠纯天然草原之外，其后草原也在不同程度上渗入了人类的劳动，使得草原的经营逐步成为种植业的组成部分；在渔区，渔民除了以水产品作为食物外，为了满足人们对于多种营养的需要以及调剂口味，粮食、蔬菜等等植物性产品也是必不可缺的，而后两者必须仰赖于种植业。种植业的最基本的特征是，人工栽培绿色植物吸收水分和矿物质，通过光合作用利用太阳能，形成碳水化合物（淀粉、纤维素、葡萄糖）、蛋白质、脂肪、维生素等人类生长、发育所必不可缺的营养要素。由于种植业是农业的核心和主导部门，从而，以种植业作为农业的代表，以种植业的基本特征作为农业的基本特征，都是顺理成章的。

只要人们还不能通过人工合成的途径取得上述营养要素并且在外观、口感等方面与天然产品相匹敌，那么，通过栽培绿色植物、利用太阳能而生产农产品以满足是人类存在和发展的最基本的物质需要的这一格局，就不会改变。这就意味着，农产品的特殊使用价值，使得它与其他部门的产品相比较，具有绝对不可替代的垄断性。

以上论述可合乎逻辑地转化为农业是人类社会存在和发展的客观经济基础。这一论断是具有普遍适用性的，即从原始社会、奴隶社会、封建社会、资本主义社会、社会主义社会直到将来的

---

① 《马克思恩格斯全集》第 25 卷，第 715 页。马克思：《剩余价值理论》第一册，第 28～29 页。人民出版社，1957。

共产主义社会，都不可避免地以农业作为人类社会存在和发展的客观基础。

确切地说，“农业是人类社会存在和发展的基础”这一命题，并不包含于“农业是国民经济的基础”这一命题的外延之中。但是，为了要把后者阐述清楚，就不得不从涵盖面更广的前者说起。

其次，农业是国民经济其他部门赖以独立的基础。或者说，农业生产率的提高，是实行社会分工的基础。在生产力水平极其低下的人类社会早期出现的农业生产，曾经是唯一的生产部门。随着种植业部门生产力的提高而产生了剩余产品，使得人们从事种植业以外的生产活动成为可能，于是畜牧业、手工业、商业等部门逐步从种植业中分离出来而形成了独立的部门。正如马克思所说：“农业劳动不仅对于农业领域本身的剩余劳动来说是自然基础，……而且对于其他一切劳动部门之变为独立劳动部门，从而对于这些部门中创造的剩余价值来说，也是自然基础。”① “超越劳动者个人需要的农业劳动生产率，是一切社会的基础”。② 这是马克思对于农业是国民经济的基础这一命题所作的最深刻的概括。这意味着，农业以外的一切事业的存在，归根到底要取决于农业劳动生产率的提高而能够提供一定数量的“剩余农产品”。

第三，农业是国民经济其他部门进一步发展的基础，而且也是社会日益繁荣昌盛的基础。从农业部门独立出来的部门，以及随后陆续出现的新的部门，其经济活动的规模及从业人员的规模，归根到底要取决于农业部门所提供的剩余产品的数量；而且，一切辅助生产部门（如科研部门等等）和非生产部门（如政府部门等等）人员的规模，也要受到同样的限制。正如马克思所

---

① 《马克思恩格斯全集》第26卷Ⅰ，第22页。

② 《马克思恩格斯全集》第25卷，第885页。

说："从事加工业等等而完全脱离农业的工人的数目，取决于农业劳动者所生产的超过自己消费的农产品数量。"① "社会为生产小麦、牲畜等等所需要的时间越少，它所赢得的从事其他生产，物质的或精神的生产的时间就越多。"② 随着农业劳动生产率的不断提高，从事农业的劳动者逐渐减少，直至到最低限度，而从事非农业的劳动者则日益增加，国民经济的其他部门日益繁荣昌盛，而且人们的休闲时间日益增加。从而我们可以说，全社会物质文明与精神文明伴随着农业劳动生产率的提高而相应提高，是经济—社会发展的一条重要规律。

三、对"国民经济以农为基律"的遵循

既然"农业是国民经济的基础"是一条客观规律，那么在国民经济管理的实践中，就应当切实加以遵循，即严格按照客观经济规律办事。对此，可从以下几个方面予以展开：

第一，在发展经济的指导思想中，摆正农业的地位。即在指导思想上，把农业放在国民经济发展前提的位置上，其他一切部门的发展，都要以农业的发展状况为依据。这种指导思想，要体现在国民经济发展的战略上，要体现在国民经济发展计划中，要体现在政府的相关政策和措施之中。

第二，在经济增长速度上体现农业是国民经济的基础地位。着重是，在安排农业与非农业两大部门的增长速度上，必须考虑农业增长速度能够在何种程度上保障非农业部门取得相应的增长速度；特别是，要以农业的增长速度为基础安排工业的增长速度，使二者保持恰当的比例。那种首先确定工业的增长速度，然

① （《马克思恩格斯全集》第22卷，第92页。

② 马克思：《1857—1858年经济学手稿之一》，《马克思恩格斯全集》第46卷上册，第120页。

后以此为依据确定农业的增长速度的做法，是本末倒置的，是完全脱离实际的。

第三，要通过对农业保证足够的政府投资量来保障农业提供足够的剩余产品以支持工业和整个国民经济的发展。对农业的投入包括两大块，其一是基层农业经营单位的投入，其二是各级政府的投入。前者固然重要，但后者往往用之于加强与改善农业基础设施，防治自然灾害，改善农业生产技术措施等等，从而对于农业的增产增收具有极其重要的作用，而且对于农业提供剩余产品以支持工业和整个国民经济的发展，具有相应的作用。

四、正确认识农业对国民经济的“正常贡献”

在上文中从定性的角度阐述了农业在整个国民经济中所处的基础地位。在本部分中则要在上述基础上具体陈述农业对于整个国民经济及其相关部门的贡献。农业对于国民经济发展的贡献，有正常与非正常之分。其“四大正常贡献”包括产品贡献、要素贡献、市场贡献和外汇贡献。[①] 对此，应当进行深刻分析并给予正确认识：

1. 产品贡献——农业对于国民经济的发展提供必不可缺的农产品。农业为城乡居民提供以粮食为代表的多种多样的食品以保障劳动力的维持和再生产，从而保障整个国民经济的发展，这一点已经无需赘述。考察这一问题的另一角度是，农产品在增加国民生产总值中所具有的作用，其最恰当的指标为“农业对于国

① 参阅张培刚：《农业与工业化》英文本，哈佛大学出版社，1949；张培刚主编：《发展经济学教程》第536～539页，经济科学出版社，2001。

民经济增长的贡献率”。①

2. 要素贡献——农业为国民经济发展提供土地、劳动力和资金三大生产要素。土地首先是农业生产必不可缺的基本生产资料，同时也是非农部门必不可缺的生产资料。除了利用荒地和位置、质量很差难以用于农业的土地外，非农部门的发展所需要的新增土地，只能来自于农业生产率的提高而提供的富余土地。当然，农业向非农部门提供富余土地，在完全的市场经济中，基本上是遵循市场供求规律自发地进行的，政府的调节仅具有辅助作用；在中国的社会主义市场经济中，则完全是通过政府的严格管制而进行的。在人多地少、粮食生产至关紧要的条件下，政府的严控是完全必要的。从另一个角度考虑，如果非农部门企图让农业部门额外贡献土地，那是不现实的。

农业为非农部门提供劳动力，是其“要素贡献”中的核心部分，是农业发挥其推动国民经济发展作用的最强有力的部分。如果没有农业劳动力不断地支援非农部门，后者的发展是不可设想的。改革开放以来，随着农业劳动生产率的不断显著提高，农村劳动力不断输入到城镇的一切非农业部门，大大地推动了后者的发展，已是有目共睹的。

农业劳动力进入非农部门，是农业劳动生产率提高的结果，是农业逐渐走向现代化的结果，也是非农部门支援农业部门的结果。当然，尽管劳动力对于城乡的发展都至关紧要，但是这并不意味着劳动力多多益善——超越于城乡物质生产承受与需要的劳动力自然供应，所带来的必然是就业岗位的不足和消费资料的不足。

农业部门为非农业部门的发展提供资金，也是其对国民经济

① “农业对于国民经济增长的贡献率”的表达式为：$G=Ga\cdot Wa+Gn\cdot Wn$。式中：G 表示国民经济增长速度；Ga 表示农业增长速度；Wa 表示国民经济总产值中农业所占份额；Gn 表示非农业增长速度；Wn 表示国民经济总产值中非农业所占份额；Ga · Wa 表示国民经济增长中来自农业的百分点，除以国民经济增长速度（G）则可得农业对国民经济增长的贡献率（$\delta\alpha$），$\delta\alpha=Ga\cdot Wa/G$。

发展所能够作出的重要贡献。农业为非农业部门提供资金的具体形式主要有三。其一是纳税，即通过交纳农业税的形式，直接向政府提供资金，然后再通过再分配的形式部分地投入非农部门。其二是工农产品价格“剪刀差”，即在工农业产品交换中，工业产品价格高于其价值、农产品价格低于其价值所造成的差额，这一差额在客观上也造成了农业部门对于非农部门的发展提供资金。其三是农村储蓄资金流向比较利益高的非农部门，向后者提供了信贷资金。

对于农业部门向非农部门贡献资金，要进行科学的分析。这几个方面的贡献的确是客观存在的，但是从根本原则上来看却都是不合理的。首先就纳税而言。本来农村居民的平均收入已经大大低于城镇居民，按照税收的横向公平的原则，绝大部分农民应当属于免税群体。在这种情况下，强制地令其向非农部门做贡献，是极其不公平的。其次就工农产品剪刀差而言，可区分为两种情况加以分析。其一是在自由市场上，由于个体农民在竞争中居于劣势地位，从而不得不接受不公平的价格，即被迫向非农部门贡献资金。其二是在国家统一收购农产品的条件下，农民被迫接受国家制定的低价，也是受到了极其不公正的待遇。最后就农村储蓄资金流向非农部门而言。尽管此种现象的发生是不可避免的，但是在客观上却是极其不公平的，而且按理说应当由国家通过向农村提供低息乃至无息贷款而予以弥补。总之，问题的核心在于，我们不应当把农业部门不得不接受的、不合理的贡献，仅仅加以客观叙述，似乎是理所当然的，而是应当从经济学的理论上阐明其本质上的不合理性，还事物以真面目，而且应当力争得以弥补。

3. 市场贡献——农业通过市场吸收工业品并向市场提供农产品。农业是工业品的巨大市场。它吸收大量由工业提供的生产资料，尤其是随着农业现代化的进展，对于现代化生产资料的需求与日俱增，而且随着农民收入的不断增加，相应地对于工业品的需求也日益增加。这样，农业就为工业的发展，提供了销售产品、收回成本并取得赢利的条件，从而使得工业的简单再生产、扩大再生产得以不断地实现，这就是农业对于工业发展作出的巨大的“市场贡献。”

4. 外汇贡献——出口农产品为发展国民经济赚取外汇。国民经济建设需要外汇，而要取得外汇除了依靠借款之外，最主要的是要依靠出口来换取。对于发展中国家来说，最具有现实意义的非农产品出口莫属。尽管国内的农产品供应往往并不算宽裕，但是为了换取珍贵的外汇，往往千方百计地挖潜也要挤出一部分农产品出口，以应急需。中国的情况正是这样——在 20 世纪 50、60 年代，往往在力求满足国内普通农产品需求的同时，将对国内并非急需的优质大米、水果、山珍海味、名贵药材、畜产品（含肉类、皮毛等）、水产品、丝织品等等用于出口换取外汇，并取得了满意的成绩，成为获取外汇的最主要的源泉。即使是在现阶段，中国出口换汇的“主角”早已由农产品转换为工业品，但是农产品出口换汇，也还是不可忽视的一个项目。

综观农业对于国民经济发展在以上四个方面所作出的巨大贡献，从实质上来看可归纳为实物形态贡献和价值形态贡献这两大类。其中，农产品、土地、劳动力三要素面的贡献都属实物贡献，而资金、市场、外汇三要素方面的贡献则属价值贡献。而且，在多种贡献中，一般都是具有双向性、互惠性的，即农业作为一方而以国民经济其余部分作为一方，两者从“贡献”与“受惠”的角度来看，是互为对象的，从而体现了国民经济的整体性和各个部门之间的紧密关联性。

五、彻底摈弃农业对国民经济的“非正常贡献”

除了“正常贡献”之外，还有“非正常贡献”不能不予以特别关注。这一“贡献”即“资金贡献”——农业部门为非农业部门的发展提供资金。其一是纳税，即通过交纳农业税等形式，直接向政府提供资金，然后投入非农部门。其二是工农产品价格“剪刀差”，即在工农业产品交换中，工业产品价格高于其价值而农产品价格低于其价值所造成的差额。其三是农村储蓄资金流向比较利益高的非农地区和部门。

这几项“资金贡献”，从根本原则上来看都是非正常的。首先就纳税而言。本来农村居民的平均收入已经大大低于城镇居民，按照税收“横向公平”的原则，绝大部分农民应当归属于免税群体，从而强令其向国家做“纳税贡献”，就是极其不公平的。其次，就工农产品剪刀差而言，无论是在自由市场上还是在国家收购农产品时，农民被迫接受农产品的相对低价，而在购买工业品时付出相对高价，都是遭受到了极其不公正的待遇。最后，农村储蓄资金流向非农部门，尽管是不可避免的，但却是极其不公平的。简言之，问题的核心在于，应当从经济学的理原上阐明其本质上的不合理性，而且予以认真纠正、弥补。

有一种观点认为，农业“具有提供‘净产品’（社会财富的源泉）的功能，农业的剩余是非农业发展的前提；是保证和支持国民经济正常运行和稳定发展的基础。”[①] 这种观点显然是错误的，是18世纪流行于法国的一个古典经济学派——重农学派观点的翻版。重农学派认为，农业这一物质生产部门是收入和财富的唯一来源，是剩余产品的唯一来源；只有投入农业中的劳动力和资本才能够生产出超过生产过程中所耗费的原材料的“净产品”，从而增加社会财富。[②] 但是实际上。一切物质生产部门、服务部门，都会提供“净产品”——剩余产品。马克思曾经肯定

① 农业部软科学委员会编：《中国农业和农村经济规律性问题研究》第9页。中国农业出版社，1998。

② 《马克思恩格斯全集》第25卷，第885页。北京，人民出版社，1975。

重农学派的一个观点，其原话是："重农学派正确地认为，一切剩余价值的生产，从而一切资本的发展，按其自然基础来说，实际上都是建立在农业劳动生产率的基础上的……超过劳动者个人需要的农业劳动生产率，是一切社会的基础……。资本主义生产，使社会中一个日益增大的部分，脱离直接生活资料的生产……使他们可以在别的部门任人剥削。"① 马克思在这里强调的是农业劳动生产率的重要性，而且对于重农学派的肯定，也只是在这个意义上的。我们在强调农业的重要作用时，切不可片面夸大农业的作用，否则会导致片面追求农业部门向非农部门提供"资金贡献"，从而坑害了农业部门。

农业部门在资金方面持续向社会做出种种"贡献"，是农民的财产权利未受到应有尊重的结果。但是这并不是某个人或某个政府的缺失，而是整个社会还没有成熟到能够自觉地认识到此种经济关系在理论上的不合理性并起而纠正的地步。然而，当历史与理论都已明确昭示此种"进贡"的非理性、非道义的时候，那么，对于此种取之于农、悖之于理的历史性缺憾从理论上予以彻底澄清，而且在政策上予以彻底弥补，就是不言而喻的了。现在，中国政府不仅已经完全彻底地取消了农业税、农林副产品税，而且还通过多种形式惠农、补农，这些都是社会日益进步的必然结果。

结　束　语

"农业是国民经济的基础"与"农业对国民经济的贡献"，尽管具有密切关系，但两者决非简单重合的同一个命题。随着国民经济的发展，农业的产值在整个国民经济中的比重会逐步下降，

① 参见鲁友章、李宗正主编：《经济学说史》，第122～136页。人民出版社，1979。

农业的具体贡献额也会有所缩减，但是这绝不意味着农业在整个国民经济中的基础地位的动摇。换言之，农业是国民经济的基础是一个整体性的定性规律，不因具体贡献量而转移。而且，需要彻底摒弃的是把农业为工业提供积累误以为“农业是国民经济的基础”的表现形式。从而，在论述农业是国民经济的基础这一规律时，需要防止的是把农业为工业提供积累作为农业是国民经济的基础的一种表现，否则等于为工农业之间进行不等价交换进行辩护。归根到底，农业是国民经济基础的理论，与农业对国民经济进行贡献的理论，是相互平行的，是不能相互取代或合二为一的。

主要参考文献

全国十三所综合性大学《中国农业经济学》编写组：《中国农业经济学》第1章，辽宁人民出版社，1984.

农业部软科学委员会编：《中国农业和农村经济规律问题研究》，中国农业出版社，1998.

张培刚主编：《发展经济学教程》第16章，经济科学出版社，2001.

丁泽霁：《农业经济学基本理论探索》第3章，中国农业出版社，2002.

张培刚：《农业与工业化（中下合卷）：农业国工业化问题再论》第3章，华中科技大学出版社，2002.

刘运梓：《比较农业经济概论》第4篇，中国农业出版社，2006.

朱道华主编：《农业经济学》第14章，中国农业出版社，2006.

论城乡统筹发展律*

前言——从经济学规律角度来探讨城乡统筹发展问题

2010年中央1号文件，把加大统筹城乡发展力度作为重要主题予以强调，并提出了新的要求。这对于进一步促进工业化和农业现代化，推进农村城镇化和农民市民化，简言之即强化城乡建设的协调并提高其内在质量，具有划时代的战略意义。对于这一问题，阐述者不乏其人，笔者受益匪浅。拙文力求在诸家之说的基础上有所创新，不落俗套，否则大可不必多此一文。从而，从根本上考虑，笔者在本文中提供读者探讨的核心内容是：城乡统筹发展律。这一规律应是经济学规律大家族中新的一员。从规律的高度来论述这一问题，其应有的特点是更加准确无误，更加深刻透彻，而且更加具有促进力。下面的论述层层深入，由远及近地逐步接近“城乡统筹发展律”。

从简述“国民经济以农为基律”开始

“城乡统筹发展律”是“涉农经济规律”之一，而“涉农经济规律”又首推“国民经济以农为基律”，从而不得不从简述这一规律谈起。其要点是：第一，在发展国民经济的指导思想上，摆正农业的基础地位。农业是人类最基本的生活资料的提供者，农产品是人类的食品之源，从而是人类社会存在的基础；农业部

---

* 发表于《中国乡村发现网》，2011年11月3日。

门又是国民经济其他产业部门赖以出现、独立并进一步发展的最基本的物质基础，从而农业便是整个人类社会日益繁荣昌盛的最基本的物质基础。第二，要正确认识农业部门与非农业部门之间的并存共荣的辩证关系——农业部门受到耕地有限性、经营季节性、土地报酬递减性、自然灾害严重性等等特点的严重制约，其价值形态扩大再生产困难重重，只有得到非农部门的全面、持续解救方能维持并发挥其作为国民经济基础的作用。

由以上简述可知，遵循“城乡统筹发展律”的大前提是遵循“国民经济以农为基律”。而且，通过进一步分析可知，在遵循“城乡统筹发展律”中，要摆正农业的位置，要明确农业受助的必然性。

继而涉及“全新重农主义论”

以上所述，就其基本内容而言，所涉及的主要的是农业部门经济问题，从而农村经济、农民经济就成为空白点了。然而，“三农”的三个组成部分是紧密相连和相互制约、互相促进的，这就要求在谈论涉农问题时，在足够的程度上论及农村经济和农民经济问题。从而，本部分的基本任务就是试图在论述的体系上初步弥补这一空白。所谓“全新重农主义论”即全面涉及并重视“三农”——农业、农村、农民——问题的崭新的重农主义理论。

如果单纯从地域的角度来看，整个国民经济可划分为“城市经济”（即“城市地区经济”）和“农村经济”（即“农村地区经济”）两大板块。在两者共同发展的前提下，后者的基本目标必然是通过更快的发展，使得在可以预见而并非遥不可及的将来，农业经济基本赶上工业经济，农民经济基本赶上市民经济，农村经济基本赶上城市经济，这也正是全新重农主义的基本内含和目标。

再进一步看，其内含可划分为两大方面。其一是生产与收入方面，包括在持续遵循农业先天性困境社会解救律等经济规律并且持续大大提高农业生产效率的条件下，使得以价值形态（具体化为货币形态）表现的农业劳动生产率基本上与工业持平；农民人均以货币表现的收入基本上与市民持平。其二是社会方面，包括农村社会保障制度（含“社会救助”“社会保险”“社会福利”等三大基本方面）与城市基本上相当；农村的“村容村貌”——含居住（面积、质量等）、供水（方便、卫生的饮水）、供电（经济、安全的电力）、供气（安全、清洁的燃气）、道路（以雨雪基本无阻的柏油路、水泥路替代原始、落后的土路、碎石路等）、公交、电讯、卫生、绿化、消防等——与城市基本接近；农民的文化与科技知识的一般水平大体上与市民一致。至于农村居民在医疗、教育、文化等等方面享有与市民基本相同的待遇，也是题中应有之义。

总括而言，贯彻“全新重农主义论”的基本内含和追求的基本目标，就是全面地、认真地“建设社会主义新农村”，全面基本消灭工农差别和城乡差别。换言之，全面贯彻“全新重农主义论”与认真“建设社会主义新农村”，归根到底在基本理论和基本内含上是同一的。当然，从这一角度所说的经济—社会目标，还是中国特色社会主义建设的题中应有之义；尽管目标宏伟、期望值高、工程浩大，但是实现这一目标还并不意味着进入共产主义社会——这是更加艰巨而长远的目标和任务。

“全新重农主义论”的进一步升华
——遵循“城乡统筹发展律”

将“新重农主义”和“全新重农主义”的基本内涵进行进一步升华，本文称之为遵循“农村发达状况与城市发达状况趋同律”，或简称为“乡城统筹发展律”（即“城乡发达趋同律”）。这意味着，贯彻“全新重农主义论”、全面进行社会主义新农村建设，归根结底是一个加快农村发展，使之彻底改变落后面貌，最终达到农村发达水平与城市发达水平基本持平地步的过程。在这一过程中，国家、城市从资金、物资、装备、科技、管理、人才等等方面对于农村进行持续、有力的支持，是必不可缺的保障；保持一定面积的农用的土地并持续提高土地生产力是重中之重的环节，千万不可企图向“农村脱农”（例如“卖地富农”等等）的邪路上发展；逐步适度减少农村劳动力数量、持续提高其质量，形成日益更新的、坚强的新型“农民军”，是提高农业和农村生产力的关键环节；完善农村基层经济组织，其中包括农户、以农户为基础的社区合作组织、各种专业合作组织、各种农业服务公司等等，是建设新农村的必不可缺的组织保障。

还应当着重指出，在中国实行并逐步完善“大学生村官制度”，是一项意义重大、影响深远的制度变迁。它对于建设社会主义新农村，落实“城乡统筹发展律”等，具有极其重要的战略意义。这些大学生村官们，拥有较高的文化水平和政治觉悟，满腔热情地为“三农”奉献自己的青春，已经并正在做出显著的贡献。尤其是，他们高度超脱于乡村中难以避免而又负面作用深重的宗族派系纠葛，更加有利于促进全体村民的和谐奋斗、共同富裕。从而，人们有充足的理由期望并且深信，这种制度变迁会普遍推广并长期坚持下去，而且会持续不断地加以充实和完善，并日益发挥难以估量的作用。同时，也期待相关方面从政治、组织、思想、经济、生活等方面，切实关心、支持、帮助“大学生村官群体”，从而使这一制度持续优化运行。

至于农业是否实行“工厂化”，不可一概而论。在某些地少、人多、石油丰富、工业特别发达的国家和地区，对农作物实行工厂化种植和经营，其平均单产和成本具有竞争力的条件下，某种程度的“农业工业化”便是有利的，否则维持“常规农业”是别无选择的。在中国，工厂化肉禽业和蛋业、乳业，温室蔬菜业、花卉业等等都已经具有一定的规模，但是绝大部分蔬菜还是露天种植的，至于粮食、油料、棉花、水果、糖料等等大宗产品的生产，更是谈不上“工厂化”的。世界上一般的国家，情况也基本如此。从而，“农业工厂化”，并非是现代农业发展的一般方向，更谈不上是农业发展的一般规律。

主要参考文献

《人民日报》社论：《统筹城乡发展　夯实农业基础》，2009 年 12 月 29 日《人民日报》第 2 版.

韩俊：《统筹城乡发展　破除二元结构》，2010 年 2 月 10 日《人民日报》第 9 版.

董军：《推进城乡统筹　建设美好家园》，2011 年 5 月 21 日《人民日报》第 7 版.

周诚：《正确认识和遵循“国民经济以农为基律”》，2010 年 5 月 12 日《中国经济时报》第 5 版.

周诚：《遵循“农业解困律”，促进农业扩大再生产》，2010 年 4 月 12 日《中国经济时报》第 5 版.

周诚：《全新重农主义论》，2011 年 4 月 1 日《中国经济时报》第 5 版.

遵循“农业解困律”，促进农业扩大再生产*

一、对“农业解困律”的界定

“农业解困律”——“农业先天性困境社会解救律”是由笔者概括的一个经济规律。其主要内容是：农业受到耕地面积及复种面积的有限性，农作物生长发育及劳动力、农机具使用的季节性，水、土壤、肥料、农药流失的严重性，自然灾害的频繁和摧毁性，大面积运动式作业的高耗性，土地集约经营的报酬递减性，生物性产品的易腐性等七大方面的严格制约，损失多样而严重，投入产出率明显低于工业，资本有机构成提高并日益超过工业而导致净产值比重不断下降，而且，农产品的需求弹性低，往往增产而难增收，因而，农业价值形态扩大再生产处于先天性困境之中。从而，为人类生存和发展提供必不可缺的、最基本生活资料的农业部门，在充分挖掘自身潜力的同时，只有得到社会的全面持续解救（诸如降低生产资料价格、提高农产品价格、按面积进行补贴、实行灾害保险、增加农业贷款等），才能够摆脱先天性困境，持续实现价值形态扩大再生产，并且确实发挥其作为国民经济基础的作用，而且作为社会平等成员的农民，也才能够获得日益增加的收益并逐步与市民持平。

---

* 原载 2010 年 4 月 12 日《中国经济时报》。

二、从农业价值形态扩大再生产的角度看问题

农业包括由提供粮食、蔬菜、食油、果类等等农作物种植所构成的种植业（狭义农业），以及由提供肉类、蛋品、乳品等等的家畜饲养所构成的畜牧业两者所构成。只有持续不断地扩大农业价值形态再生产的规模，才能既满足社会对于农产品的客观需要，又满足提高农业生产力和增加农业劳动者收入的客观需要。中国目前正处于人口总量持续增加和人均农产品消费水平逐步提高的阶段，对于农产品需求的数量和质量正在日益提高，从而现阶段中国农业价值形态再生产的规模必将呈现逐步扩大的局面。将来，随着中国人口总数的稳定乃至逐步有所减少，对于农产品的需求总量才会有所减少，农业价值形态扩大再生产的规模才会有所缩小。

为了深刻认识农业价值形态扩大再生产，就必须了解，农业所受到的严重的自然约束，使得其在多方面具有极其明显的局限性，扩大再生产困难重重。主要的表现是：

1. 农业生产的规模受耕地面积的直接约束。新中国成立初期，全国人均耕地面积为2.5亩，目前已下降到1.35亩，仅相当于世界平均水平的40%，而且增加耕地的后备资源几乎为零。从而，既要千方百计地珍惜耕地，又要千方百计地提高单产。

2. 农作物对自然季节只能被动适应。农业的生产周期长，每年的复种面积总量极其有限，从而给增产造成刚性制约而且资金周转缓慢；全年对劳动力、农机、役畜的需求量相差悬殊，造成极大的被动和浪费；作业机具（如犁、播种机、收割机等）的专用性强，通用性差，也形成明显的闲置浪费。

3. 农业生产的丰歉受气候条件的严重制约。通过人力改变和适应自然条件，所产生的作用是有限的，而且诸如人工降雨、人工消雹以及抗御旱、涝、病、虫等，成本都十分高昂。而在厂

房内进行的工业生产，则根本不存在这类问题。

4. 在以大地为“车间”的露天经营中，土壤、水、肥料、农药的流失严重，农业机械进行运动式作业的成本高昂。例如，氮肥的有效利用率大体为30%～60%，磷肥为10%～25%，钾肥为40%～70%，即肥料的损失率通常达到1/3以上。农业机械进行运动式作业的无效成本大约占1/4。

5. 通过增加集约度（即提高单位面积上的人力、物力的投入量）**而提高单位面积产量，在超过一定程度后必然出现报酬递减现象，即增收幅度低于增产幅度。**1980年的一个材料强有力地说明了这一点：全国平均每公斤化肥产粮7公斤，新疆为18.38公斤，四川为8.31公斤，浙江为5.72公斤——单产低之处，单位化肥产粮高；单产高之处则反之。①

6. 农业部门的“资本价值构成”（或称“资金有机构成”）**不断提高**（即折合为货币的物化劳动投入量所占比重高于活劳动投入量）**并日益超过工业部门，从而导致农业部门净产值比重下降。**例如，1957—1997年，全国农业经济基层单位生产费用占总收入的比重，由26.5%上升到73.1%。②

从以上所述可归纳出两大结论：其一是，通过扩大耕地面积、增加复种指数以及增加单位面积产量以扩大农业实物形态的再生产，其潜力都是有限的；其二是，农业的自然特点，造成的地力、人力、物力的损失浪费极其严重，农业的“产出/投入”比值低，从而使得农业成为“高无效成本产业”，价值形态扩大再生产步履蹒跚。最终，使得农业成为十分突出的“特殊弱质产业”、“先天性困境产业”。

有一种观点认为，农业生产实际使用的劳动日很少，从而日均产值很高；在农业中“春种一粒粟，秋收万颗籽”，从而“是

---

① 杨欢进：《收益递减理论研究》，第329页，中国经济出版社，1990。

② 根据《中国经济年鉴》的相关数据求得。

低投入、高产出的产业”，所以“人们从远古以来就以农业作为第一衣食之源”。[①] 此种看法完全忽视了在农业中存在的人力、物力的严重损失、浪费，而且忽视了人类以农业作为衣食之源完全是由农产品的使用价值所决定的，从而是极端片面而完全不能成立的。

农业呈现这种困窘状况是具有客观必然性的，是不以人们的意志为转移的。有人认为，发达国家的农业现代化是不成功的，即使是在农业经营规模很大的美国，政府每年也要拿出几百亿美元补贴给农场主。这种观点的出现，是不了解农业价值形态扩大再生产的基本特征所致。[②] 从而，从另一个角度说，关于农业价值形态扩大再生产局限性理论的传播，还是很不够的。

三、针对农业先天困境而进行的政府解救

农业价值形态扩大再生产的局限性，是自始至终客观地存在着的。只有切实认识这一局限性并针对它采取有效措施，农业和整个国民经济方能持续正常运行。“国民经济以农为基律”必然要通过对于农业价值形态扩大再生产局限性的认识和所采取的相应对策予以落实。考察农业价值形态扩大再生产，还意味着社会应当保障农民持续不断地增加收入，使其逐步赶上市民的收入水平并得以维持下去。这是一个公正而和谐的社会所责无旁贷的。然而，这一要求却是市场这一“无形之手”无能为力的。从而这一任务就自然而然地落在了作为“有形之手”的政府肩上了。农产品使用价值的特殊性，决定了社会为了自身的存在和发展，不

---

① 参见王杰：《农业低效率论辨析》，载 2006 年 4 月 24 日《中国经济时报》第 5 版。

② 参见汤安中：《不深读三农就读不懂中国》，第 84～85 页，中国经济出版社，2009。

得不大力扶持农业，从而农业便成为“社会特殊扶持性产业”。

维持和发展农业的对策可区别为技术和经济两大方面：在技术方面，包括实行集约经营、多种经营，改良作物品种，提高化肥与农药品质并在其施用和保效方面不断有所突破，以便尽可能增加产出、降低成本。所有这些举措都必须得到全社会的大力支持。在经济方面，最根本的对策是由社会补偿农业的高无效成本，这是社会不得不承担的责任，不得不付出的社会成本。包括诸如降低生产资料价格、扩大和强化灾害保险、强化按播种面积进行直接补贴、提高农产品收购价格、加强对农业生产者的低偿乃至无偿服务、改善农村信贷等。

其中，充分利用保险的风险转移机制，对于防范和化解农业生产风险、增强农业发展后劲具有独特优势和不可或缺的重要作用。例如，通过风险评估、建立防灾机制等一系列防灾防损措施，可以有效增强农业的抗风险能力；充分利用保险机制的资源配置效能，提高财政投入的惠及范围，可以增强农业生产保障能力；充分利用保险机制的经济补偿功能，确保农民在受灾后获得充分的救助和足够的再生产启动资金，以便提高农业的可持续生产能力；等等。总之，保险机制的运用可以有效防范和化解农业生产风险、增强农业发展后劲、提升农业可持续发展能力和综合生产能力。

四、探索农业先天性困境社会解救问题的重大意义

分析农业价值形态扩大再生产，探索农业先天性困境社会解救问题，具有十分重大的意义。对于基层单位而言，既涉及本单位直接的经济利益，又影响全局的经济利益；对于政府而言，辖区内各个基层单位的农业扩大再生产状况，最终影响整个辖区的综合经济利益。因此，这一问题既具有重要的微观意义，又具有

重要的中观、宏观意义。

仅就基层单位（户、村、合作社等）而言，如果其所掌握的人力、物力、财力、自然资源都得到充分而合理的利用，能够获得国家适当数额的、恰如其分的补贴，其雇工、租用农机所付出的代价公平合理，其所生产的农产品以较适当的价格出售，所遭受的自然灾害损失能够得到合理补偿，并且在年终结算时所获得的人均纯收入较上一年度增加一定的幅度，这就可以被认为是正常地实现了农业增产增收——实现了价值形态扩大再生产。如果做不到，就要纠其内因和外因，全面补救。

简言之，从基层单位的角度来看，要千方百计挖掘一切潜力，尽可能做到增产、节支、增收；从各级政府的角度来说，要在促进基层单位挖潜的同时，千方百计地“拾遗补缺”——从技术、物资、设施、财力等方面，全面弥补基层单位的不足，以便上下齐心合力，促进农业价值形态扩大再生产的持久实现。只有这样，才能充分发挥农业在国民经济中的基础作用，促使整个国民经济繁荣昌盛。

显然，如果农业先天性困境社会解救问题，能够得到相关方面的重视，自觉地、有针对性地采取相应的举措，就必将促进中国“三农”经济的持续繁荣。

五、对于是否以及如何坚持农业现代化问题的认识

有人认为，既然现代农业的基本特征是“投入多、产量高，损失大、污染重”，那么就应当反其道而行之——走“生态农业”之路，完全使用人畜力和农家肥料，完全采用病虫害的生物性防治，等等。事实上，早已经有一些学者提出此种设想并早已有不少人在进行试验。但是，“生态农业”通常是“单产低、效益低”的；可进行小规模的实验，供人们参观、欣赏、研究，但是不具

备普遍推广的条件。从而，不应因现代农业存在种种弊端而加以全面否定，也不应仅仅因“生态农业”的“全无污染”而盲目全面推广。真正实事求是的选择是，在坚持实行农业现代化的大前提下，在下列三方面狠下工夫：第一，进一步大抓农作物的科学育种，以少肥、高产、优质、抗病虫为主攻对象，现代生物学仍然是大有可为的；第二，进一步改善化肥、农药的生产和施用技术，以高效、低毒、低流失为目标，也应当是大有潜力的；第三，尽可能吸收生态农业的长处，使之尽可能与现代农业相结合，收相得益彰之效。换言之，人类应当进一步追求的是农业的“两高一低”——“高产量、高效益、低污染”。这便是“超现代农业”或“后现代农业”的基本特征。目前提供“绿色食品”、被称之为“绿色农业”的农业，实际上就是“后现代农业”的现实版。这种农业，并非是完全不使用拖拉机、化肥、农药等现代工业提供的生产资料，而是严格操作、严格把关，把种种污染限制在对人无害的最低限度。在政府的大力提倡、帮助之下，目前占全国农作物种植面积中的8%已属于“绿色农业”。①

人类在农业方面所取得的成就，之所以不像“上天登月”那样凸出，并非仅仅是由于生物学和化学的某些高精尖领域的难度很大，而是相关方面还没有真正认识到其极端重要性并给予更大关注。

作者的主要相关文献

周诚、毕宝德：《掌握农业扩大再生产的特点，促进我国农业的现代化》，《农业经济论从（一）》，农业出版社，1980.

周诚：《农业扩大再生产》（农业领导干部学习研究班教材，单行本），1981.

周诚：《现阶段我国农民收入问题的理论探索》，载《周诚自选集》，中国人

① 目前，对于究竟什么是“生态农业”“绿色农业”的认识并无定论，这里反映的仅仅是笔者的拙见。

民大学出版社，2007.
周诚：《论农业生产经济效益》，载《周诚自选集》，中国人民大学出版社，2007.
周诚、朱勇：《中国农业经济基本理论问题综览》，载段应碧主编：《纪念农村改革30周年学术论文集》，中国农业出版社，2008.
周诚、吕亚荣：《论中国"三农"经济的八大关键问题》，载《马克思主义研究》2010年第2期.
周诚、吕亚荣：《农业产业的先天不足及其社会性补救》，《人民论坛》2010年2月（中）.
周诚：《"农业解困律"概论》，《中国农村经济》2010年第3期.
周诚：《遵循"农业解困律"，促进农业扩大再生产》，2010年4月12日《中国经济时报》.

附件：相关单位和学者对"农业解困律"的评价

1. 山东农业大学经管学院学术委员会来件

尊敬的周诚教授：

拜读您关于"农业解困律"系列论文之后，我们认为，虽然（农业）经济学界对农业的特点有不少讨论，但没有发现有人概括提出"农业解困律"，并对此做出系统深入的阐释。您关于"农业解困律"的学术思想无疑具有首创性。她不仅在学术界值得大力宣传，而且应该成为政府制定农业政策的基本理论依据。

祝您在农业经济学术研究中取得更大的成就。

山东农业大学经管学院学术委员会

2010年8月30日

2. 华南农业大学温思美副校长来件

尊敬的周诚教授：

近来研读国内农经文献，拜读了您最近几年关于“农业解困律”的系列论文，颇受启发。我个人认为，虽然国内农业经济学界对农业的特点有大量论述，但我个人还没有发现有学者像您那样概括提出“农业解困律”，并对此做出系统深入的分析。您关于“农业解困律”的学术思想无疑具有首创性，对我们深入了解我国农业发展的阶段特征及其政策设计，具有重要的启迪。我个人认为，您的关于“农业解困律”的学术思想值得大力宣传，也可以作为政府制定农业政策的基本理论依据之一。

恭祝学祺！

温思美

华南农业大学教授、副校长
华南农业大学农业经济管理
国家重点学科负责人
国务院学位委员会农林经济
管理学科评议组召集人

2010年9月20日

遵循"农业以粮为基律"，确保粮食安全*

"解决13亿中国人的吃饭问题始终是头等大事，任何时候都不能掉以轻心。我们有信心也有能力办好这件大事。"——温家宝：2011年政府工作报告

一、认识和遵循"农业以粮为基律"

就农业在国民经济中的重要地位而言，"国民经济以农为基律"即"农业是国民经济基础的规律"，充分反映了这一客观状况。进一步分析农业内部的组成，可区别出十个次级部门，包括粮食、蔬菜、油料、果品、纤维（棉、麻、丝）、糖料（甘蔗、甜菜）、饮料（茶叶、咖啡）、药材、烟叶、杂品（如调料、油漆等）等。其中，粮食是人们生存、发展必不可缺的、最基本的生活资料，从而在农业内部名列榜首，最具关键意义。据此，可概括出一个相对具体的经济规律——"农业以粮为基律"，即粮食生产部门是整个农业的基础的规律。与"国民经济以农为基律"相比较，它当然属于二级规律。但是。这一规律却是前者的最重要的体现。只有认真贯彻执行"农业以粮为基律"，才能够确实保证"国民经济以农为基律"的落实。农业在国民经济中的基础性、关键性作用，首要的是通过提供作为全体国民所必需的最基本的生活资料——粮食，而得以体现的。"民以食为天"，这是颠扑不破的真理。从而，在发展国民经济时，应当以确保粮食供给

* 原载2011年5月11日《中国经济时报》第5版。

作为首要任务。

二、保障“粮食安全”的极端重要性

粮食的使用价值的极端重要性，引出了“粮食安全”问题，即一个国家或一个地区对于人们所需要的粮食的时时刻刻充分供应的问题。1947年联合国粮农组织将“粮食安全”的内涵界定为：“为每个人在任何时候都能得到安全的和富有营养的食物，以维持一种健康、活跃的生活。”为了做到这一点。该组织还规定每年底粮食的库存量应当占当年粮食消费量的17%～18%，即当年的库存量可供两个多月消费的需要，以便与下年度的粮食供应相衔接，保障粮食的持续安全供应。不仅如此，保障粮食的安全供应，对于应对通货膨胀，稳定消费价格总水平，实现经济平稳较快增长，以及稳定民心、安定社会，都具有不言而喻的重要意义。

目前我国粮食生产面临着复杂的形势和较大的困难。其中包括连续七年增产之后再进一步增产的起点高、困难大；粮食生产成本不断上升，农民种粮的比较收益下降；在一些地方出现了放松粮食生产的倾向；等等。凡此种种，都应予以充分注意，认真对待。

中国有13亿人口，每年所需要的粮食在5 000亿公斤以上，是一个天文数字。大体而言，现阶段中国粮食的总体、平均的自给率为95%，即在平年时大体自给自足，丰年时略有富裕，歉年时略有缺口——可通过少量进口予以弥补。近几年来中国粮食连续丰收，例如，2008年总产量达到5 280亿公斤，消费量大约5 150亿公斤；2010年粮食总产达到5 450亿公斤，消费量大约达到5 250亿公斤，实现自给有余。但是，这只是短期现象，从长期来看，还是以按保障95%的自给率进行安排，较为切合实际。到2020年，应当保障中国粮食生产能力稳定地达到5 500

亿公斤甚至略高些。

目前全球市场上提供的商品粮食总量，大体上每年为 2 000 亿公斤左右。然而全球长期处于饥饿中的人口就将近 8 亿之多。从而，中国只能在确有必要时通过小批量进口粮食作为“拾遗补缺”（大体上每年 200 亿公斤左右），而绝对不可能明显超出这一范围，否则国际粮食市场便会受到巨大冲击而价格猛增，令人无法承受，从而形成画饼充饥、望梅止渴。简言之，我国必须坚持保地保粮，舍此别无他途。

三、正确认识“以粮为纲，全面发展”的提法

我国曾经出现过关于处理粮食生产与农业其他部门关系的“以粮为纲，全面发展”的提法。其基本含义是，在发展农业生产时，要注意区别主从轻重，要做到以纲带目；要抓住粮食生产这个“纲”，以便带动和保障农业的各个部门，获得相应的发展。其所以要坚持“以粮为纲”，是由于在人们对于农产品的需求中，最基本的、必不可缺是主食即以提供热量为主的粮食为原料的基本食品。在满足对于粮食的基本需求的同时，既有必要而且也有可能发展其他农业部门即做到农业各个部门的“全面发展”，提供丰富多彩的农产品，以满足人们多种多样的需要，提高人们的生活水平。简言之，“以粮为纲，全面发展”的提法，是完全符合“符合可能、满足需要”的重要经济准则的。而且，农业生产条件的综合性、多样性决定了，农业中的许多部门与粮食生产具有共生性、同步性，与粮食生产是相辅相成的，而不是相互排斥的。从而，“以粮为纲，全面发展”是遵循“农业以粮为基律”，正确处理农业内部各部门关系的方针性提法，是既符合客观需要，又切合农业生产特点的。作为一个理论性观点来看，它始终具有理论魅力和强劲的生命力。

四、落实“农业以粮为基律”、保障粮食供应的基本政策和措施

为了落实“农业以粮为基律”，就要采取保障粮食供应的一些基本政策和措施。从整个国民经济的大政方针上来说，应当同步推进工业化、城镇化和农业现代化；完善以工促农、以城带乡的长效机制；坚持工业反哺农业、城市支持农村的方针；充分发挥工业化、城镇化对发展农业现代化、促进农民增收的带动作用，加快农业发展步伐；大力加强惠农力度，提高农业现代化水平，等等。具体而言则包括以下三方面。

（一）严格保护耕地，稳定粮食面积

稳定粮食面积是基础。据有关方面测算，到 2020 年中国耕地面积保有量应不低于 18 亿亩，从而确保粮食播种面积稳定在 15.8 亿亩以上。为此，必须坚持最严格的耕地保护制度，实行最严格的节约用地制度，严格执行耕地占补平衡、先补后占制度，确保粮食播种面积的稳定。

推进土地复垦整理，稳定粮食种植面积。稳定粮食面积是基础。据有关方面测算，到 2020 年中国耕地面积保有量应不低于 18.18 亿亩，从而确保粮食播种面积稳定在 15.8 亿亩以上，为此，必须坚持最严格的耕地保护制度，实行最严格的节约用地制度，严格执行耕地占补平衡、先补后占制度，确保粮食播种面积的稳定。这里所说的 18.18 亿亩耕地和其中的 15.8 亿亩粮食播种面积，都是相关专家根据对人口的增长、粮食单产增长潜力等等因素的反复测算而求得的，并非简单地估计而得。从而，不了解详情者仅凭想当然的估计，企图推翻其结论，显然是十分软弱无力的。

加快新增粮食生产能力建设，增强粮食安全保障能力。实施全国新增千亿斤粮食生产能力建设，以粮食主产省和非主产省的

主产县为重点，以增加重要紧缺品种为重点。加大粮食主产区投入和利益补偿，将粮食生产主产区中的核心区和非主产区中的产粮大县建设成为高产稳产的商品粮生产基地。加强以农田水力设施为基础的田间工程建设，改造中低产田，大规模建设旱涝保收高标准农田。

抛弃卖地富农与卖地富国论。有一种主张认为，应当放弃粮食基本自给自足而通过“卖地富农”。即使不考虑其一切可能产生的不良后果，仅就农民本身发财致富而言，能够达到这一目的的，也仅仅是大城市郊区、交通要道附近、著名旅游景点附近之类的极少数位置优越地带的农民才有可能，而广大农民则与此无缘。从而，“卖地富农”，此路不通。与此相关的是，认为中国可通过卖地发展非农产业更好地达到民富国强的目的，即“卖地富国”论。此种观点也是忽视了非农用地的区位性，即并非任何一块土地都可用于发展任何非农产业，从而也是不切实际的。

（二）推进农业现代化，稳步提高粮食单产

加强以农田水利设施为基础的田间工程建设，改造大约占全部耕地三分之二的中低产田，大规模建设旱涝保收的高标准农田加强农田水利建设。完善排灌设施，推行节水灌溉，提高防汛抗旱减灾能力，以推广防灾减灾增产关键技术为重点。

推行农业技术集成化，它强调的是多项技术的联动创新和配套运用。它既是一个科技创新的过程，不但包括原始创新，还包括集成创新和引进消化吸收再创新，同时也是一个集成配套应用的过程。现阶段，发展现代农业，实现农业生产的高产、优质、高效、生态、安全，仅仅依靠单一技术的突破是远远不够的，必须整合科技资源，选择对农业发展关联度大和带动性强的多项农业技术进行联合攻关。为此，要加强农业技术研发和集成，重点支持生物技术、良种培育、丰产栽培、农业节水、疫病防控、防灾减灾等领域科技创新，并把这些技术集成组装运用于现代农业建设之中。

加强农田水利建设，完善排灌设施，推行节水灌溉，提高防汛抗旱减灾能力，以推广防灾减灾增产关键技术为重点。

（三）坚持并强化政府的惠农、保粮、增粮的经济政策

粮食不是普通商品，而是特殊商品。它的生产、供应，在相当大的程度上要依靠“有形之手”——政府。政府不仅要抓粮食生产，还要抓粮食收购、储备、流通等等。从而要避免粮食的产供销的外商、内商的控制。目前，国内豆油生产80%依靠进口大豆；ADM等三大国际粮油巨头通过投资等形式掌握了中国近2/3的大豆加工能力，从而造成了中国“豆油话语权”的丧失。一旦这种局面在粮食上重演，保障粮食生产、供应必将困难重重。

强化对粮食生产的财政补贴，加大补贴力度，完善补贴方式，以便进一步增强粮食生产能力。继续实行粮食最低收购价政策。增加对农民的生产补贴；增加中央财政对粮食调出大县的转移支付。加大政策性金融的支持力度，健全政策性保险制度。

土地出让收益重点投向农地开发、农田水利和农村基础设施建设。

下文对于我国粮食全新状况进行了报道和分析，对于研究粮食问题具有一定的参考价值，特予转载。

附件：我国粮食“八连增”夯实经济发展基础

（原载2012年6月20日《人民日报》）

“今年一亩小麦收个千把斤没问题，又是一个丰收年。”49岁的山东郯城农民王善成今年种了400多亩小麦，是当地有名的种粮大户。说这话时，老王黝黑的脸庞上绽放出灿烂的笑容。

眼下我国不少小麦主产区机收工作已接近尾声。今年山东的5 400多万亩小麦有望再夺丰收。除了山东，河南、河北、安徽等其他小麦主产区今年也有望丰收增产。

不久前，农业部部长韩长赋在今年大规模跨区机收启动活动上表示，今年全国夏粮将喜获丰收，单产有望创历史新高。据农业部农情调度和专家分析，今年夏粮面积增加、单产提高，全国夏粮总产有望创历史新高，冬小麦有望实现连续9年增产。

党的十六大以来，我国粮食生产不仅实现了半个世纪以来的首次“八连增”，而且首次站上了1.1万亿斤的新台阶。数据显示，我国粮食从2004年恢复增产以来，8年累计增产2 810亿斤，年均增产350亿斤，是新中国成立以来增产幅度最大的时期之一；8年单产提高55.6公斤，年均提高7公斤，也是新中国成立以来单产提高最快的时期之一。

更令人欣喜的是2011年，我国粮食生产实现了“四个首次”——首次迈上1.1万亿斤的新台阶，首次连续5年稳定在1万亿斤以上，半个世纪以来首次实现连续8年增产，粮食人均占有量首次达到850斤的新水平。

手中有粮，心里不慌。“八连增”对保障农产品有效供给、稳定经济社会发展大局具有特殊重要的意义。连年丰收使供需相对平衡，老百姓心里有了底。相对于部分农产品价格的起伏，粮食价格一直没有大的波动，成为经济社会发展的突出亮点，为有效应对国际金融危机、促进经济平稳较快发展提供了有力支撑。

回顾20世纪90年代，我国粮食连续迈上9 000亿斤和1万亿斤两个台阶，缓解了粮食供求形势，有力保障了改革发展稳定大局。但是，自1998年粮食产量达到10 246亿斤后，出现了连续5年下滑，粮食供求再次出现产不足需。这引起了党中央、国务院的高度重视和社会各界的极大关注。

从2004年起，中央着眼经济社会发展全局，加强“三农”工作，更加重视粮食生产，出台了一系列强农惠农政策，促进粮食生产恢复发展和农村经济全面发展。十七届三中全会明确提出，粮食安全任何时候都不能放松，要把发展粮食生产放在现代农业建设的首位。中央连续8年发布指导“三农”工作的1号文件，都明确提出巩固和加强农业基础地位，稳定发展粮食生产。

中央财政用于“三农”的支出从2004年的2 626亿元快速增加到2011年的1万亿元左右，年均递增21%。其中粮食始终是这些强农惠农政策的重中之重，粮食直补、良种补贴、农机具购置补贴、农资综合补贴“四补贴”资金由2004年的145亿元扩大到2011年的1 406亿元，全国平均每亩种粮补贴由不到10元增加到80多元。

为调动农民种粮积极性，国家还决定从新粮上市起适当提高主产区2012年生产的小麦、稻谷最低收购价。此外，为改善和增强产粮大县财力状况，调动地方政府重农抓粮的积极性，中央财政继续增加了对产粮大县奖励资金规模，安排资金277.65亿元。

为了鼓励地方抓粮积极性，2005年起中央财政开始对产粮大县进行奖励补助，资金由最初的55亿元增加到2011年的211亿元，累计安排奖励951亿元，1 000多个产粮大县纳入奖励范围。此外，中央财政从2009年开始，还逐步取消了粮食风险基金的主产区地方配套，目前粮食主产区277亿元粮食风险基金全部由中央财政负担。

在中央政策的带动下，各地也纷纷出台含金量高的强农惠农政策，这些政策实惠之多、力度之大、调控之有效都是前所未有的，在调动农民务农种粮和地方政府重农抓粮的积极性方面发挥了不可替代的作用。

在粮食连续多年增产后，中央领导同志反复强调，要倍加珍惜农业发展来之不易的好局面，决不能放松粮食生产。2011年以国务院名义组织开展了全国粮食稳定增产行动，形成了中央统筹、部门联动、上下协同的抓粮食生产的合力。

强化科技支撑是又一大稳粮“法宝”。近几年国家构建了水稻、小麦、玉米等主要粮食作物现代农业产业技术体系，探索了高产创建这一大面积集成推广实用技术的新途径，启动了基层农技推广服务体系改革与建设项目，科技对粮食增产的贡献率有新的提高，2011年农业科技贡献率达53.5%，有效提升了粮食生产科技支撑能力。

我国粮食“八连增”打破了延续多年的粮食三年一减的不稳定周期，粮食安全基础得到进一步强化。2004年以来，国家不断加大“三农”投入力度，先后启动实施了优质粮食产业工程、新增千亿斤粮食能力建设、旱作农业、保护性耕作等一批新的改善粮食生产基础设施的重点项目，极大地改善了粮食主产省区及非主产省区商品粮集中产地的农业生产条件，为加速提升粮食综合生产能力夯实了重要的物质基础。

（新华社北京6月19日电　记者潘林青、董峻）

遵循“农业以地为基律”，切实保地保农*

“农业以地为基律”要义

“农业以地为基律”的基本含义是，就全国范围而言，农业部门必须以具有一定质量的、足够面积的土地作为最基本的生产资料，以便保障提供足够数量的、以粮食为代表的农产品，满足全国人民的最基本需要。从而，对于一切以自身农业作为国民经济基础的国家和地区，保持足够数量的优质土地是必不可缺的；可用于非农的土地总面积，应当是满足或基本满足全国主要农产品生产需要之后的剩余土地。这一规律，对于全世界大多数国家和地区而言，都是完全适用而无可争议的。

如果从一个国家或地区土地利用的角度来说，则上述规律可改称为“农地优先满足律”或“土地农用优先律”。这是指在整个人类社会的土地利用中，必须满足对农业生产的优先、充分需要——当然与其并行的是居民住宅等方面的最基本需要——然后在此基础上再满足工业、商业、交通、旅游等各行各业的需要。简言之，人类首先必须解决作为食品之源的农业对土地的基本需要问题，然后才有可能以“剩余土地”满足其他方面的需要。从另一个角度说，农业在国民经济中的基础性、关键性作用，首要的是通过提供作为全体国民所必需的最基本的生活资料——粮食，而得以体现的。从而，从实质和核心上来看，“农地优先律”便是“粮地优先律”或“以地保粮律”。

---

* 原为在2011年6月13日《中国经济时报》上发表的题为《以最严格的制度“保地保粮”》文。

少数人口和土地规模都不算大，条件比较特殊的国家和地区，在农产品的供应上所依靠的不是本国或本地区的农业，而是农产品国际市场，这就意味着以其他地方的土地作为本国的经济基础了。然而这也印证了这样一个道理："农业以地为基"是一个普遍的规律。那些情况比较特殊的国家和地区的共同特点是，土地面积极其有限，而且地理（如土地质量很差、雨量稀少）、历史、社会等等原因决定了，它只能以非农业如工业（如石油工业）、商业、旅游业等等产业为主，根本谈不上以地保农，甚至根本谈不上发展农业，但是也不能不需要足够的以粮食为代表的农产品，从而只能是依靠农产品的国际市场了。在经济全球化的今天，经济交流、经济互补普遍发生，农产品市场也相当发达，能够在很大的程度上起到拾遗补缺的作用。

我国落实"农业以地为基律"的根本举措——"保地保粮"

我国 13 亿人口每年所需要的粮食在 5 000 亿公斤以上，是一个天文数字。大体而言，现阶段我国粮食的总体、平均的自给率为 95%，即在平年时大体自给自足，丰年时略有富裕，歉年时略有缺口——可通过少量进口予以弥补。近几年来我国粮食连续丰收，实现自给有余。但是，这只是短期现象，从长期来看，还是以按保障 95%的自给率进行安排，较为切合实际。据测算，到 2020 年，应当保障我国粮食生产能力达到 5 600 亿公斤。

粮食不是一般的商品，而是很特殊的商品。它的生产、供应，在相当大的程度上要依靠"有形之手"——政府的干预。政府不仅要抓粮食生产，还要抓粮食收购、流通、调剂、储备等等。尤其是，我国人多地少、粮食相当紧缺，政府的担子就更重。目前，国内豆油生产 80%依靠进口大豆；ADM 等三大国际粮油巨头通过投资等形式掌握了我国近 2/3 的大豆加工能力，从

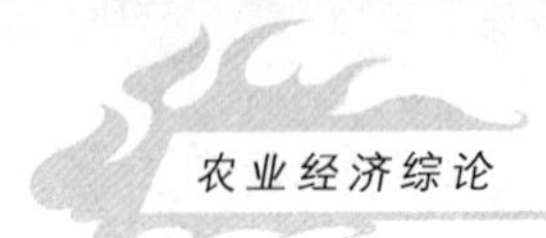

而造成了我国“豆油话语权”的丧失，令人触目惊心。一旦这种局面在粮食上重演，则我国保障粮食生产和供应必将困难重重、步履维艰！从而要避免粮食的产供销的外商控制，中国政府是责无旁贷的。

现阶段，国际市场上的粮食供应量大体为2 000亿公斤，我国平均每年进口粮食大约为200亿公斤。即使我国每年进口粮食仅仅翻一翻或略多一点即达到400亿～500亿公斤，国际粮食市场便会受到巨大冲击而价格猛增而无法承受；如果再进一步增加，即指望主要依靠进口解决我国粮食的较大缺口，那更是画饼充饥！从而，我国只有保地保粮，别无他途。

抓紧粮食生产，稳定粮食面积是基础。据有关方面测算，到2020年我国耕地面积保有量应不低于18.18亿亩，以便确保粮食播种面积稳定在15.8亿亩以上，为此，必须坚持最严格的耕地保护制度，实行最严格的节约用地制度，严格执行耕地占补平衡、先补后占制度，确保粮食播种面积的稳定。这里所说的必保的耕地面积和粮食播种面积，都是相关专家根据对人口的增长、粮食单产增长潜力等等因素的反复测算而求得的，并非简单地“拍脑袋”而得，不可凭想象而轻率予以否定。

不言而喻而不必展开论述的是，不仅要以地保粮，而且还要相应地保障其他必不可缺的农产品的生产和供应。

划定并充分发挥基本农田的作用

我国人口多耕地少，耕地后备资源不足，维护国家粮食安全，保持社会稳定，始终是一个重大问题。从而，必须坚决“保地保农（含粮棉油菜等）”，而保障全国“基本农田”充分发挥骨干和关键作用，至关紧要。为此，国家专门制定了《基本农田保护条例》（1998），决定划定基本农田保护区，实行特殊保护政策。

所谓“基本农田”，是指按照一定时期人口和经济社会发展对农产品的需求而确定的“不得占用的耕地”。对于基本农田，实行全面规划、合理利用、用养结合、严格保护的方针。县级以上地方各级人民政府应当将基本农田保护工作作为政府领导任期目标责任制的一项重要内容。省、自治区、直辖市划定的基本农田应当占本行政区域内耕地总面积的80%以上。必须划入基本农田保护区的是：经国务院有关主管部门或者县级以上地方人民政府批准确定的粮、棉、油生产基地内的耕地；有良好的水利与水土保持设施的耕地；正在实施改造计划以及可以改造的中、低产田；蔬菜生产基地；农业科研、教学试验田。

基本农田保护区经依法划定后，任何单位和个人不得改变或者占用。国家能源、交通、水利、军事设施等重点建设项目选址确实无法避开而需要占用基本农田的，必须经国务院批准。而且，占用单位应当按照占多少、垦多少的原则，负责开垦与所占基本农田的数量与质量相当的耕地。已经批准而占用的基本农田，满1年不使用而又可以耕种并收获的，应当由原耕种该幅基本农田的集体或者个人恢复耕种，也可以由用地单位组织耕种；1年以上未动工建设的，应当缴纳闲置费；连续2年未使用的，经国务院批准，由县级以上人民政府无偿收回土地使用权，并交由原农村集体经济组织恢复耕种，而且重新划入基本农田保护区。承包经营基本农田的单位或者个人连续2年弃耕抛荒的，原发包单位应当终止承包合同，收回发包的基本农田。

近几年我国粮食生产的大好形势的保持和发展，基本农田制度发挥了基础性保证作用。由政府出面贯彻基本农田制度，归根到底意味着在客观上对“农业以地为基律”的承认和遵循。它有力地说明，在市场经济条件下，在某些关键项目上，不可盲目依赖“无形之手”，不可“一切通过市场”，而必须依靠“有形之手”与其相配合方可奏效。政府以强力介入市场、调节市场，在一些重大方面，直接干预经济和和社会生活，是完全必要的而且是高效的。

遏制“以地生财”的种种冲动

“以地生财”是现阶段我国经济生活中一大冲动。一些基层农业单位、基层政府、房地产开发商乃至一些学者，都在这一冲动中有所表现。主要包括鼓吹并实践“卖地富农”论、“卖地富国”论、“土地财政”论等等。

“卖地富农”论即主张通过出卖农地而使农民发财致富。即使不考虑其对于农业生产可能产生的不良后果，仅就农民本身发财致富而言，能够达到这一目的的，也仅仅是大城市郊区、交通要道附近、著名旅游景点附近之类的少数位置优越地带的农民才有可能，而全国广大农民则与此无缘。“卖地富国”论认为，中国可通过卖地而发展非农产业，更好地达到民富国强的目的。此种观点的要害也是忽视了非农用地的区位性，即并非任何一块土地都可用于发展任何非农产业，从而在很大程度上属于纸上谈兵。“土地财政”论则认为，通过高价“卖地”（出让土地定期使用权），可增加地方政府的财政收入，大大有利于地方经济、社会的发展。但是实践的结果表明，搞“土地财政”的局限性和弊端也极其明显，诸如它会造成农地的不合理的减少以及非农建设用地的积压从而浪费了极其珍贵的土地资源；不可能不受到地域限制而并非普遍适用；还不可避免地造成地价攀升而导致住房价格高昂进而限制了大量中低层收入者“居有其屋”或迫使政府不得不出资填补漏洞。

简言之，为了保证国泰民安，我们应当理性地、认真地贯彻“农业以地为基律”，切实保障“农地农用优先”，认真遏制“以地生财”的种种冲动。

遵循“农业现代化律”，推进农业现代化*

“农业现代化律”概述

“农业现代化律”是一个经济规律，其含义是：农业作为一个提供农产品的物质生产部门，其生产技术和生产资料逐步由原始状态发展到日益以现代科技和现代工业成果武装的状态；在不断提高农产品产量和质量的同时，不断地改善耕地质量、保持水土、维持良性生态环境；而且，不断改善农业生产管理，使之与上述三个方面相适应，这是不以人的意志为转移的客观必然趋势。

对于这一规律，还可换一种方式加以表述：农业现代化律是指，针对传统农业的严重缺陷，普遍实行品种选育与作物栽培科学化，农田普遍水利化，耕作适度机械化，肥料、农药适度化学化，生产管理相应地科学化，这是现代农业发展的必然趋势。由此可见，本文所说的“农业现代化”是指在整个农业生产过程中，生产技术、生产装备以及相应的生产管理的现代化，即狭义的农业现代化。

目前，在我国比较流行的一种提法是“走中国特色的农业现代化道路”。对于其基本含义的有代表性的解释是：以保障农产品供给、增加农民收入、促进可持续发展为目标，以提高农业劳动生产率、资源产出率和商品率为途径，以现代科技和装备为支撑，

* 原载2010年4月12日《中国经济时报》。

在家庭经营的基础上，在市场机制和政府调控的综合作用下，建成农工贸紧密衔接、产加销融为一体、多元化的产业形态和多功能的产业体系。显然，这里所说的“农业现代化道路”，是涉及生产力和生产关系两大方面的、广义的农业现代化。本文大体上仅涉及狭义的农业现代化——广义农业现代化的核心部分。

遵循“农业现代化律”的必然性

遵循这一规律的必然性是由传统农业所具有的明显的局限性，从而必须注入现代化因素所决定的。主要包括以下几点：

第一，作物品种的日趋优化。在传统农业中，农作物品种的原始性优势难以持续保持，必须通过现代生物科学的运用而达成。这是农业生产持续保持活力——提高产量和质量——的关键，而在传统农业中，根本谈不上现代生物科学的应用，其作物品种的保优，主要是依靠直观的“田间目测穗选”（在正式收割前，专门挑选粒多粒饱的大穗留种）和“异地优种交换”之类的、纯直观性的方式进行，从而就只能维持在低水平。而实行农业现代化，首先就意味着通过现代生物科学的运用（含优势互补、定向培育、良性基因转移等等），人工地持续进行选拔和培育具有高产、优质、耐水肥、抗病虫、抗倒伏等等优势的农作物，以便提供农作物优质高产的本源性条件。

第二，农田适度水利化。水是农作物维持生命和生长、发育、成熟、结果的最基本载体。没有足够的水，就没有农作物的生命即谈不上农业生产。农田水利化是农作物及时、适量获取水分的根本保障，是农业生产得以持续进行并取得丰收的最基本保障。当然，农作物灌溉在方法、水量、频度、次数上都要适当，否则不仅会产生负面作用，而且还会造成水资源浪费。

第三，耕作适度机械化。实现耕作机械化的目的，主要有二：一是提高作业质量，以便保证和提高农作物产量（如保证土地的翻耕深度到位）；二是提高效率，不误农时（如及时播种、及时收割等等）。为什么要强调“适度”？这是针对“过度”而言的。所谓“过度”是指翻耕次数、深度等过度，会造成土壤颗粒破坏，不利于保水、保肥。

第四，肥料、农药施用的适度化。化学肥料和化学农药的效用高、作用快，增产、保产的效果明显，从而是现代农业中“保产增产”的灵丹妙药。但是其施用又要适度化，以避免土壤板结、农药残留超标之害。“化学肥料、化学农药施用的适度化”，可简称为“农业适度化学化”。

可见，在遵循“农业现代化律”的必然性之中蕴含着“农业现代化的适度性”。

落实“农业现代化律”的关键性举措

以上不仅列出了遵循此律的必然性，而且也可从中引出落实此律的关键性举措。主要包括以下几方面；

第一，政府的大力援助。正如在“农业的先天性困境及其社会性解救”的论题中所反复阐述过的那样，农业产业本身困难重重、举步维艰，必须得到政府的多方面支持和援助方能维持，而在落实“农业现代化律”方面就更加明显了。从而可以说，没有政府的大力援助，就没有农业现代化。

第二，实行农业规模经营。主要是指扩大农机作业的微观、中观和宏观面积，以便充分发挥农机的效率，提高作业效率。其中的微观方面是指在基层单位，同一种作物连片种植的面积要足够大，以便使作业机组有用武之地而不致因面积过小、频繁转移而降低效率；中观方面是指在乡、县、地区的范围内形成同一种作物的集中生产区；宏观方面则是指在较大的范围内实行农机的跨地区协作等活动。

第三，强化农业的社会化服务。由于基层农业经营单位的规

模有限，而且遭受到农业的先天不足的困扰而举步维艰，从某种意义上讲，现代化农业实际上就是“高服务需求农业”。包括种子培育、耕作与栽培、病虫害防治、旱涝灾害应对等等环节，无一不需要高水平的社会化服务，否则农民是穷于应对的。这种服务性组织，既包括政府提供的，也包括由农民建立的合作组织。

正确认识和对待“现代农业病”

以使用农业机械、化学肥料、化学农药并进行农田灌溉为特征的现代农业，一方面具有“高投入、高效率、高产出”的优势，另一方面也难免产生不同程度的农产品污染、水土流失、环境污染等副作用，即现代农业往往会伴生一定程度的“现代农业病”。对农作物而言，其具体表现形式包括化肥中的有害成分及农药残留的超标、产品质量受损等；对于农田而言，主要包括过分耕作致使土壤团粒结构破坏、土壤板结，有机物质流失，土壤保水、保肥、固根力的降低等；对于水资源而言，主要包括水质污染、水资源非正常流失等。

解决这一问题的途径究竟如何呢？

第一，对于农产品可食性的高度关注。应当进一步研发“高效、低毒、低残留”农药；农业生产单位要严格遵守相关规程的要求，在使用农药的品种、剂量、次数、时间等方面都不可自行其是。此外，病虫害的“生物防治”，早已有之，理应进一步强化。同时，为了追求农作物高产而过量施用化肥，也会造成土质恶化以及肥料流失所形成的环境污染，从而既要在优化肥料品种上狠下工夫，也要力求“合理施肥”。

第二，对于耕地及土壤的保护和优化的高度关注。农地耕作机械化的最大的副作用是土壤团粒结构的破坏和水土流失、肥料流失的加剧，导致土壤肥力的某些因子弱化，而且还具有积重难返的恶劣后果，从而引发人们巨大而深刻的忧虑。针对这一严重问题而应当采取的最基本的对策，可概括为“适度耕作，保土保肥”。

第三，对于水资源的保护和优化利用的高度关注。其关键在于优化用水意识和举措。例如，从源头上控制水资源浪费的最有效的杠杆就是层层普遍实行“有偿供水”，它必然会带动“节约用水、高效用水”。抓住这个“龙头”，诸如大水漫灌而带来的资源浪费、土壤板结、土肥流失等问题，便基本上可迎刃而解。例如，典型经验表明，滴灌施肥在降低氮肥用量 2/3 的情况下，仍可提高作物产量 30%，同时可使地下水硝态氮含量降低 60%。

第四，坚持农业的可持续发展，发展生态农业是必由之路。一是按照生态原理建立人工高效生态体系，给农业生态系统以合理的投入，提高生态系统的效率，适度满足人类的经济需求；二是节约使用资源，使资源可持续利用；三是建立环境友好型生产方式，避免农业生产对环境产生不良影响，同时通过农业的多功能作用使环境日益优化。

“现代农业病”根深蒂固、积重难返，应当标本兼顾、循序渐进。这意味着，彻底革除“现代农业病”是一项长期的、持久的重大任务，既要在战略上重视，从大政方针上立论建纲，更要在战术上脚踏实地，普遍变革，持之以恒，以便逐步奏效。

目前，一些先知先觉者关于绿色农业、观光农业、免耕农业等的多种多样的试验，肯定都会为大面积推广“新型现代农业”，做出令人敬佩的牺牲和提供难以估价的经验和教训，从而为整个农业的美好远景，作出出色的贡献。不过，在这方面也要注意避免不同程度的片面性。例如，为了避免药害而完全彻底地杜绝化学农药的使用，为了避免化肥的副作用而予以彻底摒弃而完全使用农家肥料，为了避免对土壤结构的破坏而完全不使用拖拉机等农业机械，等等。这样，农业就完全“返璞归真”了！不过，实践表明，这种农业的土地生产率是不高的，经济效益是较低的，从而难以普遍推广。那么，真正切合实际的“新型现代农业”或“后现代农业”，就应当是弃现代农业之“短”而取生态农业之“长”的产物。

现代农业必遵——“农工商一体化律”*

一、“农工商一体化律”的要义及其优越性

“农工商一体化律”即农业与工业、商业这三个产业的基层单位有机地结合为一体，进行农产品的生产、加工和销售的综合经营，这是现代农业发展的必由之路，是整个农村走向富裕的产业链条保障，也是“涉农”工商业顺利发展的组织保障。农工商一体化的出现，是一项涉及“三农”的重大制度变迁，而且既关系生产力的进一步合理组织又涉及生产关系的进一步适度调节。

农工商一体化是市场经济发展到一定程度的必然产物，这是不以人们的意志而转移的。随着农业生产总产量的增长及农产品商品率的提高，农产品的加工、销售两个后续环节的重要性就日益显露出来。实行农工商一体化，意味着农产品生产单位，与工业部门中的农产品加工单位，以及商业部门中的农产品销售单位，三者中的一定数量的基层单位，按照规模适当、结合紧密度适当、相互配合和促进、综合经济效益最优等项原则，组成农工商一体化的综合经济实体或紧密程度不同的经济联合体。在农工商三业中，农业是核心、主体，工业、商业都是为农业这一核心服务的后续部门或配套部门。

实行农工商一体化，具有其客观必然性和巨大的优越性。这可从以下三个方面予以展开论述：

第一，实行农工商一体化会大大改善基层单位中以农民为核心的，包括农产品生产者、加工者、销售者即“产、加、销”三

---

* 原载 2010 年 6 月 30 日《中国经济时报》。

者之间的经济关系，可使农工商三方的联系固定化、紧密化、清晰化并且规模化。概括而言，一定数量的基层单位的联合，不论其紧密程度如何，都意味着基层经济单位规模在实质上的扩大，从而获得“经营规模效益”。

第二，实行农工商一体化可使农产品加工部门的原料来源获得稳定的保障，使原料（农产品）在品种、数量、质量、规格等等方面更好地适应加工的需要，也可使加工设施、工艺流程、产品包装、产品保鲜等等设施和材料等等日益符合农产品的特性，而且有利于商业部门的运输、储存、保管、销售，进而有利于消费者的购买、储存和消费。简言之，实行一体化可获得从生产到消费诸环节上的“产业连接效益”。

第三，实行农工商一体化会降低三者之间的频繁的相互搜索而形成的较高的“搜索成本”，降低繁琐的交易活动所造成的较高的“直接交易成本”，从而可使农产品以最低的加工、运输、储存、销售综合成本进入市场，而且最终可在很大的程度上改变农业生产者比较利益低下的不利局面——使其分享“工商增值效益”。

简言之，实行农工商一体化，意味着农产品的生产、加工、销售三个环节的有机结合，形成跨越三个部门、高度密切衔接、高度紧密配合的经济大协作，最终不仅使三个经济部门和相应的经济单位享受显著提高经济效益的实利，而且大大造福于农产品消费者。

这一切也都可说明，当农业和整个国民经济发展到一定程度之后，实行农工商一体化便会提到议事日程。而实际情况也正是这样——在发达国家农工商一体化的水平已经相当可观，在中国的发达地区，农工商一体化也已经呈现欣欣向荣的局面。目前，即使是在中国，“农超对接”（农产品生产者与超级市场挂钩）这种现代化的“农产品生产者—大型销售商—消费者”三者通过“直通车”而连接的形式，也已经不是罕见的了。当然，在“相对耐储农产品”（如棉、麻及某些粮食等等）领域，农工商一体化的进度较慢、比重较低，但这是正常的。

由以上所述不难认识到：“农工商一体化律”，是现代农业发展所必循之路，是必然要遵循的客观经济规律

二、“农工商一体化”概念的产生、变异与正名

“农工商一体化”是现代农业领域中的新生事物，其概念本身的产生、变异与正名问题，都具有实质性意义，不得不予以关注。

农工商一体化的活动最初出现于养禽业——在20世纪50年代始于美国，然后是英法等国加以效法，并逐步传播于欧亚多国。养禽业的农工商一体化，具体内涵为雏禽孵化和供给，饲料供给，幼禽喂养，兽医服务，成禽屠宰、加工，成品包装、储存、运输、销售等等全过程的“农工商一体化”——生产、加工、储运、销售等等环节的一体化。受到这种“一体化”优越性的吸引，后来在奶业、养猪业、养牛业、蔬菜业、水果业以及粮食业等部门，也逐渐在不同程度上和不不同的比重上实行农工商一体化经营。

在经济生活中出现了农工商一体化经营的实践，自然而然地要求经济理论工作者给予概括、提升和指引。特别是，对于这种新生的经济现象从概念上予以规范，便首当其冲地被提到议事日程。1957年两位美国学者J. H. 戴维斯（J. H. Davis）和R. A. 戈德伯格（R. A. Goldberg）合作撰写并出版了《关于农工商一体化的概念》（A Concept of Agribusiness，或译为《关于农工商综合体的概念》）一书，它标志着“农工商一体化”这一概念的正式问世。这一概念创新对于农工商三业在基础层面上的结合起到了正名的作用，从而进一步对于这种经济结合起到了推动作

用。当然，在中文中，“农工商一体化”这一概念，是对于英文 Agribusiness 一词的最顺当的意译而不是呆板的硬译，这种译法既不违背其本含意，又利于其采用和推广。

然而，在中国却普遍地、几乎无一例外地将“农工商一体化”（或“农工商综合经营”）称之为“农业产业化”，并且称得上是上下一致、家喻户晓、到处可见。笔者认为，这是对于“农工商一体化”的完全不恰当的更名。根据笔者的追踪，“农业产业化”这一概念，是中国某地在总结农业和农村发展经验时，作为一种新的农业发展战略而提出来的，其内容包括组织引导农民，围绕主导产业和产品，实行专业化生产，组建“市场牵龙头（即‘龙头企业’）、龙头带基地、基地连农户，种养加、产供销、内外贸一体化”的生产经营体系。1993 年 7 月某全国性报纸刊登了该地农口负责人题为《产业化是发展市场农业的重大战略》的文章——这意味着在中国将“农工商一体化”正式称之为“农业产业化”的开端。从此“农业产业化”这一概念就逐步在中国获得了全面、普遍的采用，而“农工商一体化”或“农工商综合经营”的提法，除了极个别研究人员在其作品中采用外，几乎难觅踪影。然而，将其称之为“农业产业化”，从本质上来看，并不是理论上或概念上的创新，而是由于对“农工商一体化”的本质和内涵缺乏深入而准确的认识而给出的不恰当的概念。其根本的理由在于：农业本来就是国民经济中的第一产业，而工业、商业则分别属于第二和第三产业，从而三者的结合绝对不意味着“将本来不是产业的农业化为产业”。古人云：名不正则言不顺，言不顺则事不成。从而还事物的真面目，在全社会改用“农工商一体化”的提法以替换“农业产业化”的提法，是理所当然而毋庸置疑的。

此外，还有一些人将“农工商一体化”改称为“农业一体化”，即省略了“工商”二字，这显然也是不能成立的。其要害在于，单纯的“农业”本身是谈不上是否“一体化”问题的，而“农业”究竟同谁搞“一体化”是不应模糊化的，从而这种省略也是完全不恰当的。在这一问题上，如果是搞硬钻牛角尖式的“咬文嚼字”，当然是绝对不可取的，不过，任意乱命名而导致“名不副实”则是应当认真加以纠正的。

三、农工商一体化的基本组织形式

农工商一体化的典型的基本组织形式有二，一是农工商合同制一体化，二是农工商垂直一体化。

农工商合同制一体化是指实行这样一种制度安排：农产品生产者与农产品加工者、农产品销售者三者之间，通过签订合同，使农工商三业得以进行紧密合作，以便增进并合理分享收益。

农工商合同制一体化中的合同，具有三种具体形式，即市场型合同、生产管理型合同及原料提供型合同：其一，市场型合同是以价格规定作为合同的主要内容，即对未来一定时段内交割的商品的数量、质量、价格作出约定，各方共同遵守。仅就价格本身而言，其中包括固定型价格（合同中规定交割农产品的数量、质量及固定价格）、成本加利润型价格（即在农产品成本的基础上加上一定幅度的利润作为农产品合同价格，实际价格则因市场状况而异）、保护型价格（农产品交割价格只能高于而不能低于事先约定的最低保护价格）、上下限型价格（农产品交割价格，不得超过事先约定的上限和下限）。其二，生产管理型合同即农产品生产者与农产品加工商、销售商通过合同规定农产品数量、质量、价格的一体化类型。其最主要的特征是农产品加工—销售商能够严格控制农产品质量，特别适用于现代化的种子生产与营销。其三，原料提供型合同，规定农产品加工销售商通过向农业生产者提供一部分原料、辅助材料等，作为交换而获得特定质量的农产品（例如，肉鸡加工企业向养鸡户提鸡雏、饲料、疫苗等等换取合乎标准的肉鸡），最后双方都从较丰厚的销售收入中获益。

农工商合同制一体化的基本优点是保持农产品生产、加工、销售三大方面的原有组织的“建制”，通过签订合同而进行经济协作，从而可获取合作之利而避免组织重建往往会碰到的某些“组织风险”。

农工商垂直一体化是把农业生产本身、农业生产资料的生产和供应、农产品的加工和销售等环节纳入同一经济实体之内，形成农工商综合体。实行农工商垂直一体化具有多方面的优越性，诸如可减少经营的不确定性，可降低交易费用、降低产品成本、增强竞争力等。就原料的及时供应而言，以及根据市场状况而改变农产品的数量、质量而言，都具有明显的优势。然而其最大的劣势则是整个企业要共同承担农业生产的不确定性的风险，从而在客观上限制了此种形式的发展。

在现实生活中，以上两种形式是同时并存而且有所交叉的，往往难以严格地、绝对地加以彻底区分。

四、现阶段中国农村的农工商一体化

在中国，自20世纪90年代中期以来，农工商一体化成为农业经济的热点之一。目前，其主要形式有以下几种：

1. “龙头”企业主导型。即“企业＋农户”型。其内涵是，由进行农产品加工的“龙头”企业与农业生产基地或农户签订产销合同，提供全程服务，按最低价保证优先收购，由企业负责销售。从而，整个农工商一体化的全过程，都掌握在“龙头”企业手中——“系天下安危于一身”。这种类型的农工商一体化活动，最主要的优势是整体性强、连贯性强、交易环节单一、经济效益高。其存在的不足则是，一旦“大权独揽”的“龙头”企业受种种内外因素的影响而出现不同程度的“运转不灵”问题时，其不利影响的波及面会较大。对此，相关的政府部门不得不经常予以密切关注。

2. 专业合作组织主导型。即“专业合作社＋农户”型。包括从事运销、加工等活动的合作社，将农户在某些方面的活动组织起来，产生某种程度的一体化效应。这种类型的农工商一体化组织的最主要的特点是松散性较强，一体化的效应较弱，不过当发生运转不灵的问题时，其所造成的不利影响也比较小，进行纠正和弥补也比较容易。

3. 中介组织主导型。即“中介组织＋农户”型。由中介组织（主要是行业协会如生猪生产协会、果品协会等等）带动农户，组成生产、加工、销售一体化的集团，取得相当于农工商一体化的效益。这种类型的农工商一体化组织，其优缺点与上述“专业合作主导型”组织相类似。不过，它的专业性强，具有明显的“专业性优势”——诸如品种优化、生产技术优化等，从而有利于提高经济效益。

4. 专业市场主导型。即“专业市场＋农户”型。由专业市场带动附近农民实行专业化生产，并相应地进行专业化加工和销售，从而形成松散型的农工商一体化运作。

以上四种形式，各有其适应的条件和作用，在中国正在因地制宜地发展着。

结　束　语

本文所阐述的道理，其最直白的含义是：单一发展农业，必定持续地被农业的产业特点所困锁而几乎完全难以突破；而实行农工商一体化则是通过优化农村产业结构，尽可能实现人力、地力、财力的相对优化利用的致富之路。当然，这并不意味着农业的先天性困境就不存在了，而是有所缓解。既然如此，何乐而不为？

【作者后记】关于“农工商一体化”“农业产业化”，有人提出了最新的概念：“农业聚合化”。此概念较“农工商一体化”简洁，不知将在何种程度上能够为理论界所接受。

论“蔬菜产供消协调律”*

“蔬菜产供消协调律”的基本含义是，蔬菜的生产、采购、运输、批发、零售等五大环节，在空间、时间、品种、数量、质量、价格等六大要素上的优化，最终保障生产、供应、消费三大方面基本利益的协调。

一、从蔬菜的重要性和特征推导出“蔬菜产供消协调律”

人们所必需的食品，包括粮食、蔬菜、肉乳蛋、水果等四大类。其中，粮食主要是提供热能的，蔬菜、水果主要是提供维生素和矿物质的，乳类、蛋类、肉类主要是提供动物蛋白质的，四者对于人的生命的维持和生理机能的正常运行，都具有不可取代的重要意义，必须全面地得到满足。除了作为食物之首的粮食以外，作为副食之首的蔬菜，对于人的重要性仅次于粮食而每日必不可缺——正所谓“食可无肉而不可无菜”。从而，为全体国民提供每日足够数量的蔬菜（其正常的标准是每人每日 1 公斤，其最低标准是每人每日 1 市斤），是农业生产部门责无旁贷的重要任务之一。在此基础上再辅之以适量的动物食品，就全面无遗了！

蔬菜业具有四大基本特征：第一，品种多样。一方面是蔬菜的品种繁多，另一方面是人们对蔬菜的需要是经常变换的，否则就会显得乏味而影响食欲和效果。这就使得蔬菜的生产和供应，必然呈现多样化的局面，而且要主动地、普遍地避免单一化。第

* 原载 2011 年 8 月 8 日《中国经济时报》。

二，生长期短。除了大萝卜、大白菜、洋葱、马铃薯之类的少数蔬菜的生长期较长之外，绝大部分蔬菜的生长期都相当短，能够迅速提供产品，满足市场需要，从而蔬菜的生产和供应具有较大的灵活性。第三，不耐储运。除了少部分产品之外，绝大部分蔬菜都比较鲜嫩——含水量都较高、不耐储存和运输。这不仅增加了供应上的难度，而且增加了蔬菜的经营成本。第四，地域性强。蔬菜生产具有明显的地域差异性，全国各地的不同气候、土壤条件，在很大程度上决定了蔬菜的品种、产量、质量、生长和供应的季节等。这就使得各地之间在蔬菜供应品种和供应量方面进行调剂是必要的。

以上述全部论述为基础，进行更深层次的分析和概括，便可提出“蔬菜产供消协调律”如下：

以切实满足市民对蔬菜消费的基本需要和切实保障菜农的基本经济利益为核心，蔬菜生产和供应紧密结合、持续协调，做到数量足够、品种多样、质量上乘、均衡上市、价格合理。

其中，保证蔬菜的“数量足够、品种多样、质量上乘、均衡上市、价格合理”这五大方面，可被视为古今中外蔬菜经济的精髓所在。其要求并非过分，理论也并不深奥，但要全面、持续地落实，却大有文章可做。

以下的全部论述，都直接、间接地围绕这一规律的落实而进行。其中，超越一切的问题是在蔬菜的产供消中作为“无形之手”的市场与作为“有形之手”的政府（或其代理者），两者如何密切配合并各司其职的问题。在中国特色的市场经济中，蔬菜的产供消最具典型意义——它既需要依靠作为“无形之手”的市场的自发调剂，更离不开作为“有形之手”的政府的主动干预，两者应当是紧密结合、各司其职而不可偏废。特别是，不可片面放任市场的自发运行，而必须适度加大政府干预的力度，否则市场就可能走偏方向，对于农民和市民都不利——诸如“菜贱伤农民、菜贵伤市民”等。

二、正确处理大城市蔬菜自我供应与发挥专业蔬菜基地优势的相互关系问题

城市蔬菜供应问题，实质是城市经济与“三农”经济相互交叉性的问题，具有相当大的复杂性。在这一领域内落实“蔬菜产供消协调律”的核心内容是，如何从宏观上全面地、正确地处理城市蔬菜自我供应与发挥外地专业蔬菜基地优势之间的相互关系问题。一方面，如果从“就地生产、就地供应”，免除外地调运的种种派生性问题的角度来看，似乎任何城市的蔬菜供应问题，都以就地解决为主；另一方面，如果从发挥专业蔬菜生产基地的优势的角度来看，则会得出截然相反的结论：任何城市都以从专业蔬菜生产基地调入蔬菜为主。显然，要进行全面、深入、细致的分析和研究，以客观的效益为准。

现阶段中国蔬菜生产与调运中的实际问题是，原来一般的大中城市郊区都拥有相当大面积的蔬菜基地，蔬菜的自给率是相当高的，而在城市经济的发展中，工商业、房地产业的明显的迅速扩展，逐步“蚕食”了蔬菜地，使之日益明显地缩小，从而日益改变着城市蔬菜的“就地生产、就地供应”的格局——自给率降低、调入率提升。随之而来的便是外地调运蔬菜运费高、损耗大、不及时、成本高、售价高等问题日益突显，而要求改变这种状况的呼声不断高涨。具体而言，过去中国大中城市蔬菜的自给率通常在50%左右，有的曾经高达60%甚至更高。然而目前，中国大中城市的蔬菜的自给率通常约为30%，北京仅为10%，只有上海仍然达到50%。北京的石景山、朝阳、丰台等区，过去拥有田连阡陌的大片菜地，现在已经难觅踪影。

当前在中国，解决大中城市蔬菜问题的占优势地位的观点可概括为：“还地于蔬菜，提高自给率”。其中包括：过去因不重视

而被免掉的“新菜地开发建设基金”,[1] 应当补交;近郊区土地不足,尽量在远郊区开发新菜地;提高蔬菜生产的集约化水平,甚至可仿效某些国家建立全封闭式、高度现代化的“高产蔬菜工厂”等。简言之,应当千方百计地提高城市的蔬菜自给率。

然而,“千方百计地提高城市的蔬菜自给率”,却不是现代大中城市和现代农业所必然要承担的义务。相反,发挥自然条件优势和规模经济优势,形成大规模现代化蔬菜生产基地,大批量提供物美价廉的蔬菜,然后通过高质量、高效率的现代物流系统,供应大中城市以便满足其基本需要,而各个地区的“自产”部分,仅具有拾遗补缺的辅助性作用。这正是现阶段农业十分发达的欧美亚国家所已经或正在走上的道路。例如,美国虽然幅员广大,但是并没有走大中城市蔬菜自给自足的道路,而是在全国形成了“东西南北”四个大型蔬菜集中产区,分片供应附近的各个城市。其他的发达国家的蔬菜业,也大体上是沿着“自然优势”加“规模优势”的模式运行的。这一点,当然是值得我们认真借鉴的。其中的关键在于建设强大的蔬菜物流系统。

三、强大而优化的蔬菜物流系统——现代蔬菜业的命脉

如果说最适宜的自然条件是蔬菜业的自然基础,那么强大而优化的物流系统便是现代蔬菜业的经济命脉。前者是提供优质、高产、低成本蔬菜的先决条件;后者,则是使“优质、高产、低成本蔬菜优势”得以保持始终,使生产者、调运者和销售者获利

---

① “新菜地开发建设基金”是指土地管理法规定:为了稳定菜地面积,保证城市居民吃菜,加强菜地开发建设,土地行政主管部门在办理征收城市郊区连续三年以上常年种菜的集体所有商品菜地和精养鱼塘征地手续时,向建设用地单位收取的用于开发、补充、建设新菜地的专项费用。

并且最终造福于消费者的基本保障，地位重要、作用巨大。从而，优化联系“田头与餐桌”的现代蔬菜物流系统，是落实“蔬菜产供消协调律”的极其关键性举措。

国内外的先进经验表明，“田头—餐桌系统”的优化，通常包括以下六个基本环节：“净菜—包装—冷藏—运输—超市—餐桌”。其中，“净菜”是指农民向收购商提供不包括或基本不包括明显的泥土、烂叶、余根等附着物的蔬菜；“包装”应符合保存、搬运等方面的基本要求；“冷藏”是现代蔬菜物流中的核心环节，是蔬菜长途运输而能够保鲜的关键（即形成“冷链”）；“运输”是“与时间赛跑”的关键的环节，要求“速度快、时间短、保鲜嫩、费用低”，否则整个“田头—餐桌系统”的优势就可能全部被抵消。圆满地经历了上述环节之后，质量优良的蔬菜到达了超市这一环节，就算是基本上完成了“田头—餐桌系统”的“长征”了，再到“餐桌”便不成问题了。从而，“田头—餐桌”系统，从蔬菜生产和供应的角度，便可简化为“农超对接”，而且在现实生活中自然而然地衍生出“农校对接”“农厂对接”（指蔬菜从田头直接销售到大规模学校、工厂的厨房）等等，简言之即蔬菜的“产销对接”。

四、蔬菜生产、管理的社会化组织不可或缺

在基层，由一家一户的小农经常、直接面对庞大的市场，双方就很难沟通，从而在发达的西方国家中，菜农中的大部分都是参加蔬菜合作社的。在我国，蔬菜合作社之类的组织也正在兴起。在中上层，如果仅仅依靠政府的相关部门对蔬菜产销进行管理和协调，肯定是力不从心的，从而例如在美国就建有各层次的“蔬菜水果协会”，德国则有“蔬菜种植业联合会”等等。在我国，类似的组织也已经出现，例如河北省的“蔬菜行业发展联合总社”等等，而且其前途无量！

论农地转非自然增值分配的“私公兼顾律”*

“农地转非”是指农用土地转变为非农建设用地；“自然增值”是指土地“农转非”后价格的自然而然的增加。如果完全或基本按照非农地价格补偿失地者，便意味着遵循“涨价归私（农）”论；如果大部分自然增值归政府所有，便意味遵循“涨价归公”论。笔者在前两者的基础上提出了“私公兼顾律”（或称“私公兼顾论”）：对农地转非所产生的土地自然增值，根据其主要来源于整个社会经济的发展而按照“私公兼顾”的精神进行分配——在对失地农民进行充分、合理补偿后，其剩余部分归公，主要用于支援农村建设并适当兼顾城市建设。

单纯的“涨价归私”与“涨价归公”的片面性

对于农地转非自然增值分配的传统观点，有“涨价归私（农）”与“涨价归公”两大派别。“涨价归私（农）”论的基本理论支撑是“土地非农开发权补偿”论——农民应当拥有完整的农地产权，应当获得“土地非农开发权价格”即“非农地价格”。“涨价归公”论（制）的主要代表人物是美国经济学家 H. 乔治（1837—1897），他认为“土地价值不表示生产的报酬，……它表示垄断的交换价值。它在任何情况下都不是占有土地者个人创造的；而是由社会发展创造的。因此，社会可以把它全部拿过来”。

---

* 本文是以《农地转非自然增值公平分配论》一文（载 2006 年第 11 期《经济学动态》）为基础，在理论上加以进一步概括和提升而成的，原载 2010 年 6 月 30 日《中国经济时报》，但有所改动。

孙中山是其最著名的、坚决支持者之一。

问题的关键是土地“自然增值”的实质。它是指社会性投资（包括公私单位用于各种建设的）对于土地产生的辐射作用而使其价格增加。当土地作为农地时，其影响是极其微弱的。而农地一旦转为非农地之后，便使得受辐射影响大的、位置优良土地价格，因供不应求而明显上扬。

“涨价归农（私）”论者只看到失地农民应当享有农地开发权，而忽视整个社会利益，尤其是根本无视农地转非并不是失地农民本身付出努力的结果，而是由土地位置和政府土地利用规划所决定的。如果完全按照“涨价归农（私）”论进行农地自然增值的分配，其突出的弊端必然是使失地农民“所获非所值”，而且还不利于土地被征收可能性较大的地区农民安心务农，也不利于基本农田的在耕农民坚守岗位。“涨价归公”论则完全相反，它仅仅认为社会应当拥有整个农地开发权，而不顾失地农民拥有获得合理补偿的天然权利，从而也是站不住脚的。

为了克服长期实行“涨价归私（农）”制之弊，英国工党政府曾经于1947—1952年实行土地开发权国有化，即政府通过征收土地开发捐（Development Charge）将土地增值全部收归国有。但是，此举造成了地产市场萎缩，最终不得不放弃。

“私公兼顾律”脱颖而出

美国实行的土地“开发权转移制”（Transfer of Development Rights，简称TDRs），别有洞天。自20世纪60年代末开始在美国纽约州一些社区自发地实行，后来扩展到20个州。其要点是：在一个社区内，按照规划进行开发的土地所有者，必须从按照规划加以保留的土地（农地、林地、开阔地等）所有者那里购买足够份额的“土地开发权指标”。这意味着，每一块土地都平等地拥有等量的土地开发权指标；如果因规划而使一些土地的实际开发受到限制，便应当由获得实际开发权的土地所有者给予补偿。此时的土地权利被称之为“可转移的土地开发权”(Transferable Development Rights)。实行这一制度，可保证在一个社区内，各个地块的所有权人的土地开发机会和受益机会均等，显然是一种很公平的制度。

笔者提取上述三者的合理内核，即“涨价归私（农)”制的“充分补偿失地者”、“涨价归公”制的“土地自然增值源于社会经济发展”、“开发权转移制”的“土地开发权益均等”，将三者有机地综合为一体，提出了“私公兼顾律”，并将其视为客观上、最终必然会得到遵循的一个经济规律。其核心为：公平分配农地自然增值——在公平补偿失地者的前提下，将土地自然增值的剩余部分主要用于支援全国农村建设并兼及城镇建设。

进一步看，应当落实科学发展观，坚持统筹兼顾的方针，防止顾此失彼；要坚持以人为本，让经济社会发展的成果惠及全体人民。那么，“调和矛盾、和谐共富”便应当是我国土地自然增值合理分配的基本准则，而“私公兼顾律”则完全符合这一精神。从产权理论的角度看，在三种补偿制调和的基础上还可抽象出崭新的理论观点——全面开发权观，即对于农地自然增值的合理分配，以便全面顾及失地农民、在耕农民和政府等三方面的土地权利。

首先，农地开发权可分解为两大部分——失地农民的农地开发权和政府的农地开发权。前者是指获得“保障性补偿”的权利，即保障其获得相当于当地“小康市民”生产、生活水平的权利。这是由于，仅仅按照现有的规定发给农民土地补偿费、安置补助费，绝对不足以持久地保障失地农民在生产、生活上无后顾之忧，从而便意味着对于失地农民的剥夺。而且，对于失地农民的补偿，不应当与土地农转非之后的用途以及相应的非农地的价格挂钩，否则便会出现新的不公。中央政府的农地开发权则是指拥有获得农地自然增值的其余部分的权利。其根据在于，农地转非所产生的自然增值，归根到底是来源于整个社会的经济发展。

其次，“在耕农民”也同样拥有农地开发权。实际上，全国任何一块农地，都天然地拥有非农开发权，只是农地的用途、位置在客观上决定了它是否可能以及在何时实现其权利（如基本农田是受到强制性保护的，不可任意开发为非农用地；位置偏远的农地被开发的机遇较低）。这样，就存在一个“已转非”农地与“未转非”农地所有者之间的机会不公平的问题。那么，对已经开发的农地的自然增值中归公的部分进行再分配，便是顺理成章的。至于中央政府，其所得归根到底既要用于支援全国“三农”建设，又要适度用于城镇建设，是不言而喻的。

总之，如果涨价全部归失地农民，意味着其土地开发权“过界”；反之，如果涨价全部归公，则意味着中央政府的土地开发权“过界”；进而，中央政府作为社会的代表，其所获得的土地自然增值收入，还不仅要进一步通过多种形式公平地惠及各种在耕农民，以便保证他们的土地开发权在实质上得以逐步实现；而且还应适当地用于非农建设——毕竟，非农建设是农地自然增值的重要源泉。

公平分配土地自然增值的基本举措

对失地农民的补偿可分为“市场标准”和“政策标准”两大类。实行“涨价归私（农）”制，意味着遵循“市场标准”，而实行“涨价归公”制和“私公兼顾”制则意味着遵循“政策标准”。实行“私公兼顾”论时，究竟如何确定补偿的“政策标准”?

首先是对土地原值的补偿。现阶段我国农村的农地集体所有制，具体体现为现有农村人口对于土地的“等额享有”制，从而失地者所拥有的农地产权就是其应摊得的那一份。那么，政府所付出的农地补偿，便表现为该份额农地的价格。农村集体经济组织则可从中分得相当于农民每年应交的农地承包费的资本化的部分。显然，前者是基本的而后者则是从属的。其次，将土地原值的补偿加上“安置性补偿”而形成的补偿总额，才是对失地农民具有实际意义的。这一总额的“政策标准”，应充分满足下列要求：安家费（指被迫搬迁时所需）、转业费（指被迫脱离农业另谋出路时所需）、失业救济金（在失地农民尚未重新就业时付给）、养老保险费、医疗保险费、学龄儿童教育保险费等。简言之，总补偿额应当能够使失地农民在生产、生活等方面达到当地“小康市民”的水平而且无后顾之忧，才称得上是真正公平合理的。这一“安置性补偿”属于农地转非自然增值的扣除。最后是“剩余归公”，即将农地自然增值减去失地农民补偿之后的剩余部分收归国有，主要用于“支援全国农村”，包括对于基本农田在耕农民予以适度补偿；扶植贫困群体等。对于重点基本农田的在耕农民，应当有所倾斜，从而意味着对于他们所拥有的非农开发权的一定程度的“购买性补偿”；此外，对于贫困的在耕农民也应有所照顾。对于过去因补偿不到位而依然存在明显困难的那部分失地农民，则应当尽快彻底扫除其困难。

附件 1：正确的提法应当是“土地征收”而不是“土地征用”①

2007 年 3 月 20 日《中国经济时报》第 5 版刊登的徐光东先生的《以物权法规范土地征用》一文，从标题到正文，除了引用《物权法》以外，从头到尾使用的都是“土地征用”。这个概念肯定用错了，而且明显的是与《物权法》的提法不一致的；如果不予以指出，就会以讹传讹，损害法律概念的科学性、严肃性。看来，作者肯定没有注意到，2004 年 8 月 28 日第十届全国人民代表

① 发表于《价值中国》网站，2007 年 3 月 22 日稿。

大会常务委员会第十一次会议通过的关于修改《中华人民共和国土地管理法》的决定。该决定将《中华人民共和国土地管理法》第二条第四款“国家为公共利益的需要，可以依法对集体所有的土地实行**征用**。”（黑体字是笔者改的，下同）改为“国家为了公共利益的需要，可以依法对土地实行**征收或者征用**并给予补偿。”该决定还指出应将相关条款中的“‘**征用**’**修改为**‘**征收**’”；“《中华人民共和国土地管理法》根据本决定修改后，重新公布。”根据上述决定，修订后的该法，已于同日由胡锦涛签署主席令予以公布。

笔者的理解是，凡强制性地将土地所有权转归国家所有的，属于“**土地征收**”；而仅仅在短期内由国家强制性地取得土地使用权的，则属“**土地征用**”。按理说，后者在正常情况下不会发生，而仅仅会在抗灾、战争等特殊情况下发生。我国尚未就“土地征用”立法——此问题在我国法律上仍是空白点。

“征用”（take over for use，requisition）与“征收”（levy，impose），中文仅仅一字之差，含义却大相径庭。一般人很容易加以混淆，但是学术性文章若出现此种情况，则理应公开加以纠正，否则后患严重。

附件 2：目前中国关于农地转非自然增值分配的三类基本论点[①]

关于农地转非自然增值分配的基本论点，目前在我国总共有三类。其一是“涨价归私（农）”论，属于传统性论点，即主张全部土地自然增值归失地农民所有；其在历史上的代表，笔者难于查找，而目前在我国以清华大学蔡继明教授、原国家土地管理

① 摘自吕亚荣：《对于农地转非自然增值分配若干问题的基本认识》，载 2007 年 2 月 1 日《中国经济时报》。

局规划司郑振源副司长等等为主要代表；其二是“涨价归公”论，属于革新性论点，即主张将土地自然增值全部或基本归国家所有，在历史上以英国经济学家J.S. 穆勒、美国经济学家H·乔治和孙中山先生为主要代表，目前在中国以南京农业大学沈守愚教授为主要代表；其三是“私公兼顾”论，属于调和性论点，即主张在充分补偿失地者之后将其剩余部分收归中央政府所有，主要用于支援全国农村，以中国人民大学周诚教授为首创人和主要代表。

目前的“最强音”为“涨价归私（农）”论，赞成者众多、发表的论述较多。主张“涨价归公”论者虽然人数不少，但目前并不太活跃。其中，孙弘博士于2004年出版的《中国土地发展权研究：土地开发与资源保护的新视角》一书，明确主张土地开发权国有，是维护该观点的最新力作。主张“私公兼顾”者则正在论争中完善其论点。例如，中国农业大学朱启臻教授强调：“土地发展权的收益来自全体社会成员为社会进步所做的贡献，理应由全体社会成员共享，也即‘涨价分享’。”（《中国土地》2006年第4期）。

附件3：关于征地补偿问题的探讨[1]

关于征地补偿，周诚教授的研究在2006年引起了较大的影响和一定范围的商榷。他对几种征地补偿制度进行了深入分析，从中提炼出了各自的合理内核：“涨价归私（农）”制的“充分补偿失地者”、“涨价归公”制的“土地自然增值的剩余归公”、“开发权转移制”的“土地开发权益均等”。在此基础上提出了全新

① 摘自朱信凯：《2006年中国农业经济与农村发展研究综述》，载《农业经济导刊》2007年第1期。

的征地补偿“私公兼顾”论（制），其要点为：公平分配农地自然增值——在公平补偿失地者的前提下，将土地自然增值的剩余部分用于支援全国农村建设，以不同形式惠及在耕农民。

附件4：关于农地征收中的“涨价归农”与“私公兼顾”之争[①]

——简答郑振源先生

作者按：此文原发表于新浪网站（2006年5月15日）。为了使其为更多读者所知，特借《中国乡村发现网》版面重发，敬请广大读者评议、指正。

2006年5月8日《中国经济时报》第5版发表了郑振源先生的《征用农地应秉持“涨价归农”原则》一文，对我自2003年以来在《中国经济时报》上发表的三篇文章（其中最近一篇为2006年2月13日发表的《农地征收应秉持“全面开发权”论》）全面地、系统地提出了异议。下面摘其要者予以简答：

一、郑文无视我的观点已经发生重大变化，依然指责我“坚持‘涨价归公’，继续剥夺农民的土地财产”。对此，首先应当明确的是：我在《农地征收宜秉持“全面开发权”论》一文中已经正式指出：“‘涨价归农’与‘涨价归公’针锋相对地处于两个极端。两者都具有片面性”；主张贯彻“私公兼顾”论、“全面开发权”论，“优先充分补偿、安置失地农民，使其进入‘小康’，无任何后顾之忧；剩余归公，……用于支援全国农村——其优先项目为在耕农民中的‘相邻农民’‘基本农田农民’的开发权的适

① 原载《中国乡村发现网》(2011-09-27)

度补偿。”认为这是“承认差别、调和矛盾、多方互利、和谐共富之论。”而郑文却置这些论述于不顾，武断地认为拙文是“抑制集体农民的利益”“剥夺农民的土地财产”“为拒绝改革者张目”。这种不顾事实的论断，在真正的学术探讨中是罕见的，从而也是十分费解的。

二、郑文认为，孙中山提出平均地权的理论“是为了抑制地主利益”，不能用来“抑制集体农民的利益”。对此，首先应当明确，孙中山的理论并非只是针对我们所理解的“地主”（即剥削农民、在土改中作为应予打倒的对象），而是泛指“土地所有者”、“土地持有者”（在相关文献中，这两个概念与“地主”是通用的）。其次，主张“私公兼顾”绝不是“抑制农民的利益”，而是为了使得农民利益与社会利益各得其所。

三、郑文反对对于土地开发权问题进行继续探索。客观的实际情况是：英国曾于1848—1952年将土地开发权收归国有，这一大动作虽然早已成为历史，但其留给后人的理论财富却值得进一步发掘；美国已经大面积实行“土地开发权购买制（PDRs）”“土地开发权转移制（TDRs）”，表明在土地私有制条件下也能在一定程度上做到“地利共享”（例如在实行TDRs的条件下，农地保持者可获得补偿之利，土地开发者虽然要出资购买开发权，但是可获得进一步开发之利）；我国台湾著名土地经济学家苏志超教授在其专著《比较土地政策》（1999）一书中，对土地开发权问题的方方面面进行了极其深入的探索，并强调“地利共享”；我国土地法专家沈守愚教授在《土地法通论》（2002）一书中认为：“农地发展权必须属于国家，……基本含义是保障农地的生物生产，促进土地的可持续发展利用”；中国农业大学教授朱启臻最近发表文章认为：“涨价归公”不能保障农民的利益，“涨价归私”则会使土地所有者占有全体社会成员的贡献；“土地发展权的收益来自全体社会成员为社会进步所做的贡献，理应由全体社会成员共享，也即‘涨价分享’。”（《中国土地》2006年第 4 期)。由此可见，对此问题应当继续探索，其余地还是非常广阔的。可是，郑文却武断地认为:“周文鼓吹的‘全面开发权’论亦不过是企图剥夺集体农民土地财产权的又一招数。”如此简单化的论断，意味着完全拒绝对于土地开发权问题的探索，从而距离学术性论证就比较远了。

四、郑文认为，拙文中关于农地价格是农地被征收前三年平均收益资本化的提法，与我过去著作中所提的地价由绝对地租和级差地租资本化构成的理论是矛盾的。这完全是误解。实际上，“地价是地租的资本化”这是一般理论，只不过是不同的土地(农地、市地)的绝对地租与级差地租本身不同而已。郑文还在实际上把土地的“区位差价”与土地的“自然增值”，对立起来，仅仅片面强调“是区位决定地租、地价”。其实，既存在区位地租、地价问题，又存在辐射地租、地价问题，两者既非相互排斥，也不可能相互取代。

五、郑文还提出，在现实生活中出现的“外部收益”问题比比皆是，为何仅仅抓住农地增值问题不放?笔者认为，从原则上来说，为求得社会公正，此类问题无论发生在何种场合，具有何种性质，至少都是值得理论界关注的。例如，我国台湾征收“工程受益费”，就是很值得关注的。其具体内容为:政府因建筑或改善道路、桥梁、港口、水库、堤防等，对直接受益的公私土地及其建筑物所有者征收受益费。这一实例，难道不值得理论界深思吗?而且，反过来说，难道对农地的辐射性增值就可以完全置之不理吗?

总而言之，拙文与郑文之间，的确存在着全面的、严重的分歧。我真诚希望能够通过心平气和的、说理的探讨来解决分歧;如果解决不了，也不妨留待时间去解决。无论如何，不必为此大动肝火，否则于事无补而伤身。

附件：对于农业经济领域中两个提法的推敲（摘要）

本文对于在农经领域中广为流行的两个提法（“农业产业化”“夯实农业基础”）提出了异议，欢迎探讨、指正！

不应将“农工商一体化”称为“农业产业化”[①]

将“农工商一体化”称之为“农业产业化”，从本质上来看，并不是理论上或概念上的创新，而是由于对“农工商一体化”的本质和内涵缺乏深入、准确的认识而给出的不恰当命名。其根本理由在于：农业本来就是国民经济中的第一产业，而工业、商业则分别属于第二和第三产业，从而三者结合绝对不意味着“将本来不是产业的农业转化为产业”。

农工商一体化活动最初出现于养禽业，具体内涵为雏禽孵化和供给，饲料供给，幼禽喂养，兽医服务，成禽屠宰、加工，成品包装、储存、运输、销售等全过程的“农工商一体化”——生产、加工、储运、销售等等环节的一体化。受到这种“一体化”优越性的吸引，后来在奶业、养猪业、养牛业、蔬菜业、水果业乃至粮食业等，也逐渐在不同程度上实行农工商一体化经营。1957年美国学者J. H. 戴维斯（J. H. Davis）和R. A. 戈德伯格（R. A. Goldberg）合作撰写并出版了《关于农工商一体化的概念》（或译为《关于农工商综合体的概念》）一书，它标志着“农工商一体化”这一概念的正式问世。这一概念创新对于农、工、

---

① 原载2012年4月12日《中国经济时报》，有较大删节。

商三业在基础层面上的结合起到了正名的作用，从而对于这种经济结合起到了推动作用。在中文中，“农工商一体化”这一概念，是对于英文 Agribusiness 一词的最顺当的意译而不是呆板的硬译，这种译法既不违背其基本含意，又利于其采用和推广。

然而，在中国却普遍地、几乎毫无例外地将“农工商一体化”（或“农工商综合经营”）称之为“农业产业化”，并且称得上是上下一致、家喻户晓、到处可见、鲜见例外。然而，将其称之为“农业产业化”，从本质上来看，并不是理论上或概念上的创新，而是由于对“农工商一体化”的本质和内涵缺乏深入、准确的认识而给出的不恰当命名。其根本理由在于：农业本来就是国民经济中的第一产业，而工业、商业则分别属于第二和第三产业，从而三者结合绝对不意味着“将本来不是产业的农业转化为产业”。在《现代汉语词典》（商务印书馆，2005）中对“产业”的诠释之一是“构成国民经济的行业和部门”，而农业正是国民经济中的部门之一，从而根本不存在“被产业化”的问题。

进一步看，“农业产业化”这一概念，再译成英文是什么呢？在《百度》中给出的答案是：Agricultural Industrialization。那么，然后再将其回译成中文，就成了“农业工业化”了，这就与本来的含义大相径庭了。古人云：名不正则言不顺，言不顺则事不成。因此，还事物的真面目，在全社会改用“农工商一体化”的提法以替换“农业产业化”的提法，是理所当然而毋庸置疑的。

此外，还有一些人将“农工商一体化”改称为“农业一体化”，即省略了“工商”二字，这显然也是不能成立的。其要害在于，单纯的“农业”本身是谈不上是否“一体化”问题的，而“农业”究竟同谁搞“一体化”是不应模糊化的，因此这种省略也是完全不恰当的。

简言之，在这一问题上，如果是搞硬钻牛角尖式的“咬文嚼义”，当然是绝对不可取的，不过，任意乱命名而导致“名不副实”则是应当认真加以纠正的。

正确认识和阐述“农业是国民经济的基础”之规律①

“农业是国民经济的基础”是一条客观经济规律。对此如何进行正确认识、阐述，无疑具有重要的意义。目前最常见的提法是“夯实农业基础”“强化农业基础地位”等。这类提法是否恰当呢？为了把这一问题说透，就不得不从头说起，逐步深入。

按照现代产业部门划分的理论，整个国民经济可划分为第一产业、第二产业和第三产业。其中，第一产业包括农业（含农、林、牧、渔各业）；第二产业包括工业（含采掘业）和建筑业；第三产业包括流通部门、生产与生活服务部门、科技文化部门、公共管理部门。概略而言，由第一产业至第三产业，上级产业是下级产业的基础，即农业是制造业和服务业的基础，而服务业则是以农业和制造业为基础而派生并为前两者服务的产业。换言之，如果没有农业，就谈不到制造业和服务业，从而农业是国民经济其他一切产业的基础，简言之即“农业是国民经济的基础”。

再进一步，还必须对于“基础产业”这一概念加以推敲。其常见的定义是：基础产业是指对国民经济和社会发展具有承载作用的产业，包括能源工业、原材料工业、燃料动力、交通运输以及电力工业等；这些产业为人类生活、生产和建设提供基本的原料、燃料、动力和交通运输、通信等基础设施。然而，此种观点是有重大漏洞的。显而易见的是，农业产业必然是“对国民经济和社会发展具有承载作用的产业”，而且是居于一切产业首位的，不应忽略。

① 原载2012年5月16日《中国经济时报》，有较大删节。

对农业是国民经济的基础的论证

第一，农业是人类的食品之源、生存之本，是人类社会存在和发展的基础。人类要存在和发展，首先要获得最基本的生活资料——食物。人类的食物包含植物性和动物性两大类，而动物性食物归根到底来自于植物，即来自于种植业。种植业的最基本的特征是，人工栽培绿色植物吸收水分和矿物质，通过光合作用利用太阳能，形成碳水化合物（淀粉、纤维素、葡萄糖）、蛋白质、脂肪、维生素等人类生长、发育所必不可缺的营养要素。只要人们还不能通过人工合成的途径取得上述营养要素，并且在外观、口感、作用等方面与天然产品相匹敌，经营种植业以满足人类存在和发展的最基本的物质需要的这一格局，就不会改变。

第二，农业生产率的提高，是实行社会分工的基础。正如马克思所说："农业劳动不仅对于农业领域本身的剩余劳动来说是自然基础，而且对于其他一切劳动部门之变为独立劳动部门，从而对于这些部门中创造的剩余价值来说，也是自然基础。"这意味着，农业以外的一切事业的存在和发展，归根到底要取决于农业劳动生产率的提高而能够提供一定数量的"剩余农产品"。

第三，农业是国民经济其他部门进一步发展的基础，而且也是社会日益繁荣昌盛的基础。正如马克思所说："社会为生产小麦、牲畜等等所需要的时间越少，它所赢得的从事其他生产，物质的或精神的生产的时间就越多。"从而，全社会物质文明与精神文明伴随着农业劳动生产率的提高而相应提高，也是客观经济规律的重要体现。

对于农业是国民经济的基础这一经济规律的遵循

第一，在发展经济的指导思想中，摆正农业的地位，即把农业放在国民经济发展前提位置上，其他一切部门的发展，都要以农业的发展状况为依据。第二，在经济增长速度上体现农业是国民经济的基础地位。在安排农业与非农业两大部门的增长速度上，必须考虑农业增长速度能够在何种程度上保障非农业部门取得相应的增长速度，保持恰当的比例。第三，要通过对农业保证足够的政府投资量来保障农业提供足够的剩余产品以支持工业和整个国民经济的发展。特别是，加强与改善农业基础设施、抗御重大自然灾害，对于农业的增产增收具有关键性作用，绝对不可轻视。

基本结论

“农业基础”这一概念无非是“农业是国民经济的基础”的简化。然而，“农业是国民经济的基础”是一个客观规律，反映的是客观必然性，从而我们只能是强调遵循这一客观规律办事，而不存在是否“夯实”客观规律的问题，也不存在“强化”农业基础地位的问题。无论如何，“农业是国民经济的基础”的规律决定了农业在国民经济中处于基础地位，而这一地位是客观存在的，根本不涉及人为地“夯实农业基础”“强化农业基础地位”之类的问题。从而，一切正式的书面论述都应当是：认真遵循客观规律，充分发挥农业作为国民经济基础的作用。其简化提法是：遵循客观规律，发挥农业的基础作用；或者是，认真发挥农业的基础作用。

四、农地经济精论*

农地资源经济

一、农地资源利用的基本原则

如何合理利用农地资源，需要从土地资源的特点出发，从农地资源供求的基本态势和趋势出发，提炼出一些基本原则，以便转而指导实际工作。

1. 统筹兼顾，农业优先。“农业优先”可以说是由“统筹兼顾”原则中派生出来的重要原则。这一般是指，在全国范围内，在土地资源总量的分配中，应当优先满足农业生产的需要，尤其是其中食品生产的需要，以免农产品依赖进口的比重过大而造成严重的被动。在中国这样一个人口众多的大国，更是如此。而且，进一步看，“农业优先”原则有时还在一定程度上适用于较大的经济区域（如一个省或几个省、一个较大的经济协作区等）之内。这是由于某些农产品的储运成本较高，因而其供求平衡往往也需要在较大的经济区域内，在某种程度上实现——尤其是在交通不发达、农产品运输费甚高的情况下，更是如此。

对于这一原则，可从以下三个方面加以具体分析：第一，

---

* 本文主要的是拙著《土地经济学原理》（商务印书馆，2007 年第 2 版）一书中与“农地经济”相关部分的摘要，略有改动和补充。

“农业优先”的实质在于，人类必须以发展农业生产满足衣食之需作为基础，然后才有可能谈到满足其他方面的需求，即这一原则是从属于“农业是国民经济的基础”这一原理的。据此，一般的国家或一个大经济区，通常都应当优先保障“农业必要土地”然后将“农业剩余土地”用于发展其他产业。这是问题的精髓所在。第二，无论是用于农业或非农业的土地面积，都取决于对农产品的需要量和土地的生产率。从远期来看，随着农业生产率的提高以及人口的减少，农用土地在土地总面积中所占的比重必然随之而有所减少，但是，这只是增加非农用地的面积和比重，却不能改变“农业优先”这一原则。第三，一些较小的或情况特殊的国家或地区，没有可能或必要基本依靠本国或本地区的土地供应农产品，只能主要甚至完全依靠进口。但这种特例无碍于“农业优先”这一一般原则的确立。

关于农业用地的重要性，土地经济学家对此多有论述。例如，我国土地经济学鼻祖章植指出：应当“使国内土地之各种利用得一适当之分配。虽土地之用不一，其间须有适宜之比例，庶不致国民经济上发生种种破绽。如农地过少，则国家粮食，势必仰给于外人，设国事不振，又发生战事，最为危险。”① 我国土地经济学名家张德粹指出：“农业土地在人们各种集约用地中应属最多的一项……此亦人对农地需要特多的原因之一。土地经济学家常认为一个国家最理想的土地分配是农地占60%，林地占30%，其他各种用地共占10%。”②

前苏联乌克兰科学院经济研究所著《农业中土地资源和水资源利用的经济问题》一书指出：“现代土地立法规定农业土地利用的优先原则，首先第一位要保证农业有足够的土地……严格限制征用农业用地，……不论任何生产领域解决任何土地利用问

① 章植：《土地经济学》，第51页，黎明书局，1934。

② 张德粹编著：《土地经济学》，第251页，正中书局，1979。

题，都要优先保证农业的利益。"[①] 这是对于农业优先原则的重要表述。笔者在1986年印行的《土地经济学初编》一书中，首次把"农业优先"列为土地利用与管理的原则之一；在《土地经济学原理》（商务印书馆，2003）中，则将其列为土地资源利用的基本原则之一。

我国台湾著名土地经济学家林英彦教授对于"农业优先"原则"不表赞同"，认为"在现代产业结构急速改变的情况下"，实行"农业优先"的原则不妥。[②] 笔者认为，由于产业结构的转变使得一些农地变为非农地是不可避免的，但是从整体上来看其前提依然是优先满足"农业必要土地"的需求，然后以"农业剩余土地"发展非农产业，从而在这种情况下"农业优先"这一具有普遍意义的原则并未失效。

2. 一业为主，综合利用。此原则是针对在一定范围之内的主辅部门之间的用地关系而言的。其根据在于，一个区域之内的农地状况既有其同一性又有其差异性，影响农地利用的条件更是千差万别，只有做到一业为主、综合利用，方能使得该区域内的全部农地都得到最合理的利用。这一原则，实际上不过是生产力布局方面的"地区专门化与多样化相结合"之类的原则的另一表述而已。

3. 节约用地，集约经营。此原则是针对农地资源的供求矛盾而设的。换言之，在农地供不应求的条件下，只有一方面尽可能节约用地，另一方面提高农地利用的集约度，才是出路。一般而论，农地的供不应求，在全球是一个普遍而持久的问题。其基本原因在于，土地总量是有限的而人们对土地的需求是无限的。而且，在地少人多的国家和地区，这一问题就更加

① 乌克兰科学院经济研究所：《农业中土地资源和水资源利用的经济问题》，第7页，农业出版社，1990。

② 林英彦著：《土地经济学通论》，第290～291页，文笙书局，1991。

现实和突出。

对于这一原则，可从以下三个方面加以具体分析：第一，贯彻“集约经营”原则，不可避免地要受到“提高效益”原则的制约。当单位面积投资的边际收益为零时，通常即到达了集约投资的饱和点或临界点，即达到了“集约边界”。第二，“集约经营”是一条总原则，在贯彻执行时，肯定要注意因地制宜——在不同的土地上，其集约度是不同的，并非在任何一块土地上，都要进行高度集约经营。第三，条件不同的土地承受投资的数量不同，——条件好的土地的承受投资量较高，条件较差的土地的承受量较低，但后者并非只能进行粗放经营而根本不存在集约经营的问题。从而，在土地利用的原则中，不可能是“集约经营”与“粗放经营”并存的。

林英彦教授对于“集约经营”原则，也“不表赞同”，认为“有些土地集约经营反而不利，而是以粗放经营较为合适”。[①] 根据本文的以上分析，实行“粗放经营”实质上只不过是实行低度集约经营而已，并非是力求粗放而不考虑技术效果与经济效果的；而实行集约经营也并非是不考虑“土地经济容力”和“集约边际”的。

4. 用养结合，持续利用。这一原则是针对农地利用中的当前与长远关系、为解决两者之间的矛盾而提出的。很明显，只有做到用养结合，才有可能实现农地资源的可持续利用。“开发、利用与整治保护相结合”“不断开发、不断优化”之类的提法，完全可包容于此原则之中。

5. 地尽其利，提高效益。这一原则是针对农地利用中的投入与产出之间的相互关系而言的。在效益中包括技术效益、经济效益、生态效益、社会效益，是不言而喻的；以经济效益为重点，也是确定无疑的。其他有关经济效益的原则，诸如比较利益

① 林英彦：《土地经济学通论》，第290～291页，文笙书局，1991。

原则、发挥区位优势原则、指向性原则（如劳动力指向原则、水利指向原则等）等，自然都成了这一原则下属的二级原则。

以上五个原则分别针对农地资源利用中的五个主要矛盾，涵盖全面、互不重复、同等重要。在市场经济条件下，其贯彻既要借助于市场力量，又应当成为从高层到底层、从政府到基层单位的各级决策和管理人员的自觉行动。

二、农地资源利用的经济效益

农地资源利用的技术效益是实施技术措施所获得的在产量、质量方面的结果；经济效益是指单位投入所取得的产出；社会效益是指其在满足人们物质、文化生活需求方面的作用；生态效益则是指其对维持和改善生态平衡所起的作用。四者皆极其重要，但作为经济学文章，在此仅论述经济效益问题。

农地资源利用的经济效益，是指一般经济效益问题在农地资源利用方面的具体化，或经济效益原理在农地资源利用方面的具体应用。通常认为，一般经济效益的高度概括是“投入—产出比”。这意味着，在其他条件不变时，“投入—产出比”越高，则经济效益越高，反之则低。一般经济效益的理论模型为：经济效益＝产出量/投入量＝单位投入产出量。

本文把衡量直接提供土地产品部门（如农、林、牧、渔部门）的经济效益指标即农地资源利用经济效益的指标分解为三部分：

（1）单位面积产出指标——以农地面积为投入、以农地产品为产出的效益指标。首先是直接反映单位面积土地产出能力的指标，如单位面积产量、单位面积产值、单位面积净产值（V＋M）、单位面积纯收入（M）等。其次是排除土地质量差异而反映土地利用效益的指标，即按土地的标准生产能力计算的经济效益指标。设有甲、乙两地块，其单位面积的生产力评分分别为

100分和70分，而其亩纯收入分别为1 200元和950元。用后者除以前者而求出“标准单位土地纯收入”，分别为12元和13.6元，即后者比前者高11.3%。

（2）单位成本产出指标。单位面积产出指标的特点是，土地面积为显性指标，而其他投入则为隐性指标。即使是采用单位面积净产值、单位面积纯收入等指标，也只能间接反映其他投入的状况。为了解决这一问题，不妨以单位成本产出（含单位成本产量、单位成本纯收入等）指标作为考察土地资源使用经济效益的指标。而且，为了更加准其起见，还可计算边际经济效益。例如，以新增产量（或产值）除以追加成本，即可求得边际单位成本产量（或产值）。

此外，还可采用“产量—成本综合指标”。产量—成本综合指标=单位面积产量（或产值）/单位产品成本。这一指标与单位面积产量（或产值）成正相关，而与产品成本成反相关，从而可更全面地反映两者的状况及其综合结果。

（3）农地投入、产出折现指标。在上述指标中，无论是投入还是产出，都存在一个“时间价值”问题。在农地资源利用中，必然要在若干年内不断地进行投资，而在以后由收益分年偿还，因此需要计算和比较全部预计成本和收益，并且把不同时段的成本和收益折为现值，再进一步求出经济收益现值指标。因此，折现指标是一种动态指标，是对静态的单位面积产出、单位成本产出等等指标的完善。

三、农地资源的供给、需求与可持续利用

农地资源的供求平衡问题的实质是“地人平衡”；农地资源的可持续利用问题，无非是其如何持续地满足人类社会的需求的问题；土地的人口承载力问题，则是“地人平衡”问题的具体化。

（一）农地资源的供给

农地资源的供给问题含自然供给和经济供给两大部分。前者是指地球即大自然提供给人类可资利用的土地资源总量中的宜农部分；后者则是在现有条件下人类可实际投入农业利用的土地资源量。例如，若按“地球表面的陆地部分”这一通常采用的定义计算，则全球土地资源的自然供给总量为1.49亿平方公里，我国土地资源的总供给量为960万平方公里。土地资源的自然供给是固定不变的、是无弹性的。

农地资源的经济供给。其影响因素包括自然因素、经济因素、技术因素、制度因素等。自然因素即是土地的自然条件。就农地而言，它主要受土壤、地形、气候、灌溉等条件的限制。例如，全球土地中仅有46％有优良土壤覆盖；34％的土地有充足的降水；20％的陆地的温度、水分等条件适合于种植小麦，而其中的36％因崎岖不平而无法实现①。影响土地资源经济供给的经济因素主要是：投入土地开发、利用的经济力量的强弱；在市场经济条件下，不同用途土地利用方向或项目的赢利状况；影响土地开发的技术因素（如改造盐碱地，可扩大种植水稻的面积）；等等。增加土地经济供给的主要举措包括：保护并合理利用现有土地，做到节约用地、地尽其用；提高土地利用集约度，在内涵上增加用地；合理开发土地，改造不毛之地，在外延上增加用地；等等。

（二）农地资源的供求平衡

这一平衡的实质是，在一个国家或地区的范围内最大限度地满足一定时期的人口对农地的需求。其道理很明显，在一切土地需求中，坚持“农业优先”的原则是必然的，而其他方面的土地

---

① R. 巴洛维：《土地资源经济学》，第16页，北京农业大学出版社，1989。

需求只能在“农业剩余土地”中解决。依据这一基本精神，可列出需求项目：①全国人口对基本农产品（主要指粮食）的需求，做到农地供求平衡。这一需求在温饱、小康和富裕阶段是不相同的。②城市居民对起码的生活空间的需求，其中包括人均居住、道路、绿化面积等等。③全国工业、商业、交通运输业等行业对于土地的需求。④农业劳动者对于生产用地的需求。只要农业劳动者还没有转为非农业劳动者，就应当力求使每个农业劳动者拥有足够面积的土地。⑤全部人口对于良性生态环境的需求。⑥全部人口对于休闲用地的需求。

无论何时、何地，都存在着土地供求平衡的客观局面，只是其质量却往往大相径庭，有高中低之分。就远景而言，严控人口，充分而合理地利用土地，力求土地供求的高质量平衡，是我们要达到的目标。

除了人口和土地数量以外，影响土地供求平衡的因素有：①土地的质量。通常仅指农业用地。不同质量的土地可折合为“标准亩”并以此为准以求平衡。②土地利用集约度——不论农地、市地，适当提高土地利用集约度，都意味着扩大土地面积。③科技因素。科技进步，不仅可提高土地利用的效率而且可扩大土地利用的范围。④外部因素——如进口农产品，意味着以外国的土地弥补本国土地的不足。此外，在国外购买、租用土地从事农业生产以弥补国内土地的不足，也具有一定价值。

（三）农地资源的可持续利用

1989年联合国环境署第15届理事会通过的文件对“可持续发展”作出了经典性的界定：“可持续发展系指满足当前需要而又不削弱子孙后代满足其需要之能力的发展”。其中，土地资源的可持续利用则是整个经济、社会可持续发展的基础。中国人口众多，土地资源有限，更使得土地资源成为经济、社会可持续发展的基础性要素。土地资源的可持续利用即土地供求的高质量平衡，是一个具有长远意义、全局意义的战略问题。对于已开发、利用的耕地，要注意数量的保持，质量的保持与提高，并注意其利用集约度的提高；对于尚未开发、利用于农业的土地，则需要通过改善灌溉条件、改良土壤之类的举措而使其得以集约利用。

耕地面积的保持极其重要——耕地被林、牧、副、渔业及非农建设占用，是不可避免的，这是国民经济现代化的需要，但是必须保持最低限度的面积。耕地质量的提高（在中国的耕地中，大约40％为高产地，60％为中低产地），意味着“标准耕地”面积的增加。耕地利用集约度的提高——包括合理提高种植密度、复种指数、投资水平，适当实行土地的立体利用、间作、套种等，这也意味着增加“标准耕地”的面积。

四、“地人平衡”问题——土地资源的人口承载力问题

“地人平衡”问题即土地资源的人口承载力问题。此问题可从两方面进行考察：一是从土地方面来考察其人口承载力，二是从人口方面来考察其对土地的需求量。

首先，从土地方面来考察其人口承载力。从长远来看，土地面积最终是一个定数，而全国人口则是可增可减的。那么，二者的平衡，归根结蒂是“以地定人”——保持人口数量与土地数量相适应。换言之，“以地定人”，是实现“地人平衡”的基本思路之一。具体而言，由于人口对土地提供的食品等生活资料的需求量，可区别为低（温饱）、中（小康）、高（富裕）的不同层次，因而其人口承载力相应地有差别。如果一个国家的现有土地，无论如何也无法满足现有人口对于农产品的最低限度的需求，即处于“地人不平衡”状态，那么就只能是：求助于进口农产品；进行人口和劳动力的输出；大力提高土地产出量；进一步大力控制人口，以便最终实现“地人平衡”。

其次，从人口方面来考察其对于土地的需要量。其主要内容是：①在严控人口的条件下，优先安排好农业用地的面积；②非农用地的扩展，以不妨碍上述要求为前提；③在越过人口高峰之后，再进一步扩展非农用地。简言之，所谓"以人定地"的实质在于，在土地与人口的矛盾处于"相持阶段"之际，更要认真落实"农业优先"的原则，确保对农地之需。现阶段中国的情况即基本如此。

落实土地资源的人口承载力的大体步骤是：①以全国现有人口总量为基数，以现行的计划生育政策为依据，通过计算人口的出生率、净增率等，预测全国人口高峰值及其到达年度、持续年限等。②根据人口高峰值及该时期的经济、社会状况，概算人均农、林、牧、渔产品的年消耗量及其由国内解决的比重，并据此求出每年全国应提供的各种产品总量。③在上述产品总量中扣除由海洋、江河、湖泊、草原提供的渔牧产品总量之后，求出农、林、牧、渔各业所需土地总面积。

中国目前的形势是，人口基数大，人口惯性增长势头强劲。在坚持现行的计划生育政策的条件下，预计到 2030 年将达到 16 亿人的人口高峰，然后逐渐回落。那么，从现在起直到 2030 年，中国就不得不为人口由 13 亿逐步增加到 16 亿而供应相应的土地及其产品，被动地实现"地人平衡"这一艰巨任务。相比之下，加拿大、澳大利亚、俄罗斯、美国这些"人地比"相当低而且有进一步降低趋势的国家，就可从容不迫地循"以地定人"之路而进。下面举出关于中国人口高峰时期的粮食与耕地面积的有关数例。

数例之一。《中国土地生产能力及人口承载量研究》（概要）[①] 提供的成果：在粮食作物、经济作物和其他作物协调发展的情况下，以粮食作物播种面积 21.21 亿亩、占总播种面积的

① 课题组：《中国土地生产能力及人口承载量研究》（概要），第 76～78 页，中国人民大学出版社，1992。

73.1%计算，经过科学测算，全国总计粮食作物平均播种面积产量为442.5公斤/亩，粮食理想生产量为93 870万吨。经过土地质量订正后并除去油用豆，全国纯粮最大可能生产量为83 000万吨。若分别按人均占有粮食600公斤、550公斤、500公斤计算，则在实现粮食最大可能生产量后，中国土地资源的人口承载量分别为13.8亿、15.1亿和16.6亿。若2030年的粮食作物复种指数按150%计（1985年为145%），则21.21亿亩播种面积相当于14.14亿亩粮食耕地；若粮食耕地面积占全部耕地的73%，则全部耕地面积应为19.36亿亩。而据国土资源部2001年国土资源公报，当年年全国耕地保有量仅为19.14亿亩，有待开源。

数例之二。苗复春、唐忠《国以“食”为天》[①] 提供的研究成果如下：到2030年中国人口将接近或达到16亿，此后可能实现人口的零增长或负增长。预计到2030年中国粮食播种面积可维持10 800亿公顷（1995年为10 987亿公顷），粮食总产量将达到7 300亿公斤，人均占有450公斤。按复种指数为150%，粮食耕地面积占全部耕地面积的73%计算，则需耕地总面积为14.79亿亩。按此标准与2001年全国耕地保有量相比较，则“剩余耕地”可达到4.35亿亩。

数例之三。肖海峰、王姣等《我国粮食综合生产能力及保护机制研究》[②]：到2020年，中国粮食的“目标自给率”为90%。

其中前两个数例，对于今后的长远预期是乐观的，而最后一个则不持乐观态度。无论如何，中国的“地人平衡”问题，呼唤着土地资源管理的日益严格和开源节流。中国虽然“地大物博”，

① 苗复春、唐忠：《国以“食”为天》，第33～34页，广西师范大学出版社，1998。

② 肖海峰、王姣等：《我国粮食综合生产能力及保护机制研究》，第65～68页，中国农业出版社，2007。

但因人口众多，土地资源供求矛盾极其突出，可持续利用的任务艰巨，客观形势严峻。

五、中国土地资源管理的基本国策

十分珍惜、合理利用土地和切实保护耕地，是中国的基本国策，即现阶段保障中国土地资源供求平衡、可持续利用的基本政策，亦即土地资源管理的基本政策。相应地，设计了三大基本制度，即土地用途管制制度、占用耕地补偿制度和基本农田保护制度。其中的土地用途管制制度是指，将全国土地按其基本用途划分为农用地、建设用地和未利用地三大类；对于农用地严格加以保护，严格限制转为建设用地，严格控制建设用地总量；对于建设用地供应，区别利弊、轻重、缓急，分别予以保证、限制、禁止。其中的占用耕地补偿制度是指，根据严格控制耕地转为非耕地的精神，按照“占多少，垦多少”的原则，由占用耕地的单位负责开垦相同数量和质量的耕地。其中的基本农田保护制度是指，将全部耕地中的80%以上的部分（含粮、棉、油、蔬菜生产基地，农业教学、科研实验田，具有良好的水利与水土保持设施的耕地，等等）划入基本农田保护区，不经国务院批准不得征用作为建设用地。

落实三大基本制度的基本手段是土地利用总体规划，这是各级人民政府都必须编制的。据此，可把严格控制建设用地总量、严格限制农地转用等等方面的政策化为可操作的举措。最主要的限制性指标是建设用地总量——地方各级人民政府编制的土地利用总体规划中的建设用地总量不得超过上一级土地利用总体规划中的控制量；最主要的保障性指标是耕地保有总量——不得低于相应的控制量。

占用耕地补偿制度是落实土地资源管理基本政策的三大基本制度之一，这一制度的核心内容是耕地占补平衡。一方面是中国耕地资源不足，占用耕地必须精打细算、力求节约；另一方面是，占用之后，应当按质、按量补足。从总体上来看，只有做到了占补平衡，到 2030 年中国人口达到最高峰之时，耕地总量方可保障 16 亿人对于农产品的基本需要。

然而，现实的经济生活却未能完全支持上述构想——18 亿亩耕地面积已经濒临被突破，而 16 亿亩基本农田也早已未能保住了。与此同时，中国从国际市场上进口的粮食、大豆却有明显增加。这种状况的出现，一方面说明，为了适应城市、工业建设发展的需要，不得不逐步适当增加非农用地的数量；而另一方面，国际农产品市场又提供了粮食、油料进口量增加的可能。简言之，这种经济形势，要求中国的土地与粮食政策，进行相应的适度调整。

农地集约经济

一、前言——土地集约经济概述

土地集约经济是土地粗放经济的对称，是指在单位面积土地上投入相对较多的物化劳动和活劳动的经营方式。德国农业经济学家 T. 布林克曼（Theodor Brinkman）给出了土地经营集约度的公式[①]为：

$$I=(A+K+Z)/F$$

式中：I 表示土地经营集约度；A 表示工资；K 表示资本；Z 表示经营资本利息；F 表示土地面积。I 的数值越高，则表明土地经营的集约度越高。

土地经营集约度问题所涉及的最根本的理论问题是土地收益变动规律问题。1815 年英国学者 E. 威斯特（E. West）在总结前人描述的基础上首次正式提出"土地收益递减律"。进一步，则从 20 世纪之初开始被人概括为"收益递减律"，认为它适用于一切生产领域。现代西方经济学对于"收益递减律"（Law of Diminishing Returns）的概括，可举一例如下："这项规律表明，将可变生产要素的追加量相继投入到其他不变的生产要素，将引起递减的边际生产率，至少在一段时间之后是这样。因此，连续地把追加资本投入到固定的劳动量中，将引起产量的增加，但边际产量随即下降，然后是按可变要素计算的平均产量将开始下降。不变要素相对于可变要素是减少了，因此，每单位可变要素

① T. 布林克曼：《农业经营经济学》，第 4 页，农业出版社，1984。

都有一个数量递减的不变要素与之相配合。"[①] 这一概括实际上已经把"土地收益递减律"的含义包括在内了。

尽管"收益递减律"和"土地收益递减率"的提法已经是约定俗成的，但是这并不能改变其不确切的事实。T. 布林克曼早在其于1922年问世的《农业经营经济学》一书中就采用了"收益增加递减法则"的提法，并且明确指出，所谓"土地收益递减法则"是一个"在意义上不大正确的名词"。[②] 本文参照布氏的提法，使用了"土地收益变动律"这一提法，并具体表述如下：土地收益变动律是指，在一定的自然、技术、管理条件下，在一定面积的土地上不断追加物化劳动和活劳动的投入量，则土地收益（表现为边际产量、平均产量和总产量）便不可避免地会经历由增加、不变到降低的变动过程。

对此，可进一步作如下阐述：第一，这是一个不以人们的意志为转移的普遍规律，毫无例外。只是，在不同的条件下，其具体表现形式不同。自然、技术、管理等条件的优劣，会影响土地收益增加过程持续时间的长短，也会影响增加、降低的幅度，但是在连续追加投资的情况下，不可能从根本上改变土地收益增加、不变、降低的依次出现的必然性。第二，尽管这一变动规律的典型适用对象是农地，但是也完全适用于非农地。当然，在必要时"产量"应替换为其他形式的产出如产值、纯收益等指标。第三，在这一规律的具体表述上，不宜用"土地肥力"这一概念替换"土地收益"概念，因为，我们在这里是从土地经营的角度考察对土地进行投资与其提供的产出量的对比，而不是考察土地肥力的变化。第四，这一规律既然属于生产经济或技术经济范畴，那么它从本质上来看便与政治、意识形态问题无关。

---

① D. 格林沃尔德主编：《现代经济词典》，第131页，商务印书馆，1981。

② T. 布林克曼著：《农业经营经济学》，第8页，农业出版社，1984。

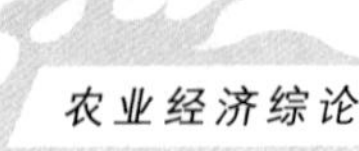

二、农地集约经营

对于实行农地粗放经营时往往称之为粗放农业，与其相对应的则为集约农业。前者的单位面积产量低、收入低，但其纯收入率有时可能比较高；而后者的产量高、收入高，但若搞得不好，其纯收入率却可能比较低。农地集约经营又可区分为劳动力集约与资金集约二大类。前者主要是增加劳动力的投入量，而后者则主要是增加资金（物资）的投入量。

农地的集约经营与粗放经营问题，同农地的合理利用与不合理利用问题，是否存在着直接的对应关系？在土地资源充裕、自然条件较好的情况下，实行农用土地的相对粗放经营也可取得可观的产量和收益，则自然而然是合理的；相反，在土地资源不足而劳动力、资本比较充裕的条件，实行土地的粗放经营，便很显然是不合理的。T. 布林克曼在论述这一问题时指出："实际的农业家却往往爱把集约的经营也看做合理的经营。这是和另外一种观察有关的：即由于国民经济继续发展而引起的经营集约性之提高，不能以同一速度传布于一切农业经营上，……在同样的自然条件与交通状况之下，通常总是那些随着时代潮流前进的农业家，……能更加集约地去从事耕作。因之，事实上，集约的经营，往往同时也就是更加合理的经营"。[①] 像中国这样人多地少的国家，在由传统农业向现代农业演进的过程中，农地经营由粗放经营向集约化经营演进，即通过提高集约化水平来提高农产品的自给率，是必然的。[②]

---

① T. 布林克曼著：《农业经营经济学》，第 2 页，农业出版社，1984。

② 山东师范大学张国防的论文《济南市农地集约利用评价研究》（载《百度文库》），是以济南为例，对中国农地集约化问题进行深入调研、探索、分析而取得的很有价值的成果之一。

农地规模经济*

一、规模经济概述

较大的经济规模会使得土地、机器和其他设备、劳动力、管理、科技等一切经济资源得到较为充分而合理的利用从而取得规模效益。其中，土地的规模，既是其本身得以充分而合理利用的条件，又是其他生产资源充分利用的必要的、前提性条件。

大规模经济之所以会产生较高的经济效益，究其根源首要的是机器、设备、管理等要素的整体性或不可分割性，尤以机器、设备最为典型。而且，在农业中采用大型机组（由大型拖拉机及其配套作业机所组成的机组）所表现的机组不可分性与经济效益之间的关联性最为突出。如果与大型机组相配套的土地面积足够大，则机组得以充分而有效地使用，便可取得相互配套性的规模效益，反之则会形成规模负效益。产生大规模经济效益的另一因素为经济活动中的“门槛机制”——任何经济活动都只有在其规模达到或超过某一个限度（即所谓“门槛”）之时，方有可能进行或值得进行。

与土地收益变动规律相类似，存在着“土地规模效益变动律”：随着土地经营规模的逐步扩大，土地效益的变动依次出现以下三个阶段，即土地规模效益递增、土地规模效益最高、土地规模效益递减。其中，能够取得最高规模效益的经济规模，便是最佳的经济规模或适度经济规模。

---

* 本文是在拙著《土地经济学原理》（商务印书馆，2007年第2版）一书的第七章第二节的基础上改写而成的。

二、农地规模经济指标和影响条件

就农业企业（或包括农户在内的农业基层经营单位）而言，反映其规模经济的指标，可划分为投入指标和产出指标两大类。

其中的“投入指标”如下：①土地面积。这是农地规模经济中的最主要的指标或称基本指标，这是不言而喻的。②劳动力数（或折合为人工日数）。这是仅次于土地面积的重要指标。但是，当机械化水平、土地肥瘠程度、土地与劳动力比例（简称“土劳比”）、单位面积土地投资水平等指标不同时，劳动力指标往往就难以反映实际的农业经济规模。③其他投入指标。如拖拉机台数（或马力数）、牲畜头数、投资总额等，也各自具有其作用和局限性。

其中的产出指标，包括产量、产值、商品产值等等，这是反映生产成果的指标，能够反映企业的现实生产能力。由于此类指标可克服各种投入指标所不可避免的局限性、片面性，能够综合反映农业的经济规模，因而，目前一些发达国家往往把这类指标作为主要的。此外，在其他条件大体一致的情况下，农业企业使用的劳动力数与农场的年产值之间是具有相当准确的对应关系的，即大体上每年销售收入若干元，相当于使用标准劳动力1人。

影响农业经济规模的条件是多种多样的，包括：①生产工具状况——农业企业或其内部生产单位的最低限度的耕地面积，应当至少能够保证由拥有一整套生产工具的一组劳动者所形成的一个作业班子，能够充分发挥其效能，特别是能够在有限的农时内完成关键性的作业，不误农时（当然，要考虑在各个生产单位之间进行协作这一因素）。②土地状况。例如，土地比较集中、各个地块的面积较大、地形平坦而便于耕作、居民点比较集中等等，则农业企业的规模必然会较大，反之则必然较小。③人地比例。例如，美、加、澳、新等国人少地多，农场的规模便相当大；日、荷等国则与此相反。中国在实行农户经营制的条件下，人地比例对于农户经营规模的影响，也是十分明显的。④集约经营程度。一般而言，农业经营单位按土地面积计算的规模与土地经营的集约化水平成反相关。此外，在实行劳动力集约为主时，投资少，投劳多，农业经营单位的总面积往往较小；反之，在实行以资本集约为主时，投资多，投劳少，农业经营单位的总面积往往较大。⑤经营者状况。农业经营单位的主要经营者知识的广度和深度、管理能力、责任心、干劲等等差异甚大，直接影响实际经营规模。⑥社会条件。各国的社会条件不同，直接影响农地经营规模。例如，目前中国实行按人头平均分配承包土地的制度，必然使得每一户农民所拥有的土地面积不大；印度所实行的土地继承法规定每个儿子继承一份土地，从而使得农场不断细分而难以扩大；美国农业属于“白手起家”类型，不受旧土地制度的束缚，加之地广人稀，因而其农场规模较大；等等。⑦经济制度。在实行家庭承包制的条件下，是否实行土地合理流转制度，必然会显著影响实际的土地经营规模。⑧农业经营单位的外部条件，包括对于农业生产的产前、产中、产后的社会化服务是否发达等等。在以上诸因素中，起主要作用的是生产工具、人地比例、集约经营度、经济制度、外部的经营条件等“五大因素”。

三、中国实行农地规模经营的必然性和渐进性

中国实行农地规模经营具有其客观必然性。在中国农村实行农户承包经营制之后，农业规模经营降低到最低水平。一分为二地看，这种以农户为单位的小规模经营具有其优势和劣势。其优势主要表现在以下几个方面：①以农户为单位进行经营，能够发挥农户所具有的天然凝聚力，较好地调动农民的生产积极性；

②以家庭为单位的小规模经营，比较适应农业生产所固有的分散性、地区差异性、技术措施多变性等特点的要求，有利于因地、因时、因作物制宜地种好、管好、收好作物；③人均负担耕地面积小，利于实行劳动集约经营，节约商品性物资投入，利于增产增收。因此，这种以农户为单位的小规模经营，基本上适合目前中国广大的生产力水平仍然比较低的地区的实际情况，从而促进了土地生产率的维持和提高。

然而，农户小规模经营的劣势，也已经在某些地区和单位中开始显露出来。主要的是：①农户耕地面积过小、地块分散，不利于调整作物结构；不利于合理灌溉、植保；不利于充分而合理地使用现代化农业机械。②善于经营的农业劳动者，得不到足够的土地，使得其专长得不到发挥，也不利于专业农业劳动者收入的进一步提高。③以非农为主的农户，以农业为副业，往往对于农业实行粗放经营甚至出现了撂荒现象，浪费了宝贵的土地资源。因此，从发展的观点来看，适当地、逐步地扩大过小的农业经营规模，是有其客观必然性的。

一般而言，实行较大规模经营主要取决于以下条件：①劳地比的降低。这是指在一定的空间范围内，每一农业劳动力平均负担的耕地面积的增加。要降低劳地比，一是要增加可耕地面积，二是要减少农业劳动力。前者只有在有荒可开、有地可造的地方才是现实的；后者则是通过农业劳动力在非农部门就业的增加而实现的，是降低劳地比的普遍的现实的途径。②农业机械化水平的提高。③农业经营者素质的提高。大规模经营与小规模经营相比较，自然要求经营者具有较高的素质。④农业社会化服务的加强。较大规模经营的成功与否，在相当大的程度上取决于农业产前、产中、产后的社会化服务的水平。此外，人口的增长制约着劳地比的变化；农产品和农用生产资料的价格影响着务农的比较利益；土地制度制约着土地流转；国家和乡镇企业的补农、建农举措影响着农业扩大再生产的能力；等等。

简言之，农户小规模经营由利大于弊走向弊大于利是渐进的，实行较大规模经营的各项条件的具备和完善是渐进的，从而农业的较大规模经营的进程必然是渐进的。

进一步看，中国农业较大规模经营的渐进性，主要包含以下几方面的含义：①就全国而言，由农户小规模经营过渡到较大规模的经营，是一个相当长的过程——这主要是由相关条件只能是逐步具备所决定的。②由于全国各个地区、各个社区、各个单位的经济、自然、组织、思想等条件的巨大差异，由于各种条件的改变的不平衡性，因而，规模经营出现的先后、发展速度等，肯定是不平衡的。③规模经营的出现，不可能是在各种条件完全具备之后。事实上，这些条件只能是在规模经营的发展过程中，彼此相互促进，逐渐完善，逐渐提高。④已经开始实行规模经营的地区、社区和单位，其规模的大小、投入的内含、规模效益等，都必然有一个由低到高的逐渐发展过程。

农业规模经营的渐进性，并非是中国的特有之物，美国及西欧各国的史实可作为例证。美国农场总数在 1935 年达到最高峰，为 681.2 万个，每个农场平均面积为 155 英亩，此后，农场总数逐年减少，农场规模逐年扩大。到 1980 年，农场总数降低到 242.8 万个（大约相当于 1935 年的 37%），平均规模扩大到 429 英亩（相当于 1935 年的 277%）。而 1935 年和 1980 年美国农场土地总面积分别为 10.22 亿英亩和 10.42 亿英亩，基本相等。这表明，自 1935—1980 年，美国农场经历了长达 45 年的演变，才逐渐实现了美国式的农业规模经营。而且，自 1980 年以来，这种格局并未发生明显变化。[①] 那么，如果中国农业的规模经营也要经历几十年的历程，岂不是很自然的么?

下面通过分析性指标来说明农业劳动力离农程度与农业规模

---

① 参见周诚：《美国农场制度剖析》，载《周诚自选集》（中国人民大学出版社，2007）。

经营之间的相互关系问题。

1. 农业劳动力必要离农率。在一个社区内，为达到农业劳动力满负荷，需要离农劳动力达到一定的比例，这一比例可称之为“农业劳动力必要离农率”，即“农业劳动力剩余率”。当一个社区内剩余的农业劳动力全部离农之后，留农的劳动力即可达到满负荷，只不过是在手工劳动的条件下，所需的留农劳动力较多，而在机械化条件下则较少。在其他条件不变时，一个社区内的农业劳动力必要离农率与“劳地比”成正比，即与劳均负担耕地面积成反比。中国各地区、各社区的劳地比不同，农业劳动力的必要离农率也不同，从而就不可能为全国规定出一个统一的必要离农率。

2. 留农劳动力平均负担农地增加率。在部分劳动力离农之后，留农劳动力平均负担农地面积会增加。例如，当农业劳动力离农率为10%时，留农劳动力平均负担农地增加率为11%，很不明显的；但是当前者达到30%时，后者就达到43%，这就很明显了。这也说明，留农劳动力的平均土地经营规模的扩大是渐进的，是由不明显到明显的。

3. 受地者承包地增加幅度。当部分农业劳动力离农之后，其所承包的农地通常并非平均地分摊到每个留农劳动力之手，而是为少数种田能手所接收，从而形成较大的经营规模。若某地离农从事非农劳动的人仅占某社区全部劳动力的20%，这个比例并不算大，但若其承包地由相当于总劳动力10%的留农劳动力接收，则接受者的承包地便将扩大2倍，这就相当可观了。

以上三个指标所反映的都是农业中土地规模经营状况变化的数量关系。三者都可反映土地规模经营的渐进性。

四、农业规模经营的两个基本阶段

农业生产力的发展，大体上经历人畜力和机械化这两个基本阶段，相应地具有不同特征的农业规模经营。

在前者，为了充分发挥劳动力的作用，就要使农业劳动者负担足够面积的耕地，形成“劳动力的耕地满负荷”。这一满负荷即每一标准农业劳动力平均负担的耕地面积的最适量。低于此量者为“劳动力欠负荷”，超过此量者为“劳动力超负荷”。在以人畜力为主的条件下，劳动力负荷是否最适，意味着劳地比是否最适，从而涉及能否使劳动力和土地都得到充分而合理的利用。

通常，劳动力并不是孤立地从事生产活动的，而是由一定数量的劳动力，配合以一定数量的牲畜、农具，组成一个作业班子，从事从备耕到收获、储藏的一系列作业。这样一个作业班子需要配备一定面积的土地，以便形成“作业班子满负荷耕地规模”。在这里，作业班子满负荷耕地规模（面积）＝作业班子劳动力数×劳均满负荷耕地面积。之所以要求按作业班子来确定劳动力满负荷规模，是由于以劳动力为核心所组成的作业班子，在相当大的程度上具有不可分性。这种不可分性意味着，如果这个作业班子在大部分田间作业中被拆散，那么，作业就不可能正常地进行。所以，一个作业班子应当被当做一个整体来看待。当其他条件不变时，作业班子满负荷规模便是适度规模。

通常，在以人畜力为主的条件下，两个主要劳动力加上一两个辅助劳动力，就劳动力而言即可组成一个进行独立操作的田间作业班子。从而，一个普通农户，就能够组成一个独立的作业班子。假设在某地，劳动力满负荷耕地面积为 10 亩，那么，20 亩耕地就是一个作业班子即一个普通农户的满负荷耕地面积。如果一个拥有两个主要劳动力的农户，分到 15 亩承包地，即低于满负荷的 25%，劳动力得不到充分利用；如果分到 40 亩承包地，则超过满负荷 100%，在不请帮工或雇工的条件下，就难以保证土地的正常经营。

目前在中国农村中的普遍问题是，务农劳动力严重过剩，劳动力欠负荷，需要通过“农转非”来解决此问题。在一个社区内，为达到农业劳动力的耕地满负荷所需要的劳动力离农率，等于农业劳动力剩余率。若某社区劳动力剩余率为40%，则该社区农业劳动力离农率达到40%时，农业劳动力的剩余率即为零。全国各个地区、各个社区的农业劳动力剩余率是不相同的，因此，如果认为只有农业劳动力的离农率达到60%～70%时，才能够实行农业规模经营的流行说法，是完全不能成立的。何况，不管一个社区的农业劳动力剩余率是多少，哪怕是只有少数人离农，就会使另外少数劳动力的耕地负荷有所提高。这也说明了做到农业劳动力满负荷的渐进性。

当农业生产由以人畜力为主过渡到以使用农机为主时，决定农业经营规模的关键因素就不再是由劳动力为主所组成的作业班子，而是由动力机和作业机组成的作业班子。这是由于，不仅单个农机具具有不可分性，而且更为重要的是一个机组在相当大的程度上具有不可分性——只有不同的动力机及与之相配套的作业机发挥其整体的和综合的作用，才能够完成从备耕到收贮的全部作业。因此，应当按照机组的作业效率来确定“机组作业班子满负荷规模”。这样，与机组相结合的劳动力的满负荷的问题，便包含在其中了。

从劳动力满负荷到机组满负荷，都是以生产力要素的合理组合为坚实基础的。生产力诸要素的合理组合，使之在质态上互相适应、在量态上比例恰当，就为农机、劳力、土地的充分而合理利用创造了起码的条件，为规模效益奠定了基础。

发达国家的农业规模经营，事实上也是经历了劳动力满负荷和机组满负荷这两个大阶段的。不过，在欧美都明显地存在过一个畜引机械化阶段。

中国农业的规模经营需要由劳动力满负荷阶段向机组满负荷阶段发展，进一步说明了规模经营的渐进性。由于中国农业剩余劳动力较多，人口增长较快，非农业部门吸收农业剩余劳动力的速度较慢，农机工业在品种、质量、数量、价格等等方面难以较快、较好地满足农业方面的需要，看来，中国大部分地区、社区要在较长的时期内处于逐步实行“劳动力满负荷规模经营”的阶段。当然，由于发展不平衡，两种满负荷规模经营会在相当长的时期内同时并举。

五、现阶段中国实行农业规模经营的组织形式

从整体上来看，现阶段中国实行农业规模经营的组织形式，是在集体经济与家庭经济同时并存的基本格局之下的。

其具体的形式可区分为以下五种：①独户规模经营。其主要形式是独户家庭农场；其最基本的特征是以家庭为核算单位，独立自主地进行经营。其中既包括以机械化为主的，又包括以手工劳动为主的；既有以家工为主的，又有以雇佣劳动为主的。②多户联合规模经营。其中又可区分为两种具体形式：一是各个农户依然作为独立核算单位，彼此之间在产前、产中、产后的一些环节上进行互助合作；另一种是，各个农户在土地经营权上进行股份式联合，甚至扩大到资金、设备、技术等方面的股份式联合。③集体规模经营。其中有的属于在实行包干到户时保留下来的集体农业专业队，有的则是乡村工业企业附属的农业专业队或“绿色车间”。④双层规模经营。这是指，一方面，社区中的一部分农户（如种田能手、种田专业户）实行较大规模的经营，形成经营大户；另一方面，社区集体经济强化对这些经营大户在产前、产中、产后的服务，从而形成集体与农户二者共同进行规模经营的局面。其中，以前者为基础，以后者为辅助。⑤社区服务性规模经营。所谓社区服务性规模经营，与前述四种形式的规模经营都不相同。前四种无论其规模大小，都是在一定的组织（如一个家庭、若干家庭、专业队等）范围内进行的，而最后这一种却并不存在专门的规模经营组织，而是把社区的服务活动本身视为一种规模经营活动。这种形式表明，农业的规模经营活动本身是具有可分割

性的。农业生产的产前、产中、产后的各项活动，往往既可以小规模的农户为单位分散地进行，又可以大规模的社区为单位集中地进行；前者不属于规模经营的范围而后者却属于规模经营的范围。

在以上各种形式的规模经营中，集体规模经营属于极少数，而且也很难扩展，而独户和联户规模经营却是大有可为的。至于双层规模经营和社区服务性规模经营，事实上正是现阶段中国农业规模经营的主要形式。采取这两种形式，不要求作为现阶段农业经营主体的农户发生任何制度性的变化，但却能够产生切实的效果，从而应当普遍予以重视。

无论采取何种形式的农业规模经营，其成功与否的最终标志是规模效益。其主要指标包括土地生产率（单位面积产量或纯收益）、劳动生产率（单位劳动力或单位劳动日产量或纯收益）和资金生产率（单位投资产值或纯收益）。三者得以兼顾，自然最佳；若难以兼顾时，则以追求何者为主，自然由主客观条件而定。例如，通过扩大荒闲土地的利用，即使是实行粗放经营，单位面积产量不高，也能够取得合算的资金生产率；通过雇用廉价劳动力，进行劳动力集约经营，往往可在较大面积的园艺作物上取得高产量、高收入；为在大面积耕地、收割等作业上抢时间而雇用农机，也可做到收大于支；等等。

现阶段中国农村土地财产制度

一、现阶段中国农村土地所有制

在实行土地改革之前，封建土地所有制在中国农村占统治地位：大约只占全国农村人口 10%的地主和富农，拥有 70%～80%的农村土地，而占农村人口 90%的中农、贫农、雇农，只拥有 20%～30%的农村土地。1947 年 10 月，中共中央公布并实行《中国土地法大纲》，进一步规范和推动了土地改革。到中华人民共和国成立前夕，已在 1.25 亿农业人口中完成了土地改革。1950 年 6 月中央人民政府委员会通过并公布了《中华人民共和国土地改革法》，指导新中国成立后的土地改革。到 1953 年春，全国除西藏、台湾外，已全部完成土地改革，使 3 亿多无地、少地的农民无偿获得了 7 亿多亩土地，在全国农村实现了土地的农业劳动者私有化。①

在土地改革之后，随即在农村开展了互助合作运动。初级农业生产合作社的基本特点是：土地私有，统一经营，年终付酬，其实质是实行土地入股分红制。高级农业生产合作社的基本特点是：土地无偿集体化，统一经营。

1958 年年底又在高级农业合作化的基础上实现了以乡为单位的、政社合一的农村人民公社化，扩大了土地集体所有制单位的规模（全国平均每社大约 5 000 户），实行单一的公社所有制。其出发点主要是为了最大限度地获得规模效益。然而实践表明，

---

① 参见《中国农业百科全书·农业经济卷》“中国土地改革”条，农业出版社，1991。

农业生产具有强烈的地域性和分散性，并不适宜在这样大的范围内进行大规模的分工协作，否则适得其反；把上百个生产队合并为一个基本核算单位，无视其经济水平的显著差别，必然出现严重的平均主义的恶果。几经调整，到了 1962 年终于普遍落实了以相当于原初级农业生产合作社范围的生产队作为农村人民公社的基本核算单位的“三级所有，队为基础”的体制，即把土地集体所有制单位的规模大大缩小。到 1982 年，家庭承包经营制已普及；随后，农村人民公社随之解体并消亡。

目前，中国农村集体所有制的土地产权主体（所有者）有三种：乡镇集体经济，即集体所有的乡镇企业；村级集体经济，相当于原农村人民公社生产大队，与村民委员会同级；村民小组级集体经济，相当于原农村人民公社生产队。农村集体所有的土地，主要是归后二者所有，其中又以村级集体经济为主。后者是由于，在农村人民公社解体的过程中，大量的原人民公社生产队随之而瘫痪，而在村一级适时建立了村民委员会并兼承了村级集体经济的某些职能。

在中国农村中还有归国家所有的土地，主要包括：除由法律规定归农村集体经济所有的土地（含耕地、荒地、林地、山地、草地、水面、滩涂等）以外的全部矿藏、水面、森林、山岭、草原、荒地、滩涂等；名胜、古迹、自然保护区的土地；国有农、林、牧、渔企事业单位使用的土地；国家拨给农村集体经济和个人使用的土地。现有耕地中，归国家所有的约占 6％弱；全国森林面积中属于国有的占 70％以上。

二、中国农村土地集体所有制的性质

生产资料集体所有制属于生产资料社会主义公有制的低级形式，因为它只是在小范围内为少数人所公有，即属于共有制。“共有”是指两人或两人以上对同一财产共同享有所有权。“共有”中的“按份共有”是指共有人按各自的份额对同一财产享有所有权；共有人对共有财产可协商处分，对自有的份额也可自行处分。“共有”中的“共同共有”是指各共有人对于财产拥有平等的所有权但并不划分各自的份额，而是通过平等协商进行管理和处分。

在初级农业生产合作社中，每个社员对其土地拥有确定的份额，拥有退社的自由，拥有按土地份额取得土地报酬的权利。此时的土地财产制度的性质，应属“按份共有”制。在高级农业生产合作社中，社员拥有平等地参加劳动并参加按劳分配的权利，还拥有通过平等协商对土地进行管理和处分的权利。此时的土地财产制度应属“共同共有”制。

目前在农村集体经济中实行家庭承包制。承包时，按人口平均分配承包地面积，意味着每人平等地拥有一份土地使用权；而且，在30年不变的承包期内，承包者平等地拥有处分权（含出让、出租、赠送等）。这表明，在实行家庭承包制条件下的土地制度，又属于“按份共有”制。

从本质上来看，这种“按份共有”制具有二重性——既具有公有性，又具有私有性。前者的表现是，作为农村社区的共同财产的土地，其所有权是不可分割为个人所有的；后者的表现是，集体经济的每一个成员都拥有一份土地使用权。这种二重性辩证地融为一体而不可分割，而且以公有性为主导。

实践表明，在农村集体经济中实行“按份共有”制，使每一个成员都平等地获得一份土地权利，最有利于调动其积极性，最有利于发挥土地制度的保障功能和激励功能，从而是现阶段最有效的制度。

三、关于如何对待现阶段中国农村土地集体所有制的探讨

中国学术界对于现阶段中国农村土地集体所有制的基本观点

有以下四种：

1. 改行土地国有制。

（1）现阶段农村土地集体所有制存在的种种弊端：①农村土地集体所有制的产权主体空缺，财产归属不清，使得土地集体所有制形成一个模糊概念；在农村人民公社解体之后，土地所有者已由村委会代替，造成政企不分。②农村集体经济的土地所有制局限于村的狭小范围，而在这样狭小的范围内进行土地使用权的流动和集中，很难符合农业现代化的需要。③农村土地由各村分散管理，对土地资源的严重滥用和浪费就很难避免。

（2）除了可克服上述弊端之外，改行土地国有制还具有明显的必要性、优越性和可行性：①随着经济建设的日益进展，非农土地利用将日益扩展，由国家直接掌握土地资源更能够适应这种客观需要。②实行农地国有化，意味着国家成为农地投资主体，从而使得对农地投资更有保障。③实行农地国有化之后可实行“国有民营”制度甚至“国有永佃”制度，从而农民既不需要用巨额资金购买农地，也不会使多数农民产生明显丧失土地之感。④我国具有实行农地国有的有利条件，其中包括城市实行土地国有化的经验；几十年的土地集体所有制的实践，早已使农民的留恋土地私有权的观念基本消失。

2. 改行土地私有制。

（1）从实行农地私有化的视角看农村土地集体所有制所具有的种种弊端：①农村的土地产权不明确，关键在于土地集体所有制的存在；要明确农村土地产权就要使集体经济退出土地所有者的舞台。②农村土地集体所有制对于农民家庭经营，起不到保护作用；只是集体经济组织需要拥有土地，而不是农民的家庭经营需要土地的集体所有制。③在土地集体所有制的条件下，土地人人有份，这就不可避免地产生小土地经营单位。

（2）实行土地私有制的必要性和可行性：①只有把全部土地产权交给农民，使土地与农民真正结合起来，才能够真正调动农民的积极性，克服短期观念和行为，切实提高土地资源利用效率。②只有土地私有化才能够有效地促进土地的商品化以及土地的合理流转和集中。③农地私有制不会造成长期的两极分化。其理由是，如果务农达不到社会平均生活水平，农民可进入其他部门；地租不可能由地主任意操纵，它必然要受工资和利润的制约。④农户土地私有制，对于社会主义经济具有依附性，这决定了其社会主义性质。

3. 改行多种所有制。全国各地因条件而异，分别采取国有制、私有制、集体所有制。例如，有的观点认为，在经济发达的地区，可实行国有制，而经济落后地区实行私有制，其他地区则维持土地集体所有制。

4. 维持和完善农村土地集体所有制。持此种观点的学者，都是反对改行农地国有化和私有化的，而且认为改行多种所有制，不仅其标准难以掌握，而且不同所有制之间会相互影响而造成制度动荡。

首先，要回答如何认识从土地国有化和私有化的视角提出的农村土地集体所有制的种种弊端问题。

一是关于农村土地集体所有制是否是模糊概念的问题。仅仅从国家征收集体土地要支付代价，农民承包集体土地要交纳承包费这两项经济关系来看，农村土地集体所有制就是实实在在的客观存在。更不用说，农村集体经济组织一般都拥有一定的土地以外的公共财产和公共服务组织，只要搞好这类组织便会使农户从中获得协作之利。当然，农村土地集体所有制的产权确有其模糊之处，但这并非是与生俱来而无法克服的。村委会与集体经济管理机构的适当结合，便是出路之一。

二是关于农村集体经济的管理机构是否是政社合一的问题。目前，一些农村集体经济的管理机构不健全，在不同程度上由村民委员会协助或代管，因而被人们认定为“政社合一”。然而。村民委员会是民选的村民自治组织，并不是一级行政组织。而且，村民委员会代行集体经济的管理之职，恰恰是精简机构、提高效率的需要。何况，《中华人民共和国村民委员会组织法》已经明确规定："村民委员会应当支持和组织村民依法发展各种形式的合作经济和其他经济，承担本村生产的服务和协调工作"。

三是关于以村为范围进行土地使用权的流转和集中是否过于狭小的问题。农业中的土地流转和集中是指形成规模经营。现阶段，在几十户的村的范围内实行规模经营，已经是相当大了，何况，在确有需要时，跨村经营也并非不可能。而且，农地的流转和集中基本上取决于农业劳动力的非农化而非农地所有制的改革。至于现阶段的土地承包、人人有份，应当说是符合社会公平原则的，是无可指责的。

四是关于农村土地资源的分散管理是否必然造成浪费的问题。实际上，土地的村有村管，是以服从国家的统一管理为前提的，并不是完全自行其是的。

其次，对于改行土地国有制的辨析。

一是实行农村土地集体所有制是否会影响国家建设用地的供给？实际上，农村土地集体所有制从来未妨碍对于建设用地的供给。目前我国建设用地紧缺的根源是人多地少而非土地集体所有制。

二是关于农地投资主体转换的利弊问题。把农地投资主体由农民、集体经济转为国家，不仅不利于调动前者的积极性，而且还会增加国家的负担，未必是良策。

三是关于实行"国有永佃制"的利弊得失问题。一般认为，实行"永佃制"意味着佃者拥有较大比重的产权，从而在土地国有制的条件下实行"永佃制"就意味着实行半私有制或准私有制，这与实行国有制的出发点是矛盾的。其结果，很可能更接近私有制而不是国有制。

四是关于由国家直接管理农村土地的利弊问题。这样做，成本可能很高，得不偿失；而若由国家委托村管，则与目前的状况相差无几。

再次，对于改行私有制的辨析。

一是相当长的时期内难以提高农业效率。农民握有土地所有权，固然会强化其惜土观念，但是，在人多地少的国家和地区，土地私有化会使土地更明显地增值，并使得农民的惜土观念的重心转移——由“用地生财”变为“持地保险”。换言之，它使得土地的生产性经济功能弱化，福利性经济功能强化。其结果是，土地流转步履蹒跚，规模经营踏步不前，农户非农化流行，农业效率难以提高。日本和我国台湾，便是前车之鉴。[①]

二是从长远来看，土地私有化必将导致农村资本主义化。随着农村人口的减少，土地必然向少数人手中集中，土地拥有的两极分化是不可避免的。而且，只有自食其力的个体农户才对社会主义经济具有依附性，一旦发展成为资本主义农业企业，这一问题便谈不到了。

总之，单纯从经济上看，各种土地所有制都各有其短长。以其中一种的优势而针对其他，都可举出种种理由。然而，探索现阶段中国农村土地制度问题，却不能离开中国现阶段的政治、经济环境，不能脱离坚持和完善公有制为主体、多种所有制经济共同发展的基本经济制度的要求。这是宏观方面的强制性约束。

现阶段在中国农村中，土地以外的生产资料基本上已经归农户私有，生产资料公有制的主要代表是土地集体所有制。如果改行土地私有制，便意味着在整个农村领域中生产资料公有制的基本消失，肯定不符合坚持社会主义大方向的需要。至于改行土地国有制，却难免对全国非农部门的非公有制经济产生强大的消极冲击，这显然是人们所不希望看到的。由此看来，现阶段坚持并完善农村土地集体所有制是最为现实的——风险最小，回旋余地最大。

---

① 参见曲福田等著：《中国土地制度研究》，第112～114页，中国矿业大学出版社，1997。

此外，有些学者主张实行国家与农民的土地复合产权制、土地复合所有制等。① 这些理论上的开创性探索，理应予以充分重视。

四、现阶段中国农村土地集体所有制的完善

完善土地集体所有制是摆在我们面前的任务，大体包括以下几方面：

1. 充分发挥农村土地集体所有制的二重性的优势。即，既发挥其公有性的优势，又发挥其私有性的优势，并且使二者完满结合，形成最大的叠加效应。这种二重性优势集中体现在集体经济与家庭经济的紧密结合上，也体现在土地集体所有、家庭承包的体制上。

2. 土地所有权主体规范化。所谓“规范化”是指一律由村民委员会或村民小组兼行社区集体经济组织之职，而这种规范化，正是其健全化、稳定化的关键。

3. 土地所有权权能相对完整化。这是指，由农地产权主体充分行使其产权，各级政府、各种经济组织、集体经济成员都不得侵权。其主要权能包括，发包土地使用权、出售农地所有权（指在完成国家征地任务时取得完整的农地所有权代价）、向社会提供土地使用权（须经国家批准并缴纳相应的增值税款等）。

4. 土地管理资产化。集体所有的全部土地都应当被视为有价资产并进行资产化管理。例如，要进行土地资产估价并适时进行调整，以便在出让土地权利时取得相应的补偿；出让作为固定资产的土地的收入，原则上应当计入固定资产基金而不宜列入当年的收入分配，以免造成固定资产的流失。

---

① 参见曲福田等编著：《中国土地制度研究》，第131～132页，中国矿业大学出版社，1997；钱忠好著：《中国农村土地制度变迁和制度创新研究》，第211～213页，中国农业出版社，1999。

附件1：反对土地自由主义[1]

这个题目显然是仿自毛泽东的名篇——《反对自由主义》。“土地自由主义”已是当前一种令人瞩目的“思潮”。那么，究竟什么是“土地自由主义思潮”呢？回答是，它主要表现在三个方面：其一，反对现阶段的农村土地集体所有制，主张恢复农民自主的土地私有制；其二，反对农地“转非”的国家征收制，主张实行农地自由买卖制；其三，反对农地出租的国家管制，主张实行农地自由租赁制。

说它是“思潮”，是由于它现在的确已经形成了一股不可忽视的思想潮流，声势日趋壮大。从时间上看，自改革开放以来即出现苗头，20多年来其呼声时低时高，绵延不断，近几年来已经形成高潮。例如，2007年夏在山东召开的某全国性经济学术会议上，代表此种思潮的言论便已经成为主流；日前在北京某大学举行的“中国农村土地问题研讨会”，则更是群贤荟萃，声浪震天。溶入此“思潮”之中的人士，不仅有青年学人，更不乏耄耋耆宿；有名列全国前茅的资深经济学家，也有德高望重的农口原领导人，既有“海归”名士，更有乡土精英。从而，此“思潮”不得不令人刮目相看！

然而，笔者为什么敢于螳臂当车，反对如此强大的“思潮”呢？答曰：道不同不相为谋。笔者认为，从长远来看，土地私有化必然会伴随穷富两极分化；土地自由买卖肯定会带来农地转非失控；农地自由租赁则难免“以租代征”泛滥。那么，有识之士为何趋之若鹜？笔者难以替代“思潮”中人士作答，但仅见其近期搞活经济之利而忽视其长远不可避免之弊，可能是答案之一。

关于土地制度，莫非只有私有制这一“灵丹妙药”？作为农

---

① 原载《周诚自选集》（中国人民大学出版社，2007），略有改动。

民群众的创造、受到众多学者赞赏、尤其是中国著名农村社会学家王立诚先生倾注心血的“土地股份合作制”，已经在不少地方取得令人相当满意的成效，难道不能成为农村土地制度可供选择的模式之一？中国农业大学资深教授安希伋先生早在1988年就独具慧眼提倡实行“土地国有永佃制”，难道不值得重视？我国“三农”问题专家温铁军院长指出：“按照理论上那种纯粹的市场化和私有化概念来形成我们的农村经济制度确实有问题，我们不可能照搬西方的制度。”“有人说土地私有化了，农民就会增加收入，这也是痴人说梦。……土地收益率低的时候农地价格必然下降，这时候搞私有化会有大批农民破产。”著名的“农民代言人”李昌平先生在其《我向百姓说实话》一书中呼吁“慎言土地私有化”，明确指出“如果国家允许农村土地私有化，很多干部会在一夜之间成为大地主，很多农民会很快成为无地游民。……现在，只要允许出现30亩的地主，也就是一户兼并三户的土地，将有六亿多农民成为无地游民。”如果真的出现此情此景，难道不够触目惊心吗?!

再举一突出之现实问题。目前国土资源部和一些省市正在进行农村集体建设用地流转和征地改革试点，但是一些地方却借此机会大搞“以租代征”，扩大建设用地规模，造成耕地占用失控。致使今年8月22日国土资源部不得不下发《紧急通知》，坚决制止“以租代征”的违法违规的用地行为。《中国土地》杂志主编王民忠先生也撰文指出：“以租代征”的“后果是擅自扩大了建设用地规模，……影响国家宏观调控政策的落实和耕地保护目标的实现。”看来，“以租代征”的泛滥，恐怕是“土地自由主义思潮”折射之一例。莫谓书生空议论，影响所及岂等闲！2007年10月24日《人民日报》第6版头条以《我国基本农田已不足16亿亩》的醒目标题报道，由于一些地方违法违规占用基本农田现象突出，致使国家粮食安全问题再一次被提到议程：“现有基本农田不能再减少”！

中国人民大学比较农业经济学专家刘运梓教授指出：目前我国粮食总产量徘徊在5亿吨，国际市场上的粮食供应量大体为2亿吨，而我国目前每年进口粮食大体为2 500万吨。即使我国每年进口粮食仅仅翻一翻即达到5千万吨，国际粮食市场便会受到巨大冲击而价格猛增，令人无法承受；如果再进一步增加，即指望主要依靠进口解决我国粮食的较大缺口，那是完全不现实的！从而，我国只有保地保粮，舍此别无他途。如果16亿亩基本农田不保，则近期的5亿吨以及将来期望的6亿吨粮食，何以保障?!

简言之，“土地自由化”，恐怕只会给我国带来种种问题甚至酿成重大危机，不可不高度警惕！“思潮”中人士，自有其全套理论与政策设想，无需笔者代庖转介，也不可能借此短文进行针锋相对式论战。笔者不才，仅略陈杞人之忧而已，但愿有识之士不吝赐教！

附件2：中国土地公有制“五大要义”①

一、中国特色的社会主义，应当坚定不移地坚持城乡土地社会主义公有制，反对土地私有制或变相私有制、土地地方所有制或变相地方所有制。坚持土地社会主义公有制的根本目的是为了保障全国绝大多数人的基本利益。

二、土地社会主义公有制的要义为，国有土地“用地为公，地利归公”；集体土地“用地归农（民），地利归农（民）”。

三、国有土地“用地为公”的要义为：国有土地首先用于全社会公共利益用地，其次用于合乎人民利益的经营性用地；国有土地“地利归公”的要义为：国有土地地利主要归国家，地方政

① 周诚文，原载2010年3月6日“价值中国”网站。

府适度合理分享。

四、国有土地“用地为公，地利归公”原则用于城镇房地产开发时的具体体现是：“保障居者有其屋，保障合理赢利”——中低层收入者居有其屋；政府收取合理地租；开发商获取“合理赢利”。

五、集体土地“用地归农（民）”的要义为，集体土地首先作为农民的承包地和宅基地，保留适量的公共用地；“地利归农（民）”的要义为：集体所有土地的地利主要归农民，集体适度合理分享——但最终享利者仍为农民。

现阶段中国农村土地使用制度

在农业生产合作社和农村人民公社时期，农村集体经济中实行的是土地集体所有、集体使用的制度，通常是在作为基本核算单位的生产队中，统一安排社员进行各项生产活动。当时，以家庭为单位进行的土地利用活动，仅限于在业余时间进行的对自留地、自留山的经营（自留地或自留山的面积相当于生产队人均占有土地的5%）。

在实行家庭承包制之后，农村集体经济的土地一般按人口分配给社员以家庭为单位进行承包（极少数是按劳动力或按人口与劳动力相结合而分配的）。农户与农村集体经济签订承包合同，其内容包括承包期限；承包者应尽的义务（如交纳国家税费和集体的提留，合理利用土地等）与应享的权利（如完成应尽义务之后取得全部收入，可以将土地使用权转包、转让、入股等）；发包者应尽的义务与应享的权利；等等。此外，农村集体经济所有的“四荒”地——荒山、荒沟、荒丘、荒滩（另含荒地、荒沙、荒草、荒水）等未利用土地，可由农村集体经济向集体经济成员（拥有优先权）及社会单位、个人发包、出租、拍卖其使用权，并可转让、转租、遗赠、抵押等。

现阶段中国农村集体经济中的土地使用制度建设问题，可从以下六个方面加以叙述和探讨。

1. 关于如何落实公平与效率相结合这一基本经济原则的问题。在农村集体经济中，首先会碰到的问题是土地使用权如何分配。这一分配可区分为“公平优先”与“效率优先”两大类型，二者又分别以“农地农有”和“农地农用”为标志。目前一般按人口进行平均分配，即属于“公平优先”类型。土地对于农民来说，首先是一种生活保障资料，然后才是生产资料。而且，农村集体经济的性质也决定了每个农村人口都天然地拥有获得一份土地使用权的权利——“天赋地权”，要求绝对平均地实现“农地农有”，即实行“公平优先，效率从属”的具体原则。如果反其道而行之，改按劳动力强弱、资金多寡、技术高低，即按各户的土地经营能力分配土地，即实行“效率优先，公平从属”的原则，固然可能大大提高农地利用效率，但是由于严重损害了公平，必然会引发严重的社会问题，从而经济效率也难以保障。

2. 关于实行长佃制与永佃制的问题。按照《中华人民共和国农村土地承包法》（2002 年）的规定，耕地的承包期为 30 年，草地——30～50 年，林地——30～70 年，概括而言就是实行“长佃制”。实行长佃制的优点是，使农户长期地与土地相结合，稳定地落实“农地农有”，可解除后顾之忧，而且有利于土地的用养结合。目前，有一种主张，不满足于长佃制而主张“永佃制”——把土地使用权永远交给农民，进一步落实“农地农有”，不仅在土地集体所有制期间不变，甚至可延续到将来实行土地国有化之时。笔者认为，实行土地永佃制即实行土地准私有制，它既可充分发挥长佃制的优越性，但是又会产生土地私有制的种种弊端（它往往并不利于土地流转和集中；而在土地流转和集中之中又会产生新的食租阶层和无地阶层），应慎重对待。

3. 关于农地使用权的债权与物权性质的问题。从法学角度来看，目前有一种观点认为，土地使用权属于债权，应当通过其内涵的重新界定，使之物权化；另一种观点则认为，债权物权化已经是世界性潮流，把土地使用权视为与物权具有同等性质，早已经不是一个问题。这两种观点，可以说是不谋而合，殊途同归。这一问题的实质是，认定农村集体经济成员所拥有的土地使用权应当全面地包括占有权、使用权、收益权、处分权等四大权能。土地使用权的物权化意味着，“农地农有”的内涵更加明确、更加扎实，更有利于农地的流转和集中。特别是，在实行土地股份合作制以及农村股份制合作经济时，土地使用权的物权化，意味着它可折算为一定的货币额，与其他折算为货币的股份拥有平等的地位。

4. 关于农民的土地权利以实物或以份额表现的问题。“农地农有”既可通过农民握有体现实物的土地面积得到体现，也可通过农民握有整个集体经济土地使用权的一定份额而体现。前者是直观的，看得见、摸得着的，后者则是抽象的，脱离实物的；前者是初始形态，后者则是其演化形态。在大力推动土地使用权流转的今天，如果将农民所握有的土地使用权由具体面积形态的地块改为抽象的份额形态，肯定是一大进步。

5. 关于农业劳动者与农地相结合以及规模经济的问题。如上所述，按人口平均分配承包土地，是保障农村集体经济成员土地权利的举措。然而，此种举措却不可避免地具有其先天性缺陷——无法完满实现“农业劳动力与农地相结合”的原则。而农业劳动力与农地相结合是“农地农用”的基本内容，是提高农业效率的必由之路。在家庭承包制运行之中，这种矛盾逐步由隐性变为显性，由无足轻重变为举足轻重，尽管是缓慢的但却是必然的。其具体表现是，一部分家庭因劳动力离农、入老、去世、外嫁而显著减少，另一部分农户因劳动力及龄、嫁入及士兵退役等而显著增加；尤其是，随着城乡二、三产业的发展而使农村劳动力离农率增加但各户并不平衡。于是，就出现了在不同的农户之间进行土地调整、互通有无的必要。这一调整的过程，就是农业劳动力与农地日益合理结合的过程，也是农业规模经济逐步形成的过程。我们的任务在于，认识这一变化的规律而因势利导。实行土地承包经营权流转制（含转包、出租、互换、入股、转让等形式），便是实现这一调整的有效形式。

6. 关于农地家庭经营与非家庭经营的问题。这也是涉及“农地农用”的一大问题。实行农地的家庭经营，具有巨大的优越性，它能够充分发挥家庭的巨大凝聚力，有效降低劳动管理成本，从而成为现阶段农地经营的基本形式，并非偶然。但是，家庭经营也有其局限性，包括规模狭小、劳动力构成难以完全满足农业生产的需要等。因此，一方面要发展和完善农村集体经济及各种社会化服务组织，服务于农村家庭经济；另一方面，又要不断完善新型的农业经营的基层组织。例如，中型家庭农场——扩大的农户经济（以种田能手为核心的农户加上少量雇工）、新型合作农场（以德才兼备的带头人为核心）、私人资本主义农场等等。其中，最具生命力的，很可能是在北美、西欧行之有效的中型家庭农场。其基本特征在于，既可保持家庭的强大的凝聚力，又可弥补其劳动力数量、质量的不足，从而形成最有效的规模经营。

现阶段中国农村土地征收制度

一、中国农村土地征收制的概念和特征

现阶段中国农村土地征收是指，国家凭借行政权力，通过法定程序，强制地将农村社区集体经济所有的土地转为国有土地，并给予补偿及对农民进行安置的、特定的政府行为。

现阶段中国农村土地征收制具有特定性、强制性、有偿性、社会性等特征。其特定性是指，征收土地的法律关系的主体是特定的——征收方只能是政府，现阶段被征用方只能是农村社区集体经济；其强制性是指，接受国家征地，是农村社区集体经济对于国家应尽的义务——尽管在具体运行过程中会出现讨价还价，但最终是责无旁贷的；其有偿性是指，尽管征地行为的强制性与征税相同但是征地却是有偿的，从而是与征税不同的并可称之为“征购”；其社会性是指，征地与市场中的商品交换不同之处在于，后者在成交后即告终结，而前者还涉及对于失地农民的安置等后续的社会性问题，往往是一个相当漫长的过程。

二、中国农村土地征收制现状

（一）征地范围

在实行土地私有制的国家和地区中，政府的土地征收范围只限于狭义的、直接的公共利益的需要，即仅限于公共管理、公共设施、国防设施等方面对于土地的需要，而不包括一般经济建设的需要，后者通常都是通过土地市场来解决的，与是否行使政府

的行政权力无关。与此不同，现阶段中国政府的土地征收范围却是泛指一切经过政府批准的、正当的需要，包括经营性用地的需要。因此，对于《中华人民共和国土地管理法》中的“国家为公共利益的需要，可以依法对集体所有的土地实行征收”的规定中的“公共利益的需要”就应当作广义的理解——即使是经营性的需要，只要是正当的也是符合公共利益的。

（二）征地程序

建设占用土地，涉及农用土地转为建设用地的，首先要办理农用地转用手续。不同的土地分别由国务院或省级人民政府批准。其中，必须经国务院批准方可征收的土地包括：基本农田、超过 35 公顷的基本农田以外的耕地、超过 70 公顷的其他土地；在以上范围以外的土地，一律由省级人民政府审批。国家征收土地，依照法定程序批准后，由县级以上人民政府予以公告并组织实施。被征收土地的所有权人、使用权人，应当在公告规定期限之内，持土地权属证书到当地人民政府土地行政主管部门办理征地补偿登记。

（三）补偿和安置

土地补偿费的基本依据，已由《中华人民共和国土地管理法》规定：“征用土地的，按照被征收土地的原用途给予补偿”。征收耕地的补偿费，为该耕地被征用前 3 年平均年产值的 6～10 倍。征收耕地的安置补助费，按照需要安置的农业人口计算。需要安置的农业人口数，按照被征收的耕地数量除以征地前被征用单位平均每人占有的耕地数量计算。每一个需要安置的农业人口的安置补助费标准，为该耕地被征收前 3 年平均产值的 4～6 倍。但是，每公顷被征用耕地的安置补助费，最高不得超过被征用前 3 年平均年产值的 15 倍。如果按照上述标准，还不足以使需要安置的农民保持原有生活水平的，经省级人民政府批准，可增加安置补助费，但是，土地补偿费和安置补助费的总和，不得超过土地被征收前 3 年平均年产值的 30 倍。此外，还要支付地上附着物和青苗补偿费。

《中华人民共和国土地管理法实施条例》规定，土地补偿费归农村集体经济组织所有；地上附着物及青苗补偿费分别归其所有者所有；安置补助费，可根据实际情况分别发给农村集体经济组织或其他安置单位或被安置人员个人。

三、中国农村土地征收制的完善[①]

（一）关于土地征收的范围与补偿原则

有些人认为，应当“严格将征地范围限定于公共利益目的，非公共利益性质的用地交易，交由市场机制来加以解决，让用地者自己跟农民通过谈判达成交易，为了符合城市土地国有的法律规定，可以在土地交易手续办理过程中转变土地所有权性质”。[②]这种观点是具有一定代表性的。不过，至少存在两个待解的问题：一是在经营性用地的市场自由交易中，如何避免农地转用失控的问题；二是农村集体经济的土地在转变为非农建设用地的同时转变为国有土地时，国家与集体之间如何分配土地增值的问题。只有对于这类问题给出圆满答案，此类主张方可顺利进行。否则，各种用途的非农用地一律通过国家征地的途径来提供，恐怕是难以替代的选择。

对于土地征收，应当遵循什么原则进行补偿呢？一些人认为，让农民在公益性征地上作出牺牲是合理的，而让农民在非公

---

① 参见本书的《论农地转非自然增值分配的“私公兼顾律”》一文。该文从一个崭新的角度论述了这一问题。

② 黄祖辉、汪晖：《非公共利益性质的征地行为与土地发展权补偿》，《经济研究》2002 年第 5 期。

益性征地上作出牺牲则是不合理的。[①] 然而，若从市场公平的视角来看，无论让农民在何种性质的征地中牺牲其应得的市场利益，却都是不合理的；农民只能与其他社会集团或社会阶层按同等标准、同等方式奉献于社会。从而，即使是对于狭义的公益性征地，农民也有充足的理由获得农地市场价格——这意味着由国家来代表社会承担对于公共利益的支付而不是转嫁给农民。

（二）关于征地补偿标准与办法

就农地的补偿标准而言，在市场经济中最公平的补偿莫过于严格以“农地市价”为准：既然在市场经济中农地征收的本质无非是征购，那么，市价最为公平——足额补偿。从而，农地的征收价格不应当是被人为压低了的。这样，不仅意味着公正，而且有利于保护耕地，遏制以地生财。农地市价如何确定？当然由具有权威性、公正性的机构进行评定。至于按照补偿费相当于耕地年产值若干倍而计算的结果，恐怕很难与农地市价相吻合，从而也就很难说是公正的。

与此不同的主要观点是，应当按农地转用后的土地用途定价，或者按国家征收农地以后的出让价作为补偿的标准。这种观点的理论化的表达形式是：征地补偿价格＝农地市价＋土地非农使用增值。这种观点虽然是“护农”的，但是，它把社会性投资所形成的土地增值完全分配在被征土地的农民名下，便意味着对于农民进行“超额补偿”，显然也是不公正的。其可能产生的主要不良后果是，一方面增加国家征地的财力负担，另一方面鼓励农村社区集体经济组织自发出卖土地，使得保护耕地的宏观举措

---

① “非公共利益性质的征地行为无偿剥夺农民的土地发展权是毫无道理的。”应当“区别……两种性质不同的征地行为，设定土地发展权，对于非公共性质的征地项目，在补偿内容中增加土地发展权一项。”见黄祖辉、汪晖：《非公共利益性质的征地行为与土地发展权补偿》，《经济研究》2002 年第 5 期。

遭遇新的障碍。

确定了补偿标准之后，如何落实补偿办法的重要性便突显出来。中国的实际情况表明，土地补偿费的一次性发放，往往首先会碰到发放者财力不足的障碍并引发出一系列弊端。现在已经有逐年付租、土地入股等办法问世，其优越性是化整为零、细水长流，既可减轻补偿者的负担，又可使被征地单位和农民获得持续收入，值得提倡。

（三）关于征地活动的社会性

中国农村土地征收制度具有双重性：一方面具有经济性，另一方面具有社会性。其经济问题已如上述，相当复杂而艰深，在一些关键环节上很难取得共识并顺利落实；而其社会问题则更加纷纭而广泛，且与经济问题紧密交织，值得人们给予更多关注。一项报道指出，全国群众上访案件中涉及土地问题的近 40%，其中约 60%涉及征地问题。其中的主要问题包括：①土地补偿费、农民安置费的资金来源和发放的落实——包括资金来源的保障，发放的规范，避免拖欠、截留、挪用、暗箱操作等。为此，采取建立农地征购基金、农民安置基金之类的举措是必要的。②失地农民安置的全面、持续落实——对于失地农民的安置，一般地说很难依靠"一次性货币安置"（即一次性发给安置费）而真正完成——农民在失去土地、失去谋生门路之后往往会陷入坐吃山空、生活无着的境地。

诸如由用地单位录用失地农民，农转非、纳入城镇社会保险，为农民购买社会保险，辅助农民寻找新的就业门路等，都已是一些地方行之有效的举措。然而，要全面、持续地进行失地农民的安置活动，却又需要解决机构、经费、政策等等一系列问题。一般而言，安置失地农民的全部经费都应当在土地补偿费和安置补偿费中支付，但是其中的行政管理费用则应由财政拨款，否则有悖于理。

附件：必须摒弃“以地生财”的政策导向[①]

——访中国人民大学不动产研究中心名誉主任周诚

中国经济时报记者　岳振

要寻找解决房地产问题的突破口，唯一的出路是从根本上突破原有的体制而另辟蹊径，废除土地“批租制”改行土地“年租制”。

房价高企，民众“望房兴叹”，中央频出重拳，房价依旧扶摇直上。众多专家学者也大声疾呼，提出各种解决之道，奈何敌不过四个字：土地财政。人民日报在2011年元旦收假上班第一天（1月4日），再次发表评论文章，抨击地方政府肆无忌惮地搞土地财政，“他们为获取高额土地出让金，采取种种措施，推高地价，抬高房价，以此换取好看的GDP和政绩。”

高房价诱发的问题，不仅仅是百姓难以承受的掏空积蓄之苦，更严重的，是普遍紧张的社会关系。可以说，各地频频出现的征地矛盾，也正是在高房价背景下出现的利益争端，也正是这个征地制度，让本已走上歧途的土地财政如虎添翼。当然，所有的这些矛盾，已经不是动用公权力能够解决的问题。

还是要从根上解决土地财政问题，摒弃“以地生财”的政策导向，这几乎是共识。中国土地经济学术界的主要代表人物之一、中国人民大学不动产研究中心名誉主任周诚教授也是同意这一观点的。周诚教授在接受中国经济时报记者专访时认为，对失地农民的补偿，应该采取“私公兼顾”原则，而不要一味偏向任

① 原载2011年01月05日《中国经济时报》第1～2版。

何一方；对城市土地使用制度的改革，他主张废除土地“批租制”，改行土地“年租制”。

“农地转非”土地增值分配应“私公兼顾”

中国经济时报：“农地转非”土地增值的合理分配，关系到征地过程中失地农民的补偿问题，现在征地矛盾的核心实际上也是补偿问题，对此，您的意见是什么？

周诚：在这一问题上，首先应当明确，社会主义初级阶段土地基本政策的要点应当是“土地利益四兼顾”，即政府、农民、市民、开发商四者利益兼顾。从而，无论是政府独占土地增值，农民因土地被征而暴富，市民无偿用地，还是开发商大发土地财，就都是片面的。现在，明显高涨的两种片面呼声是，“让农民发财！”“让开发商赚钱！”显然都是不可取的。概括而言，应当摒弃的是个别方面的“以地生财”，应当让大家利益均沾、和谐共富。

中国经济时报：国家征地究竟应当如何补偿农民？

周诚：关于如何补偿农民，现有的无非是“涨价归农”、“涨价归公”和“私公兼顾”三大主张。“涨价归农”（“农”指农地所有者）是在生产资料私有制基础上产生的、被认为是天经地义的收益分配原则。但是，因土地“农转非”而产生的土地增值，并不是靠土地所有者投资而增值，而是靠社会性非农投资的“辐射作用”而增值（形成级差地价），即使是在资产阶级阵营中，也出现过反对者，如英国的穆勒、美国的乔治等经济学家以及中国民主革命家孙中山，等等，都提出过“涨价归公”的主张。

在我国，过去的长期实践，实际上是遵循着“涨价归公”原则的。但是，改革开放以来，不少人从改善农民利益角度出发，呼吁改行“涨价归农”。我认为，无论是“涨价归公”还是“涨价归农”，都是片面的，因此我提出了“私公兼顾”论，即在充分、合理补偿失地农民之后，将剩余部分收归国有，并主要用于支持全国农业发展，而且要特别照顾基本农田的经营者，并且适当补贴地方政府。

中国经济时报：您的观点有何理论依据？

周诚：我的观点主要是借鉴了在美国比较广泛实行的“土地开放权转移制（TDRs)”精神的产物。这种制度的主要内容是，在一个社区内，按规划进行非农开发的土地的所有者，要从按规划予以保留的土地如农地、林地、草地等所有者手中，购买一定数量的“土地开发权指标”，其实质是将非农开发所取得的增收的一部分，作为对于保留地所有者的补偿。这种在民间自发形成的制度的实质，可概括为“私公兼顾”。

废除城市土地“批租制”，改行“年租制”

中国经济时报：现在，由城市房地产问题引发的城市土地问题讨论热烈，意见也莫衷一是，您认为应当如何完善城市土地使用制？

周诚：现阶段中国城市土地的制度性缺陷是非常明显的。在这种制度下，多方面争抢土地利益：地方政府要“以地生财”，房地产开发商要“以房生财”，受苦的是广大中低收入的缺房市民，因地价畸高而导致房地产价格高不可攀，从而形成住房困难。固然，政府提供的廉租房和低价房能够解决一部分问题，但是毕竟往往因“粥少僧多”而难以全面、彻底覆盖。从而，在原有的土地管理体制下，要寻找解决房地产问题的突破口，已经是山穷水尽无出路了，唯一的出路是从根本上突破原有的体制而另辟蹊径，废除土地“批租制”改行土地“年租制”。

中国经济时报：您关于改行“年租制”的观点，由来已久，请您谈谈关于改行“年租制”的理由。

周诚：首先，应当明确，土地是大自然对人类的恩赐。在土地公有和社会主义市场经济的大前提下，应当大刀阔斧进行观念转变和制度改革，倡导在合理用地基础上的共同富裕，任何形式的“以地生财”观念和方针、政策、行为都是与上述大前提不相容的，例如它会造成极少数人靠土地发大财，多数中等收入者住房困难，等等，从而应当从根本上予以摒弃。

其次，“农地转非”后的“增值”，只是土地投入市场后因供不应求而造成的价格上涨（其理论上的解释之一为级差地租的资本化）；地方政府通过“批租制”高价出卖土地的长期使用权，大发土地财，尽管有助于发展经济，但其弊端也十分明显：推动土地过度农转非，与保地增粮相矛盾；造成房地产价格高悬，房地产商获高利，居者叫苦连天；土地财来之容易，则用之奢靡，助长了铺张浪费等不正之风，等等。最根本的改革便应当是，取消土地“批租制”，改行土地“年租制”，地租虽然仍由房产所有者承担，但可大大减轻其负担。

再次，在取消土地“批租制”之后，当然要相应地改变地方政府的融资渠道，诸如适量发行地方性建设债券，由中央政府向地方政府提供适量低息贷款，强化营利性地方国营企业的发展等等。特别是，大力发展地方公营经济，既可在产品、服务等方面更好地满足社会需要，又可增加其收入，一举多得，何乐而不为？

最后，对失地农民应当是实行“充分、合理补偿”的原则，使其获得相当于普通工人的工作岗位和相应的收入，而且无任何后顾之忧：既不应使其贫困化，也不应使其大发土地财，否则都不公平。

五、主要涉农著作目录

1. 周诚编著：《高级社劳动管理中的基本问题》，通俗读物出版社，1957.

2. 周诚著：《农业扩大再生产》，农业领导干部学习研究班印，1981.

3. 周诚著：《按照客观经济规律办农业》，农业出版社，1981.

4. 周诚著：《美国农场制度剖析》，农牧渔业部农村经济管理干部学院印，1984.

5. 周诚等著：《社会主义农业劳动经济与管理问题概论》，农业出版社，1985.

6. 周诚主编：《社会主义农业经济管理问题》，农业出版社，1985.

7. 周诚等译：《美国农业经济学》（H. G. 哈尔克劳著），农业出版社，1987.

8. 周诚主编：《土地经济学》，农业出版社，1989.

9. 《中国农业百科全书·农业经济卷》，农业出版社，1990（周诚担任编委会副主任兼《总论》分支主编）.

10. 周诚等主编：《我国社会主义农业与农村经济的若干问题》，中国农业经济学会农业基础理论研究会等编印，1991.

11. 周诚著：《土地经济研究》，中国大地出版社，1996.

12. 周诚著：《农业经济研究》，中国人民大学农业经济系印行，2000.

13. 周诚著：《周诚自选集》第三部分——《农业经济》，中国人民大学出版社，2007.

14. 周诚著：《土地经济学原理》（第二版），商务印书馆，2007.

15. 周诚、朱勇：《中国农业经济基本理论问题综览》，载段应碧主编：《纪念农村改革30周年学术论文集》，中国农业出版社，2008.

16. 周诚、吕亚荣：《论中国“三农”经济的八大关键问题》，载《马克思主义研究》2010年第2期.

【说明：①除了与朱勇及吕亚荣合写的两篇长文之外，上述目录中只包括书籍、教材，不包括其他论文；②书名含“土地经济”的著作中，凡包括“农地”问题的，列入此目录。③周诚主编的《社会主义农业经济管理问题》一书，是在中国人民大学农业经济系农业经济教研室自1957—1980年先后编印的4本农业经济学教材的基础上编写的一本农业经济学教科书。】

副 卷

一、相关经济问题

论构建“普通经济学”*

一、从什么是“经济”谈起

既然谈经济学，不可避免地要从“经济”谈起。对于什么是“经济”，人们给出了种种答案，但至今似乎依然莫衷一是。

首先看看西方世界对“经济”的诠释。不过，这方面的材料是相当难以查找的。在诸如《现代经济词典》（D. 格林沃尔德主编）、《现代经济学词典》（D. W. 皮尔斯主编）等著名的经济学工具书中竟然都未收入“经济”一词。

“经济”一词，最早出现于古希腊，不过当时“经济”的含义是“对家庭事务的管理”，特别是指家庭收入的来源和管理。后来，出现了“政治经济学”这一概念，表示“政府的艺术”或“政府经济活动中的财政金融部分”；而这一概念最终演变为经济学的同义语。在《美国传统词典》中，“经济”一词有两个诠释：①对国家、社会、企业资源的管理。②资源管理、开发的体系。这两个诠释，都把“经济”说成是“资源管理”，显然是片面的。在《美国韦氏词典》中，也有两个诠释：①事物运行的安排或方式。②一国、一地区、一个时期的经济生活结构。这两个诠释，

* 本文之初稿名为《略论“普通经济学”》，发表于2005年9月6日《中国经济时报》第5版。

前者过于泛化，后者则过窄。在《新帕尔格雷夫经济大词典》中对于“经济”一词的诠释则是：用尽可能少的支出，以取得所希望达到的目的的原理或方法。此种诠释把“经济”当成经济效果的同义语，而且更像是针对“经济学”而言的。在P·萨缪尔森的《经济学》中找不到对“经济”的诠释。萨氏对“经济活动”的诠释则是：“经济活动是由一系列活动所组成的复杂的集合，包括购买、销售、讨价还价、投资、劝说和威胁等等。”至此，可得出下面的基本符合客观实际的结论：在西方世界，对于“经济”一词的诠释是相当稀缺、含糊和混乱的，真正可资借鉴之处并不多。

接着考察一下在中国，对于“经济”这一概念是如何诠释的。

在中国古代，有“经邦济世”、“经国济民”等提法，但是其含义相当于“治理国家”，与现代的“经济”一词的含义基本不同。有的人，硬把“经邦济世”解释为现代的经济管理，这是牵强的、不负责任的。至于《史记》中的“货殖”一词，则主要指商业活动，也非“经济”的代词。现代中文中的“经济”一词，是18世纪从日本引进的。

许涤新主编的《政治经济学词典》（1980）对于“经济”这一概念有以下几个诠释：①生产关系或社会经济制度；②经济活动——再生产过程；③国民经济的总称；④节约。刘树成主编的《现代经济词典》（2005）则给出以下诠释：①人类社会生产活动之总称；②生产力；③生产关系；④生产方式；⑤日常生活中的节省、便宜。

以上中外各种对于“经济”的诠释，可归纳为以下四种：①生产力说（含生产活动、资源管理、经济部门等等提法）；②生产关系说；③生产方式说；④节约说。

由此可看出，中国学者对于“经济”一词的诠释，具有明确而概括性强的基本特征，远远胜过西方学者。顺便指出，中国学者的学术抽象能力、概括能力，通常明显地超过西方学者。追根溯源，这与受中国古代学者阐述学术观点时简明、扼要、深刻的优良传统影响，有密切关系。例如，《论贵粟书》强调“开资财之道”——观点何等简明！而《盐铁论·本议》指出：“文繁则质衰”——此语一针见血地指出了繁琐的文字难以阐明事物的本质！这方面，是值得我们自豪的，也是值得我们认真继承和发扬的。

靳永慧等主编的《经济是什么》（商务印书馆，1999）一书，是从界定经济这一概念开始的。该书认为，“经济是主体通过供给实现增值的活动”。其中，“主体”是指“经济活动的主人”即从事经济活动的人；“供给”是指“经济活动手段”，其中包括生产、销售、出租、放债等等；“增值”是“经济活动的目的”，即盈利或赚钱。

对于“经济”的这一界定，进行具体分析如下：①“主体”若不与“客体”并存，便是片面的。从而，这里的“主体”以改为“人们”为宜；②“供给”与“需求”是交易的双方，缺一不可，从而“供给”以改为“提供产品与劳务”为宜；③“增值”与“盈利”并非同一概念；而且，自然经济活动、自给性和公益性活动，并非以盈利为目的。根据以上三点具体分析，基本上可判定这一界定并不具有独特的存在价值。无论在哪一方面，创新都是应当提倡和鼓励的，但是所创出的成果，却并不都是站得住脚的。

二、究竟什么是“经济学”呢？

首先看看西方学者对于经济学所给出的一些界定。（英）J.S. 穆勒的界定：“政治经济学以一个任意的人的定义为前提，作为存在者他总是这样行事，这样做他可以以现有知识状态下最少量的劳动和物质牺牲来得到最大量的必需品、方便品和奢侈品。”莱·罗宾斯认为：“经济学是一门研究作为目的和具有不同用途的稀缺手段之间关系的人类行为的科学”（1933）。J. 斯罗曼所给出的界定：“经济学是研究需求和供给的学问。”R. B. 埃克伦德认为：“经济学的独特性质是它在市场联系中研究人类行为。”A. 马歇尔所给出的界定是：经济学是“研究人类一般生活事务的学问；它研究个人和社会活动中与获取和使用物质福利必需品最密切相关的那一部分。”《新帕尔格雷夫经济学词典》认为，经济学是“研究人与人之间社会关系的较大科学的分支。”它“主要涉及人类活动的社会方面——不同于特定的技术方面。”

以上所引六种观点，由于其表述并非都十分清晰，看起来似乎纷纭复杂，难以分类。但是，透过字面而掌握其实质，便可将西方学者对经济学给出的界定分为两大类。前两者的观点属于第一类，可概括为“效率或效益”说或称“稀缺资源配置”说，即通常所说的经济学是研究“以最少的耗费取得最多成果”问题的学问。用我们熟悉的概念来加以高度概括，不妨称之为“生产力”说。后四位的观点属于第二类，可依次分别概括为“供需关系”说、“市场行为”说、“经济关系”说、“社会关系”说。对于这一类，如果用我们熟悉的概念加以高度概括，不妨称之为“生产关系”说。其中最为通行的、占统治地位的是罗宾斯于1933年提出的“稀缺资源配置”说。

在中国，对于经济学所给出的界定，是简单而明确的。例如，许涤新的界定是：“经济学是研究人类社会发展阶段上的各种经济活动和各种相应的经济关系及其运行、发展规律的科学。”（《中国大百科全书·经济学》）刘树成主编的《现代经济学词典》的界定是：“泛指研究人类各种社会生产和经济活动，研究社会生产力的发展及其规律，确定生产关系的产生、演变及其规律的学科。”该词典还分别对于政治经济学、部门经济学、生产力经济学、数理经济学等等给出了界定。根据中国学者对于经济学所给出的定义，可将经济学的基本内容概括为两大类：生产力、生产关系（或经济关系）——“经济活动”可分解为“生产力”和“生产关系”两大方面；而作为经济学的对象，则无非是两种观点：一为“生产关系”说，二为“生产关系与生产力”说。

三、重新认识“经济”和“经济学”，建立新型“普通经济学”

以上，简要地列举并归纳了中外学者对于经济和经济学的界定。下面，笔者在此基础上提出重新认识“经济”和“经济学”，建立新型“普通经济学”的基本设想。主要观点如下：

第一，尽管通常认为，西方对于经济和经济学的界定，往往片面突出有限资源配置，其目的在于掩盖资本主义的剥削关系，而马克思主义对于经济和经济学的界定，则明确地宣告对于经济关系的揭示。然而，从以上所列的内容来看，把经济学的对象仅仅限制在有限资源配置上的，并非是整个西方经济学界，而仅仅是其中的一个派别而已。实际上从整体上来看，西方和中国经济学界对于经济和经济学所给出的界定，并非是水火不相容的——经过认真分析并高度概括之后，无非包括两大方面，即生产力和生产关系，可谓殊途同归。我们真正应当摒弃的，只是那种片面的“稀缺资源配置”论。

第二，对于“经济”和“经济学”的重新认识，意味着在经济与经济学的研究中，既不可墨守成规地认为中国的理论经济学只能是研究生产关系，又不可盲目追赶西方的时髦而认为经济学的对象仅仅是稀缺资源的配置——而目前则明显地存在着这两种片面的情况；甚至一些中国学者写的经济学教材，也宣称经济学的对象即“稀缺资源的配置”，真可谓食洋不化、贻害非浅！

第三，重新认识还意味着，对于“经济”这一概念，有必要明确地扩大其内涵，包括生产力、生产关系、人财物节约（经济效益）等“三大基本方面”。要把那种认定“节约”仅仅是日常生活范畴的概念的老观念，彻底扭转过来；还要把以货币（“钱”）作为“经济”代名词的习惯用法，扭转过来。至于界乎“生产力”和“生产关系”的“经济关系”，笔者认为其内涵并不明确，难以作为独立的范畴而存在。

第四，我们中国的经济学者，应当建立自己的新型经济学。它既不墨守前苏联社会主义政治经济学的教条，又不一头倒向西方经济学，而是对于两者都去粗取精、去伪存真，为我所用。它应当广泛汲取东西方经济学中的一切积极的、有价值的重要成果。例如，它应当对于诸如“经济人”、“科斯定律”之类的著名理论，给予真正的科学评价；对于“无形之手”和“有形之手”的结合机制给出中肯的解说；对于劳动价值论、剩余价值论、地租论、价值规律、国民经济有计划按比例发展规律等等基础性经济理论予以正确阐述。它也不应当忽视或回避经济哲学、经济伦理学的深层次、高雅性内涵（如公平问题、人性问题等等）；它应摒弃一切陈腐、繁琐、冷僻的教条；等等。

第五，这种新经济学，可不必再称为“政治经济学”（实际上这里的“政治”二字，早已不含原意），但是仅称“经济学”却稍嫌模糊；若称其为“理论经济学”，则由于此称谓只是在与应用经济学相对应时才具有实际意义，从而作为一门学科的称谓也不恰当。笔者认为，它应当称为“普通经济学”，以区别于各种专门（专业）经济学。这一称谓是借鉴“普通物理学”、“普通化学”等的产物。这种“普通经济学”，对于各种各样的专门经济学来说，具有绪论的性质，具有向导的作用。它以市场经济作为基本背景，通过对于上述“三大基本方面”给出简明、深邃的阐述，从经济学的最基本理论上给人们以初步武装，并提供深层次的启迪。简言之，这种“普通经济学”应当以高姿态、高水平，全方位地向社会传播最必要的经济学基础性学识；其读者群应当是极其广泛的。

四、构建"普通经济学"的设想

笔者认为，"普通经济学"并不是马克思主义政治经济学、西方经济学的对立面，而是以前两者为基础的派生性学科。换言之，建立"普通经济学"只不过是增加了一个经济学模式而已。

构建"普通经济学"应当遵循以下四条基本原则：第一，以马克思主义基本理论为指导；第二，以马克思主义政治经济学为基础；第三，有区别、有批判地吸收西方经济学的相关内容为我所用；第四，在整个体系上将马克思主义经济学与西方经济学融为一体。

据此，这种"普通经济学"不应分别列出马克思主义经济学与西方经济学两大部分；而且，不必分别按马克思主义经济学与西方经济学列章；仅仅在确有必要时按马克思主义经济学与西方经济学分别列节。对于不能为我所用的重要西方经济学理论，要在相关部分进行实事求是的评价。

中国人民大学高鸿业教授主编的、最具权威性的著作《西方经济学》一书，已经在如何正确理解、认识、借鉴、扬弃西方经济学方面，为我们树立了非常珍贵的样板，值得认真研读、领会。

下面是笔者试行列出的"普通经济学"写作的初步大纲：

第一编　绪论

第一章　普通经济学的对象与任务　第二章　生产力、生产关系与生产方式　第三章　经济制度及其变迁　第四章　经济规律　第五章　经济伦理与经济哲理

第二编　微观经济

第六章　商品　第七章　货币　第八章　价值　第九章　资本　第十章　信用　第十一章　竞争与垄断　第十二章　企业　第十三章　市场　第十四章　分配

第三编　宏观经济

第十五章　国民收入　第十六章　总需求与总供给　第十七章　经济增长与经济发展　第十八章　社会总资本再生产和流通　第十九章　产品市场与货币市场的一般均衡　第二十章　失业与通货膨胀

第四编　国际经济

第二十一章　国际贸易与国际金融　第二十二章　国际价值规律　第二十三章　经济全球化与国家经济安全

第五编　政府的经济调控

第二十四章　政府的微观经济调控　第二十五章　政府的宏观经济调控　第二十六章　政府的国际经济调控　第二十七章　政府垄断经济

结束语（全书精彩观点述要）

本大纲中的“微观经济”“宏观经济”“国际经济”等，都不加“学”字，因为“economics”一词，本来就有“经济学”与“经济问题”等多种含义。

“双重经济秉性人”论*

传统的提法是：人人都是自利的“经济人”；他在主观上利己，而在客观上利他。本文独特的新提法是：多数人是“双重经济秉性人”，具有利己、利他的双重经济秉性，以利己为主而在不同程度上利他。经济学、生物学、心理学的研究成果都证明了此种观点。社会应当通过教化和约束，承认并鼓励人们的“利己利人”言行和利他言行，反对唯利是图、损人利己言行。这样做必然会日益显著地善良化人们的心灵，促进社会主义经济的健康发展，促进社会主义和谐社会的形成和完善。

“双重经济秉性人”论是笔者首次提出并加以阐述的基础性经济理论。它是对于单纯自利“经济人”论或“自利经济人”论的传统理论的扬弃；其核心是认定人具有利己与利他双重经济秉性；其强调之点是社会对于人的经济秉性的正确认识、引导和调节，以利于社会生活的正常运转和社会的正常发展。它涉及从事经济活动的本源性动机及其表现，人在经济—社会生活中的追求及其满足。

它是经济学和经济伦理学的基础性和核心性问题之一，也与经济哲学密切相关，值得予以高度关注。基于此，本文对于这一问题进行了全面而系统的论述：首先阐明如何突破单纯“经济人”论的藩篱而转向“双重经济秉性人”论；其次从多学科角度分析了人的双重经济秉性；再次分析了利己与利他的表现及其相互关系；继而强调了社会对于人的经济秉性的影响和调节；最后作出基本结论。

---

* 此问题属于理论经济学范畴，是笔者“多种经营”性质的成果中最具代表性的。全文发表于《马克思主义研究》2008年第8期。这里发表的是摘要。

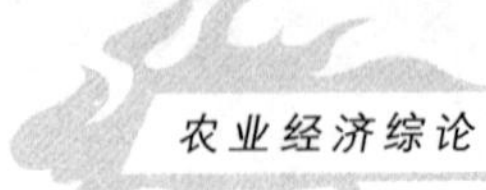

一、从“经济人”论到“双重经济秉性人”论

（一）传统的“经济人”论

本文以探索人的经济秉性问题为宗旨，从而从“经济逻辑”上来说，便不得不从探索“经济人”论开始，而且，不得不从英国古典经济学家亚当·斯密在其名著《国民财富的性质和原因的研究》（1776，另译为《国富论》）一书中所阐述的、商品提供者所具有的基本特征谈起。斯密的原话主要是：“人类几乎随时随地需要同胞的协助，要想仅仅依赖他人的恩惠，那是一定不行的。他如果能够刺激他们的利己心，……他要达到目的就容易得多了。……我们每天所需的食料和饮料，不是出自屠户、酿酒家或烙面师的恩惠，而是出于他们自利的打算。”① “他通常……不打算促进公共的利益，……他所盘算的也只是他自己的利益。……他追求自己的利益，往往使他能比在真正出于本意的情况下更有效地促进社会的利益。”② 这两段话的核心思想可概括为：商品提供者出于自身利益而在客观上维护了他人的利益、促进了社会的利益。简言之即：商品提供者以利人为手段而利己。后人认为，斯密的这一看法是“经济人”问题的嚆矢。

在斯密之后，首次对于这一问题进行进一步概括的是 J. S. 穆勒。穆勒在《政治经济学之定义及其恰当的研究方法》一文中认为，政治经济学“并不研究受社会规范的人性之全体，亦不研究社会中人的全部行为，而只关注人们嗜好财利、为达目的而精心选择手段的那一面。……它把人们一切其他激情与动机抽象殆

① 参见亚当·斯密：《国民财富的性质和原因的研究》上卷，第 13～14 页，商务印书馆，1988。

② 参见亚当·斯密：《国民财富的性质和原因的研究》下卷，第 27 页，商务印书馆，1988。

尽，只留下……逃避劳动并沉迷于眼前的奢侈享受的欲望。”人们的经济活动“尽管其中有很多实际上是各种动机的结果，但仍被政治经济学家认为源于唯一的动机——追逐财富。”从而穆勒所定义的经济学中的“人”便是：“人是在现有的知识水平上以最少的劳动和最小的生理克制来取得最多的生活必需品、为生活提供便利的商品和奢侈品的存在。”①

根据上述论述，意大利经济学家帕累托（F. Pareto）将以利人为手段而利己者，加以高度概括，称之为“经济人”（其希腊文为 Homo Economicus，英文为 Economic Man）；对于此种概括，往往又称之为“经济人假说”（Hypothesis of Economic Man）。

随着时间的推移，“经济人”概念的外延和内涵都发生了明显的演化。从外延上来看，学术界中的一种观点是，斯密当初所说的“人”是指当时的工场手工业主，即正在向资产者转变的中等市民，其合乎逻辑的“继承人”则是资产者；② 另一种观点则认为，“经济人”可泛化为一般人。“‘经济人’被看作是一般人的代表，具有人类的一切特性”。③ 换言之，在现实生活中人人都是“经济人”。后一种观点得到了较为广泛的接受。

从内涵上来看，按照现阶段较为流行的、最完整的界定，“经济人”是具有有序偏好、完备信息、精确计算能力、理性地追求自身预期效用（目标函数）最大化的经济行为者④。不过笔者认为，这种界定具有两方面的明显缺陷。一方面，姑且不论“经济人”是否是完全自私的，它在表述上过于繁琐而不得体。它所涉及的经济行为者所具备的偏好是否有序、信息是否完备、计算能力是否精确、所追求的目标是否最大化等等条件，显然并

---

① 参见 D. 豪斯曼：《经济学的哲学》，第 53～57 页，上海人民出版社，2007。

② 胡钧、杨静：《“经济人”假设的历史观和方法论》，《经济学家》2005 年第 6 期。

③ D. 格林沃尔德主编：《现代经济词典》，第 151 页，商务印书馆，1981。

④ 参见 J. 伊特韦尔等编：《新帕尔格雷夫经济学大词典》第二卷，《经济人》条，经济科学出版社，1996。

不是定性经济人即区分是否“经济人”所必需的，而是如何扮演好“经济人”角色所必需的；换言之，即使不完全具备上述条件，而仅仅具备把个人利益作为追求目标的任何经济行为者，作为“经济人”就已经具备最起码的条件了。即使是强调地讲，把“经济人”界定为“千方百计追求自身利益者”，从定性的角度来说也已经足够了。

然而，从本质上来看，实际上一般的“人”即所谓“经济人”，并非是完全自私的。这就引出如何正确地认识人的经济秉性的问题了。这是问题的关键所在。

（二）崭新的“双重经济秉性人”论

尽管上文认定人人都是“经济人”，但是“经济人”即“千方百计追求自身利益者”的提法，却并非是众所公认的。关于“经济人”的秉性，目前学术界流行的观点之一是：“经济人”的秉性是自利，利他的目的归根到底是自利；另一种观点则认为，“自利”与“利他”并存乃是人之共性。笔者认为，后者是符合实际的，它意味着古今中外一切人皆难以超脱“自利”与“利他”两种经济秉性。而且，这一观点绝对不意味着否定人的阶级性——人的“阶级性”与人的“经济性”在客观上是同时并存的，即任何阶级中的任何个人，都具有自利与利他两种秉性；所不同的只是自利与利他的具体内容和比重而已。

既然如此，人的经济秉性问题的核心便自然而然地是利己与利他相交织的。这一问题是通常人们所说的人的秉性“善”“恶”问题的核心。为了准确起见，笔者将“利己与利他并存”称之为“人的经济秉性”。

关于利己与利他的关系问题，有人认为这就是如何处理“经济人”与“道德人”的关系问题。这里所说的“道德人”，是专门从社会道德的角度来观察人而特意提出来的一个概念。提出此种概念者认为，人既是“经济人”又是“道德人”，是在社会生活中按一定原则、规范进行活动而追求物质满足与精神满足的人。两者相互关系的基本特征是：第一，“经济人”与“道德人”的追求在价值上存在着明显的差异，折射着个人利益与社会利益的对立。第二，两者的不同追求，反映了权利与义务、他律与自律的对立（例如，经济人强调获取利益的权利，“道德人”强调对社会应尽的义务；“经济人”靠他律，而“道德人”靠自律）。第三，两者的基本关系是：“经济人”是“道德人”得以完善的物质基础；“道德人”是“经济人”获利最大化的伦理保障。①

笔者认为，从实质上来分析，并不存在“经济人”和“道德人”这两种人，在同一个人身上也并不是同时存在着经济性和道德性这两种属性。因为，此种区分意味着，人们在追求经济利益时就不讲道德，如果要讲道德就不会追求经济利益，这显然并不是对于人的两重性的确切的描绘。确切地说，应当是人的自利性与利他性这两种秉性的同时并存与矛盾统一的问题，从而，以上三项“基本特征”在这种意义上也是能够成立的。既然如此，我们在摒弃单纯的“经济人”的提法时，不宜代之以“经济人”与“道德人”并存的提法——任何一个自然人都不可能被这样地“一分为二”。在分析人的经济秉性问题时，恰当的提法应当是人的利己性与利他性是辩证统一的。

从而，合乎逻辑的结论便应当是扬弃传统的“经济人”的提法，代之以“双重经济秉性人”的崭新提法。关于“双重经济秉性人”的理论即“双重经济秉性人”论。这一理论认定，在现实经济生活中多数人都是兼具自利与利他双重经济秉性的，既受到利己倾向约束，又受到利他倾向约束；一般人（多数人）是基本利己的，又是在不同程度上利他的，即以利己为主而以利他为辅；少数人则专门利己，毫不利人；极少数人则是毫不利己、专门利人。

---

① 参见汪荣有：《当代中国经济伦理论》，第31～34页，人民出版社，2004。

二、对于人的双重经济秉性的科学分析

为了搞清人是否具有利己与利他双重经济秉性，以及二者的相互关系如何，我们不妨从考察各方面的专家有关这一问题的基本论述着手。下面分别对从理论经济学、生物学与社会心理学、演化生理学及行为科学等三大方面进行论述的部分专家的观点予以简要评介。

（一）理论经济学方面的论述

亚当·斯密在《国民财富的性质和原因研究》中的论述及其主要追随者J.S.穆勒对于“经济人”的论述，曾经引起一些人的激烈反对。例如，美国经济学家H.C.凯理认为，穆勒的理论是“讨论人性的最低级本能，却把人的最高尚利益看做是纯属于干扰其理论体系的东西。”① 德国经济学家K.G.A.克尼斯则认为：“经济人”的“观念实际上是说人总是不可救药地受纯粹自私动机的躯策，这就是否认有任何良好动机的存在”。②这些论述的核心是反对人性唯私论。不过，斯密在出版《国民财富的性质和原因研究》一书的17年前，在其《道德情操论》（1759）一书中指出：“无论人们会认为某人怎样自私，这个人的天赋中总是明显地存在着这样一些本性，……使他关心别人的命运，把别人的幸福看成是自己的事情，……这种本性就是怜悯和同情”。③而且，斯密还认为：“人们不应该把自己看作某一离群索居、孤立的个人，而应该把自己看成是世界中的一个公民，是自然界巨大国民总体中的一个成员”，“为了这个大团体的利益，人们应当随时心甘情愿地牺牲自己的微小利益”。“人道、公正、慷慨大方

①② 转引自杨春学著：《经济人与社会秩序分析》，第175、176页，三联书店、上海人民出版社，1988。

③ 亚当·斯密：《道德情操论》，第5、169、237页，商务印书馆，1997。

和热心公益是最有益于他人的品质。"[①] 有人认为，斯密在其两本不同的著作中的观点是根本矛盾的，前者的观点可能已经自我否定。其实，斯密在出版《国民财富的性质和原因研究》之后，还不止一次修订《道德情操论》，这足以证明他始终坚持两书的观点。正如诺贝尔经济学奖得主 A. 森所指出的那样："是现代经济学把亚当·斯密关于人类行为的看法狭隘化了，从而铸就了当代经济理论上的一个主要缺陷，经济学的贫困化主要是由于经济学与伦理学的分离而造成的。"[②] 新古典经济学创始人、英国经济学家 A. 马歇尔早就指出："人们也能作出利人的贡献，……经济学家的最高目标就是要发现，这种潜在的社会资产如何才能最快地得到发展，如何才能最明智地加以利用。"[③] 此点可被看作是对于斯密以来关于人的经济秉性问题论述的小结之一。

简言之，经济学界的几位权威人士认为，人是具有利己与利他双重经济秉性的。

（二）生物学和社会心理学方面的论述

主张人的经济秉性为自私者认为，从自然科学的角度上来看，人的基因是自私的。通常认为反映这一观点的代表作是英国牛津大学生物学家 R. 道金斯（Richard Dawkins）的《自私的基因》（1976）一书。这本书被人们广泛引用和推崇，似乎可据以判定基因决定了人性是完全是自私的。例如，黎鸣的《中国人性分析报告》一书是主张"人性唯私"论的，认为"自私……是人类的本性，是它的自然性的根性。这几乎可以称之为关于人类的第一大自然规律。"[④] 然而其作为理论依据而引用的道金斯的原话，却不能

---

① 亚当·斯密：《道德情操论》，第 5、169、237 页，商务印书馆，1997。

② A. 森：《伦理学与经济学》，第 32 页，商务印书馆，2003。

③ A. 马歇尔：《经济学原理》上卷，第 30 页，商务印书馆，1964。

④ 黎鸣：《中国人性分析报告》，第 7 页，中国社会出版社，2003。

完全支持其观点："动物的行为，不管是利他的或自私的，都在基因控制之下。""生存机器（生物体）一般为自私的基因所操纵"。[①] 由此可见，道金斯固然是主张"人性自私"论的，但却并不主张"人性唯私"论；无论如何引用他的原话，都无法使之服务于此种论点。

在此值得专门提出的是，以色列西伯莱大学心理学家爱伯斯坦的研究，首次发现了促使人类表现利他行为的基因；而且，调查发现大约有2/3的人携带着利他基因。[②] 这一发现肯定是具有划时代意义的。显然，这是基础性自然科学研究给出的过硬的证据，与仅凭情感好恶而作出的论断大相径庭。它使得人们对于基因本身具有利他成分的看法，从假想变为现实。这就意味着，客观的科技成果彻底地结束了想当然的人性唯私的主观臆断。

其实，道金斯的《自私的基因》一书，是关于人的经济秉性问题的一座"富矿"，有待于人们的深入"发掘"。按照笔者的提炼和归纳，这一著作所具有的震撼性的、经典意义的观点至少有以下两点：第一，道金斯认为，人类并非是完全自私的。"人类可能还有一个非凡的特征——表现真诚无私的利他行为的能力……能够防止我们纵容盲目地复制基因而干出那些最坏的、过分的自私行为。"[③] 第二，道金斯还认为，基因并非人类进化理论的唯一依据，除此之外还有文化因素。他指出，"要想了解现代人类的进化，我们必须首先把基因抛开，不把它作为我们进化理论的唯一根据。"[④] 他指出，除了基因之外，还有一种"文化单位"或"模仿单位"，可称之为"Mimeme"，简称为"meme"——该书的译者将其音译为"觅母"。觅母"是一种有生命力的结构""事实上能够变成物质。"[⑤] "是一个可以从一个脑子传播到另一个脑

①③④⑤ R. 道金斯：《自私的基因》，第85、154、280～281、266、268页，科学出版社，1981。

② 田学科：《心理学家首次发现：人类利他行为与基因有关》，2005年1月25日《科技日报》。

子的实体。”[1] 是“具有目的性的行为者”。[2] 简言之，道金斯认为，除了基因之外还有文化因素在影响和造就着人的秉性。

总而言之，生物学界的研究成果和相关的理论分析，也对人性唯私论给予了否定的回答。

不过，单纯从表达方式上来说，对于道金斯把这种影响人类行为的文化因素称之为“模仿”，以及译者将其中译为“觅母”，笔者都认为不妥。实际上，人的行为在利益上的“向私性”与“向公性”及其比重、运行机制等，都既取决于基因的先天遗传性因素，又取决于教养、培育等后天性灌输性因素，而且后者的实质并非“模仿”。尤其是，中文的“觅母”二字仅仅是音译而无任何实质性含义从而词不达意。因此，笔者将这种后天教养、培育性因素称之为“育因”，并按照这一含义组合一个英文新词：“culturegene”。它是与“基因”（gene）相对应的、影响人的行为的后天因素。这样，作为先天因素的基因与作为后天因素的育因结合的状况，特别是具有能动性的育因的开发状况，便会在很大的程度上决定人的行为的为私与为公的比重和力度。

社会心理学是心理学的一个分支，它是研究社会因素对人的行为的影响的一门科学，产生于将近一个世纪以前。社会心理学认为，遗传与环境两大因素共同决定人的心理和行为；遗传是行为发生的生理基础，而行为的发展则受环境的影响。这种观点可以说既是唯物的，又是辩证的。环境对于人们的影响也被称之为“文化影响”，其中包括家庭、学校、工作单位、社会生活等方面的影响。本文在这里所引述的社会心理学界的基本观点，与以上引述的道金斯关于“育因”的观点是不谋而合的。这种状况进一步说明了，单纯的基因决定论是不能成立的。[3]

---

①② R. 道金斯：《自私的基因》，第273、274页，科学出版社，1981。

③ 参见候玉波编著：《社会心理学》，第63～69页，北京大学出版社，2002。

（三）演化心理学和行为科学方面的论述

美国经济学家 H. 金迪斯和 S. 鲍尔斯运用演化心理学（研究人类心灵智慧的学问）和行为经济学（研究人类经济行为动因与取向的学问）的理论和方法研究人类行为的利己性与利他性问题，而且运用数学模型，通过电脑仿真，获得硕果累累。其基本观点主要反映在由汪丁丁等主编的《人类的趋社会性及其研究》（上海世纪出版集团，2005）一书中。

现将金迪思和鲍尔斯的最核心的观点归纳为以下四点：第一，人类具有"趋社会性"（包括同情、羞耻、负罪感、对社会制裁的敏感性等），它"是一种导致行为者从事……合作行为的生理和心理反应。""是产生善意和关爱行为的源泉"。① 第二，在趋社会感情的驱使下，人会做出"强烈互惠（strong reciprocity）行为"，"它的特征是与他人合作并花费个人成本去惩罚那些违反合作规范的人，甚至在预期这些成本得不到补偿或是在一个较迟时期才能得到补偿时也这么做。"②这与互惠利他、亲情利他等可能有回报或期望有回报的利他行为是完全不同的。进行强烈互惠行为的人，尽管在群体中是少数，但是这些"不考虑回报而对背叛者施以惩罚的强互惠者，能够显著提高族群的生存机会。"③第三，文化在促使个体从属于群体方面具有重要的作用。"所有成功的文化都鼓励增强个人适存度的内在规范"（如面向未来、积极的工作习惯等）；"文化同样普遍地促进使个体从属于群体的利他主义的规范，如勇敢、诚实、公平、积极合作以及对他人痛苦的同情。"④从而，"物种的成功演化有赖于引导人们珍惜自由和平等的道德情操。"⑤第四，在人类的演化中基因和文化是共同发挥作用的。"通过文化传递的习俗（资源共享）对于由自然选择所控制的通过基因遗传的利他特征的演化具有重要的作用。"⑥

---

①②③④⑤⑥ 汪丁丁等主编：《人类的趋社会性及其研究》，第 55～56、178、58、64、67、178 页，上海世纪出版集团，2005。

汪丁丁、叶航、罗卫东等学者也强调指出：利他秉性是人类进行合作的必然产物。人们在自然环境中要维持生命、改善生活，通常不可能像鲁滨逊那样“单干”，而必然要在不同程度上，结成不同规模、不同形式的群体，进行广泛的合作，而利他秉性便是人们进行合作的必然产物；人们之间的合作秩序，依靠由人的激励机制而产生的对于破坏合作行为的惩罚行为而得以维持；利他秉性也能够通过整体间的补充机制而获得相对的进化优势；一个社会只能因其成员之间具有合作关系才能够存在和发展；一个完全自私的人类群体，必然由于无法建立稳定的秩序而最终走向灭亡。①

总之，金迪斯、鲍尔斯、汪丁丁等等学者所进行的研究是具有重大意义的，其所取得的崭新的科学成果，为人们探索人的经济秉性问题开拓了极其广阔的天地，值得人们给予认真的、密切的关注。而且，金迪斯等人的论点与道金斯关于“基因”与“觅母”（即“育因”）问题的论点，就其基本点而言，是不谋而合的。

这些观点已经为行为经济学者的大量实验所证明。近年来，行为经济学者在几十个国家以大量的大学生为对象所做的几百次有偿实验表明，人们是关心公平、注重互利的，是愿意在物质利益上帮助他人的；“有关研究表明，在有限重复的‘囚徒的困境’博弈中，合作行为是普遍存在的”。“人们清楚地理解他们的目标所在，并希望实现自己目标的最大化，但是，由于认识到了成功的相互依赖性，从而关心他人的目标。”② 像日本那样的一些在

① 汪丁丁等主编：《人类的趋社会性及其研究》，第27～47页，上海世纪出版集团，2005。

② A. 森：《伦理学与经济学》，第84～85页，商务印书馆，2003。此外，一些学者以学生为对象的试验也表明，人是纯粹自私自利的设想是完全不切实际的；市场的综合水平越高，人的亲社会倾向也就越高；个人的文化与经济水平并不明显地影响游戏状况（参见 Joseph Henrich, et al. , “‘Economic man’ in cross-cultural perspective: Behavioral experiments in 15small-scale societies” . Cambridge University Press. 2005. ）。

生产效率方面取得成功的事例，曾经被当做是遵循自利理论的证明。然而事实上，有大量的证据表明，“责任感、忠诚和友善这些偏离自利行为的伦理考虑，在其工业成功中发挥了十分重要的作用。”①

以上列举的多种学科的研究成果，有力地肯定了大部分人具有利己和利他两种秉性，即有力地否定了“人性唯私”的陈旧认识和相关理论。这就为进一步研究人的双重经济秉性问题展示了广阔前景。简言之，我们必须一分为二地看待人的利己与利他问题：大部分人既不是天生的纯粹利己主义者，也不是天生的纯粹利他主义者，而是“利己—利他”二元主义者。A. 斯密在其《国富论》和《道德情操论》两部著作中所呈现出的两种基本观点的“矛盾”，实际上恰恰反映了这种客观情况。我国古代长期存在过的“人之初，性本善”与“人之初，性本恶”两种对立观点的争论，从现代科学所给出的答案来看，两者都是是主观的、片面的、不科学的。既然如此，我们关于利己与利他的关系问题的全部分析，都不能背离“人性二元论”这一基本前提；无论是伦理学、社会学、政治学、经济学问题的探索，都应是如此。②

三、利己与利他行为的表现及其相互关系

在明确了一般人具有利己与利他的双重秉性的基础上，下面对于这两种秉性在行为上的表现及其相互关系进行进一步的分析。

---

① A. 森：《伦理学与经济学》，第 23～24 页，商务印书馆，2003。

② 中共中央党校王东京教授在《澄清经济学的三大问题》（《中国改革》2006 年第 9 期）一文中认为：“要做经济分析，就得假定人是自私的”；“假定人自私并非倡导人们自私”。根据本文的上述论证，“假定人是自私的”，无非是“人之初，性本恶”论断的“再版”。

首先，“利己”秉性在行为上的表现可区别为几种类型：一是“利人利己”型行为——通过利人的方式而达到利己的目的，这是最常见、最普遍的类型；但它本身是中性的——既谈不上“善”也谈不上“恶”。二是“损人利己”型行为——通过损害他人利益而利己，即“恶”性利己。三是“封闭利己”型行为——与他人无关之利己行为，属于与社会不发生关联的私生活。

其次，“利他”秉性在行为上的表现也可区分为不同类型：一是“利己利他”型行为——即以利己为出发点而进行的利他行为，或者称为“互惠利他”型行为、“表面利他”型行为。此种行为的客观效果是利他，对他人有利，对于整个社会也有利。它与上面所说的“利人利己”型行为，其实是同一类型，只不过是考察的角度不同而已。此外，其中还包括一种“亲缘利他”型行为，即在家庭成员及亲属之间发生的利他行为。二是“舍己利人”型行为——即“毫不利己、专门利人”型行为或称“纯粹利他”型行为。其具体表现是，其利人的行为，会在不同程度上牺牲自己的财力、精力甚至健康、生命，而不图任何回报或根本不可能有任何回报（如匿名慈善捐款，舍己救人而不事张扬，为正义事业而奉献财力、精力乃至生命等）。三是“综合利人”型行为，即兼具以上两种特征的利他行为，这是很广泛地存在着的。

有一种理论认为，人的利他行为的目的归根到底是利己，一切利他行为均可纳入利己行为的范畴。笔者将此种理论称之为“利己偏执论”。例如，《外国经济学的新进展》（吴易风等主编，2002）这一文集中的一篇文章中有这样一段话：“行为人中的利他主义者，……他的行为不过是满足了他自己的偏好，而不是满足了其他什么人的偏好。因此，行为人按照自己的偏好来选择自己的经济行为，是一种从利己动机出发的行为，这种行为及其结果可以表现为利己，也可以表现为利他。”① 又如陈孝兵也认为：

① 吴易风等：《外国经济学的新进展》，第76～77页，山西经济出版社，2002。

“人的本性的外化就体现为人的行为，包括了利己因素，也包括了利他因素。……利己因素和利他因素，进而利己行为和利他行为，同出自最为根本的唯一不变的利己动机。”① 持此种观点者所持的逻辑是：凡自主选择其行为的人，其行为的出发点即属利己。那么，难道在一般情况下，有哪一个神经正常、神志清醒的人的行为，不是自行决定的？难道皆为利己？这种完全不顾基本逻辑规则的利己偏执论，真是匪夷所思，令人百思不得其解！

四、社会对于人的经济秉性的影响和调节

人既是自然人，又是社会人。社会人不是孤立地存在着，而是存在于社会群体之中。所谓“社会群体”，小到家庭、家族、邻里，中到社区、团体（或“单位”），大到国家乃至国际“大家庭”，简言之即大小不同的社会生活范围。尽管一般的人与生而俱的利己与利他两种秉性并存，但是人的秉性必然会明显地受到社会的影响和调节，从而会不断地发生变化——社会生活的熏陶、教养、强制，对其利益倾向发生重要影响，会使得利己或利他倾向强化或弱化，也是确定无疑的。而且，人的各种性质的行为必然会在不同程度上对社会生活产生不同影响，从而，社会为了自身的利益和健康发展，也必然会主动地对人的不同行为，分别采取赞成、反对、中立的态度。正如有学者指出，“共同体通过支持与趋社会规范相一致的行为，如诚实、互惠、朝着共同目标合作等方式克服搭便车问题，同时也惩罚了‘反社会’行为。”②

在这里，不能不再一次强调地指出道金斯的相关观点的极端

① 陈孝兵：《现代经济人批判》，第20页，山西经济出版社，2005。

② S. 鲍尔斯等：《人类的趋社会性及其研究》，第93页，上海人民出版社，1998。

重要性。他认为，人类是能够抗拒自私基因和自私觅母，培植利他主义的。他指出“我们具备足够的力量去抗拒那些与生俱来的自私基因，……也可以抗拒那些灌输到我们脑子里的自私觅母。”“我们甚至可以讨论如何审慎地培植纯粹的、无私的利他主义”。“在这个世界上，只有我们，我们人类，能够反抗自私的基因复制的暴政。”① 笔者孤陋寡闻，除了道金斯以上所述外，还没有看到或听到过任何其他科学家、思想家对于基因、文化两者的作用及其相互关系，尤其是人类主动培植利他主义的问题，论述得如此精彩，使人叹为观止。而且，这也进一步证明，把道金斯作为人性唯私理论的最主要的代表人物，是完全失之于偏颇的。

社会对人的秉性的影响和调节，从性质上来看有正面与负面之区别——既可能发生正面的影响和调节，又可能相反。从涉及人的利益的广度上来看，此种影响和调节又可区别为不同的范围，包括宏观范围的（主要指国家）、中观范围的（主要含邻里、社区、团体、工作单位等）以及微观范围的（除了个人以外主要含家庭、家族等）。

首先，着重就宏观范围而言。第一，社会的整体利益与长远利益，决定了她要肯定、保护与制度相容的一切“利人利己”行为、“利己利他”行为。一切主观上的利己行为，只要行之得当，与社会通行的生活规则相适应，便会客观利他。为此，社会必然会有意识地宣扬、鼓励一切利他行以及在某些情况下的“舍己利人”行为——毕竟社会的健全发展，确实需要广泛的利他行为而不是相反。而且，社会必然要通过正式制度与非正式制度，千方百计反对、制止以至于惩罚一切“损人利己”言行（含暴利、寻租、盗窃、抢劫、诈骗、人身伤害、精神伤害等一切违德、违法言行），这也是社会健康发展所必需的。正如新制度经济学名家

① R. 道金斯：《自私的第基因》，第 281 页，科学出版社，1981。

C. 诺斯所指出的："一系列被制定出来的规则、守法程序和行为的道德伦理规范，它旨在约束追求主体福利或效用最大化利益的个人行为。"[①] 这的确是至理名言，应当是适用于一切场合的。第二，社会对于"专门利己"与"专门利人"两种极端倾向，必然要区别对待。其一是，社会如何对待"专门利己、毫不利人"的言行。社会对于此种言行必然会予以排斥，使之不可能自由泛滥，以便维护社会的整体利益，从而在结果上使得一般的人在客观上不可能仅仅是追求个人的利益而完全不顾他人利益。当然，损人利己的行为会长期存在甚至泛滥，从而要求社会要不断强化伦理教诲和法治管理。尤其是，正如前面所提到的，尽管大多数人带有利他基因，但是毕竟还有少数人仅仅带有利己基因。对于这种秉性纯粹自私自利的人，社会当然要更加强化约束和教化，使其收敛利己言行，效法利他言行。换言之，社会环境即使无助于改变人的利己的秉性，但是也会约束、诱导人的言行，使之在客观上、在不同程度上"改恶从善"。其二是，社会究竟如何对待"毫不利己、专门利人"的言行。在特定的客观政治、经济、军事、舆论形势下，毫不利己、专门利人的行为、人物会不断涌现，诸如岳飞、文天祥、董存瑞、黄继光、焦裕禄、雷锋、从飞、华益慰、黄顺友、郭明义等古往今来的英雄、模范人物，就是最好的例证。人们崇敬这些出众的利他人物，最根本的是其崇高的精神境界并非平常人之所能企及。但是，社会必然会不断地宣扬这些人物，以便不断教化众人、匡正风气。

其次，就中观层面和微观范围而言。其基本内涵与宏观范围相似，但是其侧重点在客观上必然具有相当大的差别。就县、市、省等行政区等中观社会利益单位而言，除了主要官员之外，一般人通常并不将其利害与自身直接挂钩。而主要官员的私利与

---

① C. 诺斯：《经济史中的结构与变迁》，第 225～226 页，上海三联书店、上海人民出版社，1994。

公利，则通常是紧密结合着的——这意味着，在正常情况下，即使官员们完全出于私利而追求良好的政绩，在客观上也是利他的，何况真心实意利他的官员也不在少数。当然，贪官污吏就另当别论了，不过在正常情况下，他们不可能长期横行霸道而不受到社会的制裁。就个人言，多数人具有利己为主、利他为辅双重秉性，一般人的行为必然是把自利置于首位，各个家庭、“单位”（特别是其中的企业，尤其是私营企业）也是如此。这是很正常的。这种情况就决定了，整个宏观社会所应当承担的重任，是责无旁贷的。

在我国，为了建设好有中国特色的社会主义，广泛倡导“为人民服务”的精神，宣传社会主义荣辱观，明确“八荣八耻”的道德标准，鼓励人们“趋荣避耻”，表彰道德模范，是完正确和完全必要的。这不仅适应社会上多数人发挥利他秉性的需要，而且对于少数秉性完全自利者，也会具有潜移默化的作用。简言之，繁荣、和谐、共富社会的建设，既离不开利他秉性的充分发扬，也离不开对于利己秉性的反向诱导。

五、人的经济秉性问题在经济学教科书中的地位（略）

六、基本结论

由以上所述可得出的基本结论如下：

第一，经济学界对于人的经济秉性问题或“经济人”论和“双重经济秉性人”论问题，应当给予更为密切的关注，使之引起人们的普遍重视，使其走出“象牙之塔”，以便使这一基础性理论研究进一步深化并走向理论与实际紧密相结合之路，这是责无旁贷、义不容辞的。

第二，按照“双重经济秉性人”论，多数人具有利己为主、利他为辅的双重经济秉性，这不仅是经济学的重要基础，也是进行经济管理、社会管理的极其重要的客观依据。这与单纯自利的“经济人”论（或“自利经济人”论），是大有区别的。按照前者，必然会在尊重利己为主、利他为辅的经济秉性的前提下倡导互助互利、共同发展；而如果按照后者，就根本谈不到这一点了。两者的利弊得失是不言自明的。

第三，社会对于其成员通过正式制度和非正式制度进行的约束和教化，承认并鼓励“利他利己”言行，充分肯定“舍己为人”言行，坚决反对“惟利是图”“损人利己”言行——这应当是社会主义经济伦理的基本准则。这样做必然会日益显著地净化人们的心灵，促进社会主义经济的健康发展，促进社会主义和谐社会的进一步形成和完善。换言之，我们如果片面地把“毫不利己，专门利人”作为社会主义市场经济的普遍道德标准加以提倡，那是完全脱离实际的，其结果必然是徒具形式；反之，如果听任“惟利是图”“损人利己”大行其道，则必然会严重破坏社会主义市场经济秩序，祸国殃民。

主要参考文献

刘伟、梁钧平：《冲突与和谐的集合：经济与伦理》，北京：北京教育出版社，1985.

杨春学：《经济人与社会秩序分析》，上海：上海三联书店、上海人民出版社，1988.

[印度] 阿马蒂亚·森：《伦理学与经济学》，北京：商务印书馆，2000.

王莹、景枫：《经济学家的道德追问》，北京：人民出版社，2001.

王伟光：《利益论》，北京：人民出版社，2001.

武经伟、方盛举：《经济人·道德人·全面发展的社会人》，北京：人民出版社，2002.

唐代兴：《公正伦理与制度道德》，北京：人民出版社，2003.

田秀云：《社会道德与个体道德》，北京：人民出版社。2004.

孙英：《幸福论》，北京：人民出版社，2004.

宋希仁主编：《西方伦理思想史》，北京：中国人民大学出版社，2004.

聂文军：《亚当·斯密经济伦理思想研究》，北京：中国社会科学出版社，2004.

汪荣有：《当代中国经济伦理论》，北京：人民出版社，2004.

陈孝兵：《现代经济人批判》，太原：山西经济出版社，2005.

[美] A. J. 菲尔德：《利他主义倾向》，长春：长春出版社，2005.

[美] H·金迪斯等：《人类的趋社会性及其研究》，上海：上海人民出版社，2006.

程恩富：《新"经济人"论：海派经济学的一个基本假设》，《教学与研究》2003 年第 11 期.

程恩富：《马克思主义政治经济学的四大理论假设》，《中国社会科学》2007 年第 1 期.

周诚：《关于人的经济秉性的科学依据问题的探索》，2007 年 8 月 14 日《中国经济时报》第 8 版.

周诚：《谈人的双重经济秉性》，2007 年 10 月 5 日《经济学消息报》第 6 版.

G. R. Steel，Understandimg economic man：psychology，rationality，and values. *American Journal of Economics and Sociology*，The Nov. 2004.

John Gowdy，Irmi Seidl，Economic man and selfish genes：the implications of group selection for economic valuation and policy，*The Journal of Social-Economics*，33（2004）.

LauchlauA. k. Mackinnon，The Social Construction of Economic Man：The Genesis，Spread，Impact and Institutionalization of Economic Ideas，Copyright© Lauchlan Mackinnon，2006.

二、工具性学识——咬文嚼义

《以文载道咬文嚼义通论》前言*

这本小册子的基础是我于 2009 年 6 月 11 日在中国社会科学院研究生院举办的“学问有道—名师论坛”第四讲上，给博士生、硕士生所做的同名学术报告稿，经过大力充实、精心修改，终于成书。在此书付梓之际，首先要衷心感谢中国社会科学院研究生院刘迎秋院长的热情相邀，感谢院团委何锋书记的精心组织和亲自主持，也要感谢广大同学踊跃听讲，而且在报告之后还积极参与了当堂进行的“改病句竞赛”活动——其中有几位同学因成绩优良，后来获得了中国人民大学明德咬文嚼义沙龙颁发的纪念奖状！

这次报告的稿子，是以此前撰写的若干篇同类文章、报告稿为基础并集其大成而且有明显改善、提升的。其中最早的一篇报告稿是 2006 年 10 月 21 日应中国人民大学农业经济与农村发展学院副院长曾寅初教授之邀，给部分学生所做的类似报告的稿子。经过认真整理后，该报告稿最后形成以《经济类著述要注意文辞、避免语病》为题的一篇文章而收入由中国人民大学出版社于 2007 年 8 月出版的《周诚自选集》，而且在互联网上广为传播。所有这些文章、报告，其基本指导思想和基本内容，都是宣传“以文载道、咬文嚼义”。这两者的关系是：“以文载道”（用

---

* “咬文嚼义”是笔者创造的新概念，含义为“推敲词句，斟酌含义”——遵循语法、合乎逻辑、兼顾修辞。它是工具性学识，是笔者运用于本人写作及指导学生写作中的。

文章表达道理）是目的，“咬文嚼义”（咬文章、嚼含义）是手段；简言之即通过“咬文嚼义”以实现“以文载道”。那么，如何进行咬文嚼义呢？这就是要从语法、逻辑、修辞三大方面对文章进行认真推敲，反复进行必要的修改、润饰，尽可能使其表达状况获得较大的改善，以便使一个作品（文章、报告稿、作业乃至书稿等等）能够更好地符合“以文载道”的要求，或者说更好地达到“以文载道”的目的。

本书的主要读者对象是，除了汉语语言、文学、国学、逻辑学等专业以外的各个学科的大学生、硕士生、博士生、教师等学界人士，尤其是其中的文科学界人士，主要包括经济学、哲学、法学、社会学、史学等学科。估计读者肯定会提出的问题是：作为非语文和逻辑学界专业人士，为何要花大力气搞“以文载道、咬文嚼义”活动呢？这是否不务正业呢，是否会吃力不讨好呢？

要回答这一问题，首先得从经济学等文科读物（文章、书籍等）的特征说起。这类学科读物在各类学科中，其负面文辞积弊之“深、广、远”，是非常突出的，若不尖锐指出其弊病之所在及改正之途径，以便引起广泛、认真的注意，恐怕积弊将日复一日持续下去而更加难以改观。

经济学等文科读物为什么存在严重的语病，其基本原因是多数人没有正式、系统地学习过现代汉语语法和普通逻辑学。大学生、硕士生乃至博士生，除了在中学语文课中学到汉语基础语法，在外语课中学到一定程度的外语语法之外，一般并未专门上过“现代汉语语法”之类的课程，而且，多数人也并未在写作方面进行过扎实的锻炼，因而汉语语法的基础知识和汉语写作的基本功不扎实。至于逻辑学、修辞学方面的知识，就更加贫乏了。加之，在报刊、书籍、电视中，语病比较普遍甚至相当严重，对于广大读者产生的不良影响也是相当普遍而深重的。在这种积弊较深的宏观环境的熏陶之下，语病的出现频度很高，而人们却习以为常、安之若素，也就不足为怪了。此外，一般大学老师自身的语法、逻辑、修辞方面的素养有限，而且通常也并不大注意从这个角度提高自己并对于学生进行严格要求。这样，期望学生注重语法、逻辑、修辞，具有较高的写作水平，当然就不大现实了。

众所周知，语言是人们交流的主要工具；写文章是为了达到"以文载道"的目的。而人们在长期运用语言的过程中已经形成了一定的语法和逻辑规范，尽管这种规范本身也会随着时间的推移而有所演进，但是这种演进只是局部的、渐进的，而且要经过舆论的公认。那么，凡是无视原有的规范而自行其是地造句、行文，往往就会形成语病，其后果是词不达意，甚至会产生歧义，至少是难以实现通顺、流畅，难以赏心悦目。从而，力求避免病句，做到字顺文通，便是每一个行文者所必须认真对待，而来不得半点粗心大意的事。至于要使行文达到严谨、深刻、优美、感染力强的地步，就更需要字斟句酌、反复推敲、精益求精，乃至废寝忘食、数易其稿，需要具有"语不惊人死不休"的气势，而且最好是不厌其烦地虚心求教于师友，相互切磋琢磨，以便收兼听则明之效。

为了避免语病，做到字顺文通，必须全面注意以下四大方面的问题：①遵循语法——"语法"即语言规则或规范，它基本上是"呆板"的，灵活运用的余地不太大。只有合乎语法规则，才能够算得上行文通顺。②合乎逻辑——即合乎形式逻辑，具体表现为合乎逻辑规则。逻辑规则也毫无灵活性可言，必须严格遵守。③适度修辞——即适度修饰文词，力争文词比较优美、动人而深刻。修辞是一门写作方面的"艺术"，要做到繁简适度（杜绝繁琐化、简单化）、词可达意、深刻有力、说服力强、赏心悦目，要因文而异——有的文章需要华丽的辞藻，有的文章则需要朴实直陈；有的文章要求深入而具体，有的文章却要求大而化之。其灵活性很大，关键在善于灵活运用。④专业约束——即各种专业方面的理论、规范等的约束。它属于各个不同学科的范围，但既然是通过文字表达出来的，至少从表面上看也是“文字问题”；何况，它是与语法、逻辑、修辞问题交织在一起的。如果在语法、逻辑等方面出现了问题，那么专业性观点的表达就必然会受到不同程度的损害了——这就是“文不载道”了！

换言之，在以上四个方面当中，“语法”与“修辞”两方面，纯粹是属于“行文”方面的规范，可简称为写作中的“文理”（即“行文规范”）方面；而“逻辑”与“专业”则是属于写作中的“事理”（即通过文字要表达的事物方面的道理）。从而，所谓“以文载道”，无非就是通过合乎“文理”的文章，达到表达“事理”的要求。由此可见，无论是哪一领域的学者，只要是通过文章（而讲演无非是文章的口头化）表达专业观点，都不可能绕过“以文载道”这一“关口”，都不可能不进行“咬文嚼义”活动。

这里要讲的重点是“文理”，特别是其中的语法。从语法的角度来说，其基本要求是文通字顺、合乎常规、慎重创新。语法所涉及的范围非常广泛，大到文章的章法即结构、层次（起、承、转、合），中到遣词造句——句法、词法，小到用字、标点等。在此不妨仅以遣词造句为例，略加阐述。句子是表达思想的基础性语文单位；改善、提高语文表达能力，应当以注意遣词造句作为重点。至于句子与句子之间的关系，整个文章的结构、层次等所涉及的问题，无论如何都是以遣词造句为基础的。

关于遣词造句的规范，可笼统地称之为“遣词造句法”或再简化为“词句法”。通常所说的“语病”，主要是词句失误所致。词句失误可区分为若干类，诸如用词不当（如错用、相互矛盾、搭配不当等等）；句子成分搭配不当（如主语与谓语搭配不当，定语、状语、补语与中心语搭配不当，主语与宾语搭配不当等）；句子成分残缺与多余（如主语、谓语、宾语残缺，定语、状语残缺或不完整，主语、谓语、宾语、定语、状语、补语多余等）；语序不当（如定语和中心语的位置颠倒，定语错置于状语之位，状语错置于定语之位，多层定语语序不当，多层状语语序不当等）；句式杂糅（如两句杂糅，前后牵连等）；存在歧义（如多义词或多义短语使用不当，词语与词语的关系不明等）；等等。当然，这里所举的以及本书提到的种种语病，不可能穷尽而完备，只能起抛砖引玉的作用。

中国语法泰斗王力先生在其所著《中国现代语法》一书的《自序》中，将其钻研语法的历程区分为四个时期，即“妄”（仅以一本《虚字使用法》作为语法教材）、“蔽”（仅从英语语法中寻找中国语法的根据）、“疑”（对于过去的中国“语法学”表示怀疑）、“悟”（认识到语法的规律必须从客观存在的语言中归纳出来）。这一过程当然具有其时代特征，但是在一定程度上具有普遍性，即人们对于中国语法的认识和掌握，往往都是从自发到自觉、从肤浅到深刻的。

根据我个人的经历和体会，为了解决写作的文辞、语病问题，要注意以下四个方面：第一，主动地读一点语法、逻辑方面的书，从理论上武装自己。我系统地学习语法，是从20世纪50年代阅读吕叔湘、朱德熙二位先生编写的《语法修辞讲话》开始的，并从此被引进了汉语语法之门，养成了不时浏览语法书籍的习惯，获益良多。第二，在阅读书报、看电视、听广播时，顺便注意推敲其语病，养成“挑语病”的习惯。第三，在日常写作中注意语法、逻辑上的斟酌，遇到问题，从词典、教科书中寻找答案。第四，认真地读几篇中国古典论说范文并反复推敲，从中汲取营养。回想我在高中读书时，语文课的内容全是讲解古文名篇，而且要求熟读、背诵，至今感到受益匪浅。

中国古典文学的博大精深、晶莹璀璨，是举世无双的。但是，几乎被完全忽视的是，一些一贯被人们当作文学作品诵读的古文精品，却是经济、社会、哲学等问题的精彩论文；而从清代吴楚材等编选的《古文观止》，到当代国学大师冯其庸教授等选注的《历代文选》，却都未能突破文学这一藩篱。实际上，南北朝时期的刘勰在其所著的《文心雕龙》一书中就划分出“论说”这一文类，并指出“理形于言，叙理成论”（以言语表达理论，讲道理进行论述）的即是论文。诸如《谏逐客书》（李斯）《过秦论》（贾谊）《论贵粟书》（晁错）《盐铁论》（恒宽）《前出师表》（诸葛亮）《师说》（韩愈）等名篇，从论文的角度来看，其共同特点是用词准确、结构严谨、因果明晰、言简意赅等，非常值得借鉴。有人认为，古汉语早已过时，不值得再借鉴——这是不明白，借鉴并非照抄，而且现代汉语的语法、修辞的规范，大体上是自古至今，一脉传承的（只要把古汉语的词句加以今释，就会发现此点），基本上不存在颠覆性变革；有人认为，古人论述古事，与今人论述今事，可谓风马牛不相及，何谈借鉴？这是不明白，借鉴的是写作技巧而非事理；等等。伟人毛泽东既具有极其深厚的古诗文功底，又撰写了大量雄辩式的现代论说文，后者对前者在技巧上的借鉴是极其明显的；当代文豪鲁迅、茅盾、郭沫若等，其现代文之所以精彩绝伦，也与其深厚的古文基础密不可分。因此，如果有哪一个出版社独具慧眼，出版加注释的《中国古代论文选》，以便推动论文写作的古为今用，将是破天荒的创举，必将惠及广大学人，而且出版社的经济收益也必然十分可观！

在写作中是否注重语法、逻辑、修辞，还涉及“个人兴趣”问题。不少人认为，不管你说得怎么天花乱坠，我就是对“咬文嚼义”提不起兴趣来。之所以会存在这种情绪，从客观上来说，还没有形成一个普遍的、重视“咬文嚼义”的社会风气，当然是其基础性因素，而对于个人来说，则是还没有进入“咬文嚼义”这个境界所致。从而，奉劝这些朋友：要下决心“进入境界”，在境界中必然会日益感到“咬文嚼义，其乐无穷”！

编写本书的目的在于促使更多的学人关心行文规范，共同避免和纠正语病，使非语法、非逻辑、非修辞类著述尽可能文字通顺而优美，引人入胜。这样，势必会使各种专业文章增强其可读性、感染力，从而发挥更大、更好的专业效果。

尽管本人行文比较谨慎，力求合乎语法、逻辑，并注意适度修辞，但毕竟并非专攻语法、逻辑、修辞者，加之中国语文博大精深，而且处于不断演变之中，况且，当局者迷，每次行文也难以切实做到战战兢兢、慎之又慎、字斟句酌、绝无疏漏，因而在拙著中出现语病也在所难免，敬请读者不吝指正！

附件：常见病语 26 例及其纠正[①]

语文是人们在长期运用的过程当中逐步加以规范的，而且一旦规范之后，大家就都得遵循，而不得自行其是，否则便会词不达意，或使人难以接受。目前社会上流行的病语甚多，而且有日益增加的趋势。究其原因，无非是很多人不熟悉、不重视语文规范，随意性较强。我们都应当遵循的书面语言规范是，由中国社会科学院语言研究所通过《现代汉语词典》予以认定的。当然，新的规范会逐渐出现，但它并不意味着对于原有规范的轻率、简单的否定。

本文所列举的 26 例，是目前社会上流行的病语中比较突出的。对其进行认真推敲，会产生举一反三的积极作用。同时，欢迎读者探讨、指正！

一、误用词语

误用名词

1.“招工启示”“寻物启示”“征稿启示”——“启示”即“启发”，而“招工”“寻物”“征稿”等等都是要说一件事，从而

① 发表于《应用写作》2012 年第 4 期。

应当使用“**启事**”。

2. “**第一时间**”——“时间”无法区分为“第一”“第二”等顺序，应当改为“**及时**”。

3. **这个报告“很生活”**。——“生活”是名词，不可用副词“很”加以修饰；如果改为“**很贴近生活**”，就顺当了。

误用动词

4. “**令人堪忧**”——“堪”＝“可”“能承受”（参见《现代汉语词典》第5版，第761页）。那么，“堪忧”就意味着“**能承受忧虑**”，显然不当，从而应是“**令人担忧**”。

5. “**应当引起重视**”——“引起”是“一种事情、现象、活动使另一种事情、现象、活动出现”（参见《现代汉语词典》1627页），是客观的，不存在“应当”与否，从而应改为“**应当予以重视**”。

二、词语搭配不当

6. “**这其中**”——“这”是指示代词，“指比较近的人或事物”（参见《现代汉语词典》1427页）；“其中”为方位词，即“那里面”（《现代汉语词典》1070页）。两者并用即成为“这那里面”而含义混乱。从而，“**这**”字应当删掉，仅用“**其中**”或改为“**这当中**”。

7. “**一直以来**”——“一直”是副词，“表示动作始终不间断”（参见《现代汉语词典》1601页）；“以来”——“表示从过去某时直到现在的一段时间”，也是副词（参见《现代汉语词典》1610页）。二者所表示的时间跨度是不同的，不可连用。应仅用“**一直**”而删去“以来”或改用“**始终**”以替代“一直以来”。

8. “**具有相当价值**”——“相当”是程度副词（参见《现代汉语词典》1483），“价值”是名词，两者不可搭配，从而应当改为“具有相当大的价值”或“具有较大价值”。

三、词序不当

9. **“张三由于……”**——“由于”是表示原因的介词或连接词（参见《现代汉语词典》1646页），只能放在短语之首，例如**“由于张三认真学习，便很快掌握了窍门”**。

四、词语多余

10. **“据资料表明……”**——“资料”是主语，“表明”是谓语，**“据”**是多余的介词（参见《现代汉语词典》741页）。

11. **“根据××所提供的资料显示……”**——在此，“根据”为介词（参见《现代汉语词典》464页），“根据××所提供的资料”是条件性介词短语，不可作为主语。去掉**“根据”**二字，则**“××所提供的资料”**这一名词短语便可成为主语了。

12. **“提高进行……”**例如，在“提高进行教学计划的针对性”一语中，“提高”“进行”都是动词，“提高……针对性”已经很明确了，**“进行”**二字纯粹是多余的。

13. **“因为……等原因”**——例如“由于路窄、车多等原因，使得行车很不顺畅。”在这里，**“由于路窄车多，行车很不顺当”**的含义已经明确无误了，**“原因”**和**“使得”**都是多余成分。

14. **“相差过于悬殊”**——“悬殊”即“相差很远”（参见《现代汉语词典》1543页），**“过于”**二字是多余的。

15. **“所占份额相对比较小”**——“相对”与“比较”同义，故**“相对”**可删去，即改为：××**“所占份额较小”**。

16. **“劝阻张三不要……”**——**“劝阻”**的意思是“劝人不要做某事或进行某种活动”（参见《现代汉语词典》1134页），后面再跟上**“不要”**就形成“否定之否定”了。例如“劝阻张三不要吸烟”一语中，“阻”与“不要”抵消之后，就意味着“劝张三吸烟”了。正确的说法应当是：“劝阻张三吸烟”，或者“劝张三不要吸烟”。

17.“发挥了积极的促进作用”——“积极的”这一形容词是多余的。因为，“促进作用”不可能是“消极的”。如果要强调“促进作用”，就只能是采用“重要的”“巨大的”等形容词。

18.“弄清为什么不赔偿的理由”——“为什么”与“理由”同义，仅用其一即可。

此外，诸如“不良恶习”“报刊杂志”“无异等于”等也属此类。

五、数量模糊

19.“近十余人左右”——在这一表达中，人数是模糊的。“十余人”是多于10人，“近十人”是少于而接近10人，两者是不能并存的；而“左右”则只能以一个确定的数为基准，而不能以“十余人”这一不确定数为基准。从而，应当据实改为“十人左右”或“十余人”。

六、误改成语

20.“计划经济那一套，已成昨日黄花。”——应是“明日黄花”，此典故出于苏轼诗句：“相逢不用忙归去，明日黄花蝶也愁”。古人重视重阳节赏菊，认为过时则乏味。此处的“明日”系指重阳节后。

七、重叠多余

21.“胜利凯旋归来。”——这种用法是常见的。用者不明白，“凯旋”的含义就是“胜利归来”。

22. 关于宏观调控的作用与功能。“作用”指对事物产生的影响；“功能”则是指“××××所发挥的有利的作用”。显然，“功能”只是“作用”中的一部分，那么，二者便不可并列。

23. 残次品所占份额相对比较小。在这里，“相对”与“比较”同义，故“相对”可删去，即改为：“所占份额较小”。此外，如“成本相对较高”“速度相对比较缓慢”等，都可简化。

24. 顾客要弄清为什么不赔偿的理由。在这种表达方式中，“为什么”与“理由”在含义上是重复的，仅取其一即可。即可改为：“要弄清楚为什么不赔偿”；或者：“要弄清楚不赔偿的理由”。

25. 投机倒把活动在××局的视野范围之外。“视野”即眼睛看到的空间范围；再加上“范围”二字，纯属多余。此外，“出乎我的预料之外”“在地震没有发生之前”等句，均属此类。

八、欠缺修辞

26. “学习好，贯彻好，落实好。”——这种表达，在语法上称之为“命令式”，仅仅用一个“好”字，是软弱无力的。从而，应当改为：“深入学习，认真贯彻，严格落实”，以便强化其力度。

《人民日报》病语举例剖析

本文仅涉及 2011 年 5 月 4 日《人民日报》第 7 版（理论版），基本按出现的先后排序，共 21 例。

1.【动宾搭配不当 1】“中国共产党已经*走过了*90 年的**历程**”。在这里，“历程”即“经历的过程”。这一“过程”并不是一条路，而是理论上的抽象物，从而将“**走过了**90 年的历程”改为“**经过了**90 年的历程”，更为恰当。

2.【动宾搭配不当 2】“中国共产党……不知……遭受过多少失败和挫折……*但是这一切都被一个一个地克服了、战胜了*。”认真推敲可看出，无论是“**克服**失败和挫折”或者是“**战胜**失败和挫折”，都是不可思议的，因为这意味着“失败和挫折”都被“消除”了。从而应当改为“但是，中国共产党一概经受住了……”。如果是“**困难**”“**艰难困苦**”，当然是能够“克服”“战胜”的。

3.【概念多余】“提升到*思想* 理论高度”。这是在理论文章中常见的提法，习以为常，不以为怪。实际上，“提升到**理论高度**”就足够了，“思想”二字是多余的。

4.【简单重复】“关系党的*兴衰成败* 和*生死存亡* 。”其中，“兴衰成败”与“生死存亡”完全雷同，从修辞的角度看，仅用其一即可，否则显得累赘。

5.【概念混乱】“这个**理论**，不是什么别的理论、什么别的*主义* ……而是……中国化的马克思主义。”在这里，“**理论**”与“**主义**”被混用，不够严谨，前后不能呼应。理应前后一致地采用“理论”这一概念：“这个**理论**，不是什么别的**理论**而是中国化的马克思主义**理论**。”

6.【因果混乱】“理论要*发展*，就一定要*创新*。”实际上。“理论的发展”与“理论的创新”，其内涵是同一的，两者之间并不存在因果关系。

7.【引号缺失】“中国共产党领导的军队为什么能够凭着*小米加步枪*打败由美国武装起来的800多万国民党军队?”其中，“**小米加步枪**”是具有特定含义的，其引号绝对不可省略。

8.【介词重叠】“*从把*实践上升到理论。”其中，“从”和“把”都是介词，而且用在此处，其含义并无区别，从而使用二者中的任何一个即可。

9.【大词小用】“*中国人民*……甚至用自己的生命来捍卫党的事业。”“中国人民”是集合名词，其含义即作为一个整体的中国人民大众，从而从逻辑上来说，不可能“用自己的生命”来从事任何活动。改为“**广大人民群众**”，较为确切。

10.【过于简略，叙事不清】“把从调查中得到的大量材料加以分析研究，集中起来，形成政策”。

11.【概括不当1】“党的群众路线就是最可靠、最实在、最能够反映民意的民主。”将这句话加以浓缩，其基本含义就是：“*群众路线就是民主*”。实际上，它只是整个民主内含的组成部分之一。

12.【概括不当2】“提高党的领导水平和执政水平，提高拒腐防变和抵御风险能力，始终保持和不断发展党的先进性，就成为党的建设中*一个*根本问题。”这里所提到的各个方面，不宜用“一个”加以概括，此二字应当删去。

13.【概括不当3】“当前，加强和*创新*社会管理，应当把加强社区文化建设作为一项重要内容。”实际上，它只涉及“加强”问题，而谈不上“创新”。

14.【语态不当1】“在一些党员干部中，全心全意为人民服务的意识*淡忘了*”这句话的语态应当是被动的，即“……**被淡忘了**”。

15.【语态不当2】在“这应当*引起*……高度重视。”“也需要*引起*重视”“*需要引起*重视的倒是另外一种倾向”等等的提法中，本来是应当采用主动语态的，即应当分别改为“应当予以重视。”“需要予以重视”。

16.【并列不当】“党的建设包括思想、组织、作风、制度、*反腐倡廉*等多个方面。”然而，“反腐倡廉”是思想、作风、制度中的组成部分，不可与之并列。

17.【力度不足】“如何*落实好*这一任务?”其病在“落实好”。目前在行文中，习惯采用“宣传好”“贯彻好”“落实好”的提法。这种提法在语法上并无不当，但是从修辞的角度来看，仅用一个“好”字，显得力度严重不足，从而以改为“广泛宣传”“认真贯彻”“彻底落实”之类的提法，以便强化力度。

18.【关联性差】“在对外开放的问题上，‘大门’修得不好、缺乏吸引力**固然不妥**，但‘过度装修’、损害自身利益**同样是要*不得***的。”这是个修辞技巧问题：前面说的是“固然不妥”，后面说的是“同样是要不得的”，两者的互相关联（或“呼应”）程度较低，感染力较低。如果改为“同样不妥”，则大为改观。

19.【介词不当】“这*对*我国的经济、文化……*带来了*挑战和风险。”其中，介词“对”即“对于”，但它与“带来”难以搭配，从而应当将介词“对”改换为助动词“给”，形成“给××带来××”，就很顺当了。

20.【动词不当】“把阳光雨露和鸟语花香引进来，把污泥浊水和蚊子苍蝇*挡出去*。”显然，“挡出去”不合事理，应当改为“挡在外”

21.【判断不当】“社区*正在成为*除家庭和单位以外的另一种重要社会组织形式”。实际上，社区的位置本来就是如此，而非“正在成为重要社会组织形式”。

三、从教60年的相关信息

中国人民大学农业与农村发展学院院领导
祝贺周诚从教 60 年的题词

恭贺

周诚教授从教六十周年

农业与农村发展学院院长　温铁军
农业与农村发展学院党委书记　孔祥智

二零一一年十月二十六日

从教60年生涯*

《菜薇》编者按：2011年是我国著名经济学家、中国人民大学荣誉教授、中国人民大学农业与农村发展学院元老周诚教授从教的60周年！60年来，周诚教授严谨治学、躬耕教育，诲人不倦、钻研不止；凭着对于经济学的热爱和对社会的责任感，退而不休，在专业理论的研究上取得了一个又一个重要成果。

执著是一种品质，坚持是一种精神。人生能有几个甲子得以投身于一份事业？值此周诚教授从教60周年之际，本报特刊登其回忆录一篇，以展示这位耄耋老人不平凡的一生，以此表达对其崇高敬意。恭贺教授桃李满天下，敬祝老师福寿安康！

一、简　　况

原名刘起儒，1948年参加革命后改用现名。1927年10月1日出生于辽宁省义县。1946年毕业于成都黄埔中学，后在辅仁大学、北京大学学习农学。1948年底投奔解放区，被分配到正定华北大学政治部学习革命基本知识，然后留校在教育科工作。

---

* 这是我的回忆录。原载《菜薇》（中国人民大学农业与农村发展学院主管）第59期（2011年10月30日）。此文全面系统地介绍了我的简要经历，重点是学术生涯。我的重点学识含农业经济、土地经济两大方面，从来未曾中断过其中任何一方面。理论经济、咬文嚼义都是学术性副业，与主业不仅无矛盾，反而会促使其提高质量。

1950年人大成立后被调到计划系农经研究生班学习，后因工作需要而被调出担任教员，在苏联专家直接辅导下，于1951年9月开始讲授“农业基本部门经济学”（此课后来并入“农业经济学”）。后来陆续边学边教“农业企业管理学”“农业经济学”“土地经济学”等。“文化大革命”期间在人大干校参加劳动两年多。后来被借调到中央农林部搞农村调研4年多。1977年人大复校后回到农经系，担任主管教学的系副主任兼农业经济教研室主任，主要给研究生讲授“农业经济学”。1982年被派到美国康奈尔大学进修一年。返校后组织编写并出版了农业经济教材，并组织翻译、出版了《美国农业经济学》。后来，由于人大土地管理系与农经系联办，又组织编写了“土地经济学”教材并给研究生开课。担任教授、博导之后，我指导博士生的研究方向为“农业经济”“土地经济”（两者并重、共存）。曾经担任过的社会职务主要有北京农业经济学会会长、中国农业经济学会理论与学科建设专业委员会主任委员、中国土地学会副理事长。所获得的最高奖项为国家出版总署颁发的科技进步一等奖。2003年结束了教师生涯，2005年被授予“中国人民大学荣誉教授”头衔。

二、主要经历

（一）动乱与励志

1931年“九一八”事变时我在沈阳，但因年幼而只能从父辈口中获得间接印象。1932年我伯父刘凯平因参加东北义勇军并被聘担任高等顾问，后来被捕、牺牲，1987年被民政部正式批准授予“革命烈士”称号。1936年“双十二”西安事变时在西安上小学，见到在城门楼上悬挂的大幅标语“坚决拥护张杨八大主张！”大学生们列队游行、高呼口号“停止内战、一致对外”，印象很深！

抗日战争时期在成都，经常“跑警报”（日本飞机出动并飞向成都方向后，各地的防空部门的巨大扬声器，适时发出“预行警报”，人们迅速躲藏；等到敌机飞走后，再发出“解除警报”)。成都市区曾经遭到几次大轰炸，位于闹市区的盐市口，曾经变成一片火海，断壁残垣，惨不忍睹！

我的童年和少年时代，是在战乱中度过的。国家、人民、家人的不幸遭遇，对我的人生起了很大的激励作用，是朴素的爱国主义和立志成才、奉献社会以及后来发愤治学以报效社会的重要思想源泉和基础。“担负起天下的兴亡！”（《毕业歌》歌词），就是我的“座右铭”之一。其具体体现就是我对学术活动一直不离不休：胸怀事业、心系学术，燃烧自己、奉献社会。

（二）特殊的“黄埔一期”

我上高中，是在成都黄埔中学。它为黄埔军人所办，但也吸收非黄埔子弟，我属于后者。校方特别关注教学质量，在聘请老师方面很不一般。例如，语文老师是一位举人，讲授古文驾轻就熟（当时高中汉语课就是学习古文）。英语老师是由华西大学林福美教授兼任的，教中学绰绰有余。1946 年夏毕业——我们班是首届高中毕业班，即特殊的“黄埔一期”。由校方提名，经过相关人员举手表决，我挂上了“黄埔中学毕业同学会会长”的头衔。不过，它一直是个空架子。然而，“文化大革命”中“军宣队”进校后，有人把此事提出来大做文章，成立“专案组”，搞“外调”，最后因为调查不出任何问题而不了了之。

（三）在学生运动中走向革命

高中毕业后先后就读于北平辅仁大学农学系、北京大学农学院。在党所领导的学生运动中受到了一定的教育。在北大地下党的外围组织“学习社”中，接触了《大众哲学》《新民主主义论》《论联合政府》等，对共产党有了初步了解。特别是，介绍解放区干校生活的《大江流日夜》这本小册子，对我影响很大。于是，在 1948 年底，投奔了解放区，被分配到华北大学政治部学习。课程主要是社会发展史、中国革命史、新民主主义论、大众哲学等，终身受益。例如，“社会发展史”是按照原始社会、奴隶社会、封建社会、资本主义社会、社会主义社会以及将来的共产主义社会这样的顺序讲，指出了人类社会发展的规律；“中国革命史”从孙中山领导的反帝、反封建的旧民主革命开始，讲到蒋介石的反革命，中国共产党人领导的新民主主义革命，以及要将革命进行到底。这些道理，对于我的一生，起了引航、定向的作用。现在社会上流行的种种复辟资本主义的言行，对于我来说，都是格格不入的。在我的心中，一直以实现真正的社会主义乃至共产主义为最崇高理想。

1949 年初在华北大学毕业后留校，被分配到教务处教育科担任干事，搞学员学习情况的调查研究工作，提供口头和书面汇报供校领导参考。

（四）重新归队，主攻农业经济

1950 年 10 月，华北大学撤销，中国人民大学成立，我被调到计划系农业经济研究生班学习。半年后因工作需要而被调出担任教员——在苏联专家的直接辅导下，于 1951 年 9 月开始讲授《农业基本部门经济》；随后又在听苏联专家讲课的基础上，给本科和硕士生讲授《农业企业组织与计划》（即“农业企业管理学”）、《农业经济学》等。主编过《农业企业组织与计划》教材，也两次参加过《农业经济学》教材的编写，发表过几篇论文。到“文化大革命”前为止，学职是讲师，教学行政职务是教研室副主任。曾带领学生到河北卢台农场、黑龙江“九三”农场、河北徐水县、京郊顺义县等地搞过农村调研、参加劳动；也曾会同几位同事到北京通县、湖北随县、山西汾阳县等处搞过调研。

（五）参加“四清”，强化基层工作能力

1964 年秋到 1965 年夏，人大农经系和语文系大批师生，到

××省××县与该省×县的一批干部相配合，参加“农村社会主义教育运动”（简称“社教”“四清”运动），为期半年多。社教总队由×县县委和人大党委派人组成。当时农经系曹国兴主任对我很看重，为了强化我的基层工作能力，特意向相关领导推荐，将我分配到一个生产队（相当于一个自然村）担任“四清工作组组长”，两位组员都是××省×县干部。我非常珍惜这一机会，下决心要认真锻炼，各方面的工作都能够跟得上。

在此期间，上级下发了统一的标语，要求普遍书写、宣传。我觉得其中没有一条是抓生产的，就亲自补写了两条：“农业学大寨”和“以粮为纲，全面发展”。那时，自行书写额外的标语，是不合乎常规的，于是种下了祸根。后来，就发生了一件关系到我的政治生命的重大事件。那时特别强调“要在贫下中农中间扎根”。我们生产队选定的生产队长接班人×××，经过我们反复调研，肯定其家庭出身为“下中农”。然而，上级工作组，却始终认定是“中农”，认为我们搞错了。无可奈何，我只好给中央农村工作部写信进行投诉。后来经国务院农办批复下来，肯定了我们的意见！否则，其后果对我来说必然是灾难性的！

（六）“文化大革命”与干校

1966 年夏开始在校参加“文化大革命”，基本上平稳度过。1969 年 10 月起，我作为第一批学员之一，下放到江西余江县人大干校参加劳动，到 1971 年底干校结束时，回到北京。这两年多的干校生活，应当承认有失有得。“失”当然是损失了两年多的治学时间；“得”主要是锻炼了身体，深入了解了农业生产实际。而且，当原班长任期半年后调回北京安排工作后，就由我接任班长，这也是一个极好的锻炼。

（七）在农林部参加农村调研活动

从 1972 年底到 1977 年初被借调到国务院农林部工作 4 年

多，主要是参加政策调研工作。去过山东、上海、江苏、湖南、陕西、山西、福建、广东、海南等地，开阔了眼界，受益匪浅。

1976年秋华国锋主席针对××省××县，县、公社、大队三级干部参加劳动分别达到100天、200天、300天的报道材料做出批示，要求农林部派人去调查。调查组由农业局陈局长带队。在调查中我首先发现，记工本上的笔迹表明，不少劳动项目和工分是后来添上去的。我汇报后，陈局长立即带领全体人员返回地区所在地。在汇报会上，有位地委领导在发言中提到，有的知识分子下乡，不是接受贫下中农的再教育，而是挑毛病。这显然是冲着我来的。汇报会后，陈局长带领全班人马返回原生产大队，我怕受到迫害而不敢再参加，但陈局长未同意。后来，调查组收集了全部干部的记工本返回北京，将附有一些记工本复印件的调查报告呈送到中央办公厅。最后，此事不了了之。

农林部领导曾经要把我留下担任政策研究室副主任，我直截了当地表示了不同意。主要的是不愿写“遵命文章”，而且怕受到别人的忌妒、排挤，不如搞学问超脱。

（八）复校之后的学术丰收

1977年4月人大复校，受命担任主管教学的副系主任兼农业经济教研室主任，以给本科、研究生讲授“农业经济学”为主。1982—1983年曾赴美国康奈尔大学做访问学者1年。后来，由于“农业经济系”与“土地管理系”以“一个机构、两套班子”的形式存在，我又给研究生班讲授过《土地经济学》。我从“教员”当起，从讲师、副教授逐步升为教授兼博导。在社会上，我曾经担任过北京农业经济学会秘书长、会长，中国土地学会副理事长，现在还挂着中国土地学会顾问和北京农业经济学会名誉会长的名义。

我所带的博士生的研究方向是农业经济和土地经济两大方面。“理论经济”和“咬文嚼义”则是我自行扩张的“副业”。搞农经和土经，都离不开理论经济学，我在备课、写作过程中，在一定的程度上要涉猎这些相关学科。“咬文嚼义”的重要性，是我在长期写作中以及长期指导学生写作中逐渐认识到的，而且日益深刻。

三、农业经济生涯

在我的整个学术生涯中，“农业经济”这四个大字，分量始终是最重的。它既联系着农业科技，也联系着理论经济。

（一）撰写和主编的主要书籍

在 20 世纪 50 年代，我主编了《农业企业组织与计划教程》（内部用书），在相关院校之间进行了交流。我于 1958 年撰写了《高级社劳动管理中的基本问题》一书，在农业出版社出版。在“文化大革命”前，人大农经系组织了全部搞经济的教师，集中力量编印了两版《社会主义农业经济学》，在全国有较大的影响；主编是当时的系主任曹国兴，我是主要执笔人之一。我的一本专著——《按照客观经济规律办农业》，是在“文化大革命”结束后，普遍强调要按照客观经济规律办事的宏观氛围下的产物。另一本专著名为《社会主义农业劳动经济与管理问题概论》，是由我主编，罗伟雄、姜克芬参编的，内容很详尽。

《社会主义农业经济管理问题》一书，是 1985 年由农业出版社出版的一本农经教科书，是由人大农经系出面统编的。在《编者说明》中注明，本书由周诚主编，列出了全部作者的姓名（按出现的顺序排列）：周诚、耿文苏、张福山、聂文敏、罗伟雄、周志祥、严瑞珍、陈如达、严厚琤、姜克芬、邓泽辉、蔡源元、林文益（人大贸经系）、胡昌暖（人大计统系）、黎书谏、毕宝德。此后，农经系就再没有统编过农经教材了。

《美国农业经济学》一书，是由我牵头翻译的一本有代表性的美国农业经济学教科书，于 1987 年由农业出版社出版，填补了这方面的空白。至今有人认为它是最佳农业经济读物之一。

《中国农业百科全书·农业经济卷》(1990)是我以编委会副主任之一、《总论》分支主编的身份参与编写的一部大型工具书，并因此获得国家新闻出版总署颁发的"科技进步一等奖奖状"。除了撰写、审阅和修改了一些条目以外，我付出的劳动的特殊部分是，受中国农业百科全书编务委员会副总编辑陶岳嵩先生之托，对全书的大样进行了终审、终校。

《农业经济研究》一书，是于2000年4月由中国人民大学农业经济系印行的一本达30余万字的自选集。有的单位在办农业经济讲习班时，曾把它当作主要教材；有的单位则把它作为农业经济学的参考书。

2007年8月由中国人民大学出版社出版的"中国人民大学名家文丛"中的《周诚自选集》一书的《第三部分——农业经济》选入了20多篇文章，大体上可反映我的农业经济论的突出部分。

《实事求是以文会友集》是人大"农口"部分校友纪念校庆70周年的文集。由我发起并担任主编，邀请温铁军院长担任顾问并提供《序》、原副系主任严瑞珍教授担任顾问；原系主任田新担任总策划，原副系主任林增杰、原院长唐忠、现副院长孔祥智担任策划，部分校友赞助。收入文章62篇，作者65人，约70万字。

(二)研究的重点问题和发表的主要文章

我在《经济研究》1963年第11期上发表了《关于农业经济效果的几个问题》，后来被收入《建国以来经济效果论文选》(上海人民出版社，1981)。此文提出了提高农业经济效果的三个基本原则，即：总经济效果最高、最大效果优先充分投资、全部生产资源充分利用(后者包含资源利用的合理性在内)，而且要求正确处理"满足需要、符合可能与提高效果"之间的关系。此外，还提出了讲究社会主义经济效果的三原则，即"最优效果优先、充分投资，总经济效果最高，全部生产资源充分合理利用。”

我还提出了考察同一种农作物生产经济效果的“单产—成本综合指标”即“单产／成本”。在这一公式中，“单产”愈高、成本愈低时，则这一指标的数值愈高。其中的单产可转换为产值，以便在不同作物、不同单位、不同年度之间，进行经济效果的多重比较，并从中探寻提高单产和降低成本之途径。

我对社会主义农产品成本的内涵、实质，农产品的社会成本和个别成本等问题作了明确的界定和深入论述，特别是在《经济研究》（1964 年第 4 期）上发表的《论农产品成本》一文中，力主以标准报酬对农产品成本中的活劳动消耗进行货币估价，即用等量货币代表等量劳动，从而使农产品成本更具真实性和可比性。这一主张后被有关部门采纳。

在 20 世纪 70 年代，我强调要按客观规律办农业，探索了农业扩大再生产的规律，论述了农业现代化和“农业增产增收”的有关规律及实现增产增收的基本途径。我有一篇论文还被译成英文刊登在美国的《中国经济译丛》上。

70 年代末 80 年代初，当包产到户、包干到户的创新出现在中华大地上时，我深入到安徽肥西县农村进行调查研究。1980 年，我在《经济研究》第 10 期上发表了《农村人民公社生产队实行产量责任制问题的探讨》，1981 年又在《经济理论与经济管理》第 2 期上发表了《论包产到户》，等等。因此，在 2008 年首届“中国经济理论创新奖”的评选中，当农村家庭联产承包责任制理论成为获奖理论时，我也被承认为该项理论的主要贡献人之一。

1981 年 10 月我撰写了《农业扩大再生产》，作为农业部主办的全国“农业领导干部学习研究班”的教材，并为全体学员讲课。这一著作首次全面、系统地论述了农业的价值形态扩大再生产问题，简言之即农业的“增产增收”这一核心问题。而且，为后来我提出“农业先天性困境社会解救律”，作了铺垫。1981 年我还在农业出版社出版了《按客观规律办农业》一书，系统地阐述了主要的经济规律如何在农业部门中应用的问题。

近年来，我集中力量研究中国“三农”经济基本理论问题，撰写了一系列文章。其中主要包括《论中国“三农”经济的八大关键问题》（载《马克思主义研究》2010 年第 2 期），《全新重农主义论》（2011 年 4 月 1 日《中国经济时报》），以及“涉农九大规律”：《正确认识和遵循“国民经济以农为基律”》《遵循“农业解困律”，促进农业扩大再生产》《遵循“农业以粮为基律”，确保粮食安全》《遵循“农业以地为基律”，切实保地保农》《遵循“农业现代化律”，推进农业现代化》《现代农业必遵——“农工商结合律”》《论农地转非自然增值分配的“私公兼顾律”》等等。

（三）在北京农业经济学会的活动

我是北京农业经济学会的创办人和骨干之一：当首任会长为王耕今时，我为首任秘书长，继而担任会长，后来一直担任名誉会长。2011 年 5 月北京农业经济学会举行换届，我依然被推举为名誉会长。值得一提的是，我向会议提供了题为《对于农业经济领域中两个提法的“咬文嚼义”》一文，认为不应将“农工商一体化”称为“农业产业化”；不应将“认真发挥农业的基础作用”或“强化农业基础地位”，称为“夯实农业基础”（参阅本文第五部分：《咬文嚼义生涯》）。

（四）赴美国的学术活动

1982—1983 年曾赴美国康奈尔大学做为期一年的访问学者。我比较深入地了解了美国农场制度——通过在图书馆查阅大量资料，并不断请教美国学者，参观、访问了几个农场，最终撰写并发表了《美国农场制度剖析》一文，还应邀到农业部农业经管干部学院、中南财经大学等单位作过报告。

我应康奈尔大学中国经济研究中心之邀开设了讲座，内容是中国农村的“包干到户制”，共讲三次。用英文向对中国农村知之甚少的人讲这一问题，难度极大。经过精心备课，详细讲解，甚至加上图解，结合答问，终于使对此感兴趣的20多位听众，坚持听下来而且基本听明白了，甚感欣慰！

四、土地经济生涯

我是新中国首批研究土地经济问题的主要学人之一。20世纪80年代，在人大农经系中，土地管理专业与农业经济专业以“一个机构、两个专业、两块牌子”的形式存在和运行，我在搞农业经济问题的同时，兼搞土地经济，完全是客观需要。

（一）编写土地经济学教材

从1985年由我牵头、以毕宝德为辅，成立了中国人民大学土地经济研究所，并相应地建立了北京土地经济研究会。1986年10月，由我担任主编、达到46万字的、新中国成立以来的第一本土地经济学教材——《土地经济学初编》，终于以内部印行的形式问世了（1989年在农业出版社公开出版）。我独著的《土地经济学原理》一书，于2003年8月由商务印书馆出版（2007年6月出版了第2版）。这两本书，都具有其历史地位。

（二）收获丰富的香港之行

1989年12月至1990年1月我应全国政协委员、香港著名土地管理专家简福贻先生的邀请，受国家土地管理局委托，对香港土地制度问题进行了为期两个月的考察，提出了《香港土地问题考察报告》，公开发表于国家土地管理局出访考察报告选中。在其中，我特别提出了对于住宅“宜逐年收取地租以实现地权，并适当降低地租以减轻市民负担”的政策建议。

（三）与台湾同行的密切交流

1990 年我主动发函与我国台湾著名土地经济学家苏智超、林英彦教授等进行联系，从此开启了海峡两岸土地经济学术交流的大门，促成了台湾土地经济学界代表人物的首次大陆之行。1993 年 8 月在台北举行了第二届交流研讨会——我以中国土地学会土地经济分会主任委员的身份，担任中国土地学会代表团副团长，提供了题为《中国大陆土地利用的宏观调控》的论文，在广泛深入的交流中获益匪浅。

（四）在干部讲习班中传授理论知识

为了在中国推行土地有偿使用制度，在 20 世纪 80 年代末期至 90 年代初期，国家土地管理局多次组织基层干部（如市长等等）土地管理讲习班，请我就地租、地价理论及土地有偿使用问题进行全面、系统讲授，起到了启蒙、普及的作用。这是一个理论工作者的重大享受之一。

（五）罗马之行有惊险

作为兼职研究员，1985 年我受国务院农村发展研究中心之托，作为中国的唯一的代表，赴罗马参加联合国粮农组织召开的“无地问题专家评议国际会议”（“无地问题”即“没有土地的农民”的问题），收获甚为丰富。但是，在罗马机场，我的皮箱“丢失”，据说是“被误运到巴黎”，后天才能够运回！然而第二天开全体代表会议，每个国家的代表都要进行系统发言，而且规定以英语作为唯一语言。此时，只好凭记忆连夜补写，最后，终于不辱使命！待到第 3 天我取回皮箱后，发现全部物品被翻乱——这实际上是被特工们动了手脚，而不是被“误运到巴黎”！有几位学者认为应当告到法院，但因时间不允许只好作罢。

（六）关于中国土地问题的崭新观点

近年来，我在中国土地问题上发表了一些崭新的观点：其一是，将农地的征收权上收到中央政府手中，以避免地方政府为了以地生财而盲目征收农地；其二是，由土地使用权出让的“批租制”改为“年租制”，这样，就可有效地避免政府为了追求土地收入而盲目增加批出土地，以利于节约土地、保护农地；其三是，根据“私公兼顾”的原则，合理分配“农地转非”后的土地增值。既反对“涨价归公”——农地转非之后的增值部分，全部或绝大部分收归国有，致使农民利益受损；又反对“涨价归私”——土地增值的全部或绝大部分归失地农民所有，致使公共利益受损。国际社会科学杂志副主编黄纪苏先生在其博客中发表了我的上述观点并加了按语：**“关于土地开发涨价部分的钱如何分配，人大周诚教授这篇东西谈得在情在理，正反两面的利弊都兼顾了，而且提出了折中两全之道……”**——毕竟还是有知音啊！

五、咬文嚼义生涯

“咬文嚼义”是我独创的概念，其全称是**“以文载道，咬文嚼义”**。所谓“以文载道”即“通过文章，阐述道理”；而“咬文嚼义”的含义则是：推敲词句，斟酌含义——遵循语法、合乎逻辑、兼顾修辞。

我的咬文嚼义活动，是伴随着我的学习、写作、教学活动而进行的。我在读高中时，由于汉语和英语老师对于写作的要求都很严格，就初步养成了在写作业中进行反复推敲的习惯。1951年6月6日《人民日报》发表题为《正确使用祖国的语言，为语言的纯净和健康而斗争》的社论，指出“只有学会语法、修辞和逻辑才能够使思想成为有条理的和可以理解的东西。”而且，该报还连载了吕叔湘、朱德熙的《语法修辞讲话》。学习这些材料，使我进一步走上了咬文嚼义之路。无论是自己的写作，还是指导硕士生、

博士生的写作，都离不开咬文嚼义活动，而且持续不断。

2006 年 10 月我应中国人民大学农业与农村发展学院副院长曾寅初教授之邀，给部分学生作了关于文章写作问题的报告；2007 年 11 月成立了民间、业余学术组织“中国人民大学明德咬文嚼义沙龙”；2008 年 9 月 21 日中国人民大学党委程天权书记复函并题词：“您所创建的‘明德咬文嚼字沙龙’旨在引导准确使用汉语言文字，这事极为重要”并题词**“行文须沉吟　疑处查词典”**；2009 年 6 月 11 日，我应中国社会科学院研究生院刘迎秋院长之邀给同学们作了报告。2010 年 9 月，我在北京出版社出版了名为《以文载道咬文嚼义通论》的小册子。程书记指派干部前来要求购买 30 册，而我则赠送了 40 册。人大原校长李文海，允诺将其论文《文贵通达》作为《通论》一书的代序言；国学大师冯其庸教授为该书题词，大力支持。

尽管如此，“咬文嚼义”事业的知音无几、步履维艰、困难重重；我则坚持不懈、持之以恒。

六、结束语——离而不休、多种经营

2003 年，我所带的最后一位博士生的论文答辩通过后，我也就相应地结束了教师生涯而成为离休干部了。但是，在这 8 年多的岁月中，我却一直是离而不休并进行多种经营。2003 年出版了《土地经济学原理》一书；2007 年出版了《周诚自选集》(含农业经济、土地经济，并含理论经济——如《论人的经济秉性》及咬文嚼义等)；主编、印行了人大农经校友文集——《实事求是以文会友集》；2010 年出版了《以文载道咬文嚼义通论》；陆续发表了不少文章，特别是以“农业先天性困境社会解救律”为代表的涉农规律的论说，具有独特性。

有人说我，放弃了农经而搞土经，又放弃了土经而搞咬文嚼义。这不是无知便是别有用心的贬损。其实，农业经济和土地经济，是我并列的主业，从来都没有放弃过其中任何一门，将来也不会放弃；而理论经济和咬文嚼义等则是我的学术性副业，也是不会放弃的。

我从1951年开始学习、研究经济学，迄今已60余年。学术研究已经成为我生命的组成部分。真正的学者以学术为生命之魂而始终不渝，我自忖可觍列其间。

七、附录——诗三首及读后感

2011年9月是我从教60周年，特赋诗以志。罗伟雄教授、蔡家成司长赋诗感言，唐忠、毛增余、吕萍、乔志敏、王小映、丰雷、况伟大、吕亚荣等弟子愿借蔡诗祝贺，朱勇博士发表读后感，在此一并致谢！

执教六旬感言

周　诚

风雨飘摇路途艰，育人立言岂等闲。
迟暮之年何所求，但愿余热可奉献。

2011-10-14

读周诚老师《从教六十年生涯》有感

罗伟雄

从教生涯六十秋，抔抔泥土磊大丘；
述著等身满桃李，老骥伏枥志不休。

2011-10-14

导师周诚教授从教六十周年有感

蔡家成

甲子轮回世之常，从教六十历沧桑。
天下兴亡终生志，老骥伏枥著述忙。
农经根深枝叶茂，土经论新硕果香。
百折不挠咬嚼事，教化雨露播四方。

2011-10-21

【唐忠、毛增余、吕萍、乔志敏、王小映、丰雷、况伟大、吕亚荣等对蔡诗深表赞同。】

读 后 感

朱 勇

读周老师的诗，瑟瑟秋意更浓；
读罗老师的诗，有豪气冲天之感；
读蔡师兄的七律，感念师恩，
更感叹于师之范，余心有戚戚焉。

2011-10-24

图书在版编目（CIP）数据

农业经济综论 / 周诚著 . —北京：中国农业出版社，2012. 9
ISBN 978-7-109-17124-4

Ⅰ. ①农… Ⅱ. ①周… Ⅲ. ①农业经济–中国–文集 Ⅳ. ①F32 - 53

中国版本图书馆 CIP 数据核字（2012）第 202914 号

中国农业出版社出版
（北京市朝阳区农展馆北路 2 号）
（邮政编码 100125）
责任编辑 刘明昌

中国农业出版社印刷厂印刷 新华书店北京发行所发行
2012 年 9 月第 1 版 2012 年 12 月北京第 2 次印刷

开本：850mm×1168mm 1/32 印张：10. 5
字数：300 千字
定价：35. 00 元